高科技条件下的
冷链物流创新发展研究

冷凯君　著

九州出版社
JIUZHOUPRESS

图书在版编目（CIP）数据

高科技条件下的冷链物流创新发展研究 / 冷凯君著
. -- 北京 ：九州出版社，2019.7
　　ISBN 978-7-5108-7745-2

　　Ⅰ . ①高… Ⅱ . ①冷… Ⅲ . ①冷冻食品－物流管理－
发展－研究 Ⅳ . ① F252.8

　　中国版本图书馆 CIP 数据核字 (2018) 第 289134 号

高科技条件下的冷链物流创新发展研究

作 者	冷凯君 著
出版发行	九州出版社
地 址	北京市西城区阜外大街甲 35 号 (100037)
发行电话	(010)68992190/3/5/6
网 址	www.jiuzhoupress.com
电子信箱	jiuzhou@jiuzhoupress.com
印 刷	定州启航印刷有限公司
开 本	710 毫米 ×1000 毫米 　 16 开
印 张	15.25
字 数	279 千字
版 次	2019 年 7 月第 1 版
印 次	2019 年 7 月第 1 次印刷
书 号	ISBN 978-7-5108-7745-2
定 价	68.00 元

　　冷链物流管理是生鲜农产品、食品及药品生物制品等企业、组织在生产与流通过程中的一项基础管理工作，也是确保食品安全、降低运作成本、提高冷链附加值等活动的核心与关键要素。冷链物流行业特有的属性决定了冷链物流管理是一项复杂的系统工程，它是由涵盖食品工程、生物工程、制冷工程、保鲜技术、流通加工与包装技术、储运技术、冷藏/冷冻技术等集成化的跨领域冷链物流协作体构成的。站在供应链管理的角度来看，这种协作体不仅是冷链物流的产业链、价值链、交易链的集合体，而且也是组织链、技术链和信息链等资源共享的利益共同体。因此，冷链物流管理的职能不论在宏观层面还是微观层面都使得其在国民经济与社会发展中的地位与重要性日渐突出。

　　自21世纪以来，我国冷链物流行业得到了迅速发展。特别是近10年来，随着国务院2010年发布《农产品冷链物流发展规划》、2015年发布《物流业发展中长期规划》及其他相关系列政策，冷链物流走上了快速发展的轨道。冷链物流的社会关注度大大提升，各种资本也纷纷投入，冷链物流基础设施的规模和水平大大改善。2016年，商务部又投入巨资在全国开展中央财政支持冷链物流体系建设的试点工作。可以预计，到2020年，我国冷链物流的整体发展水平将达到中等发达国家水平。

　　总之，我国物流产业在电子商务的推动下，行业内部加速了转型与升级，冷链物流终于从附属地位急剧上升为社会各界关注的焦点与热点，走向物流行业的前台。与此同时，生鲜电商和中央厨房这两种新兴的冷链态将农产品冷链物流推入快速发展的车道。

　　基于此，本书结合我国高科技技术对我国冷链物流的发展、物流技术及其高科技手段在冷链物流中的需求与应用进行了系统的论述，包括冷链物流概述、冷链物流发展概况与特征、冷链物流的理论支持、高科技条件下冷链物流的技术支持、高科技条件下冷链物流管理的法律与安全监管、高科技条件下中国冷链物流产业面临的挑战、高科技条件下冷链物流运输方式的选择与优化、高科技条件下中国冷链物流企业运营管理与创新、物联网技术下的冷链物流发展路径构建与创新、大数据环境下的冷链物流发展路径优化等内容。全书理论联系实践，以期为我国冷链物流的优化提供必要的指导。

此外，在本书的写作过程中，参考、借鉴了国内外许多专家学者的专著、论文和研究报告，在此对这些学者表示衷心的感谢，特别是得到了中国社会科学院荆林波教授、华中科技大学马士华教授、华中师范大学李延晖教授的指导以及湖北省现代物流发展促进会、湖北物流发展研究中心的大力支持。同时，对于本书中未列出的引用文献和论著，我们深表歉意，并同样表示感谢。

由于时间及水平所限，本书难免存在不足之处，在本书出版之际，我们真诚地欢迎各位专家、读者对本书提出宝贵的意见和建议。

目　录

第一章
冷链物流概述

第一节 冷链与冷链物流的基本理论

一、制 冷

1.制冷的含义

制冷是指用人工的方法使某一空间或物体冷却，使其温度降到低于周围环境温度，并保持这个低温状态的一门科学技术，它随着人们对低温条件的要求和社会生产力的提高而不断发展。在日常生活中，制冷在食品冷加工、冷藏运输、冷藏加工以及体育运动中制造人工冰场等方面得到广泛应用，并在工业生产（为生产环境提供必要的恒温恒湿环境，对材料进行低温处理等）、农牧业（对农作物种子进行低温处理等）、现代医学（低温冷冻骨髓和外周血干细胞、手术中的低温麻醉）、尖端科学领域（如新型材料、生物技术等的研究和开发）中都发挥了重要作用。

2.制冷技术的发展历程

制冷技术发展史可划分为三个阶段。第一阶段（1830～1930年）：主要采用氨气、二氧化碳、空气等自然物质作为制冷剂。受当时技术的限制，这些制冷剂利用效率较低，对环境也存在危害。第二阶段（1930～1990年），氟利昂应用到制冷领域。氟利昂能够适应不同范围的温度，促进了制冷技术的发展。科学研究表明，由于人类活动而排入大气中的一些溴、氯、氟、烷、烃等化学物质将导致臭氧的损耗。臭氧层中臭氧的减少将会严重损害动植物的基本结构，导致气候和生态环境发生异变，尤其是会对人体健康造成重大损害。因此应减少氟利昂的使用。由此开发新的制冷剂十分迫切。第三阶段（1990年至今）：现在符合"节能减排"要求的制冷技术主要有太阳能驱动制冷、天然气驱动制冷和热声制冷技术等。

二、冷 链

1.冷链的含义

冷链（Cold Chain）是指易腐食品在产地收购或捕捞之后，为了保持食品的特性，其生产加工、储藏、运输、分销直到转入消费者手中，整个过程使食品始终处在所需的低温环境中，从而保证食品的质量、减少损耗、防止污染的供应链系统。《国家标准物流术语》中对冷链的定义是"为保持新鲜食品及冷冻食品等的品质，使其在从生产到消费的过程中，始终处于低温状态的配有专门设备的物流网络"，并定义了温度保持在 0 ~ 10℃范围内的仓库区域为冷藏区，温度保持在 0℃以下的仓库区域为冷冻区。

冷链适用的易腐食品可以分为三大类：一是初级农产品，如蔬菜、水果、水产品、禽、肉等；二是经加工的农副食品，如蔬菜、水果加工，水产品加工，肉类加工，速冻产品等；三是特殊产品，如药品等。

2.冷链的构成

冷链由原料前处理、预冷、速冻、冷藏、流通运输、销售分配等构成，笔者将之归结为四个方面，即冷冻加工、冷冻储藏、冷藏运输和冷冻销售。

（1）冷冻加工。冷冻加工包括肉禽类、鱼类、蛋类的冷却与冻结，在低温状态下的加工作业过程，果蔬的预冷，各种速冻食品的低温加工等。这个环节主要涉及的冷链装备有冷却、冻结装置和速冻装置。

（2）冷冻储藏。冷冻储藏包括食品的冷却储藏和冻结储藏，以及水果、蔬菜等食品的气调储藏，它保证食品在储存和加工过程中处在低温保鲜环境。这个环节主要涉及各类冷藏库、冻结柜及家用冰箱等。目前，我国的冷冻储藏技术主要有气调储藏技术、冰温储藏技术、减压储藏技术和 MAP（自发气调）储藏技术四种。

（3）冷藏运输。冷藏运输包括食品的中、长途运输及短途配送等物流环节的低温状态。它有公路冷藏运输、铁路冷藏运输、水路冷藏运输和航空冷藏运输等多种形式，这个环节主要涉及铁路冷藏车中，温度波动是引起食品品质下降的主要原因之一，所以运输工具应具有良好性能。在保持规定低温的同时，更要保持稳定的温度，这对远途运输尤其重要。

（4）冷冻销售。冷冻销售包括各种冷链食品进入批发零售环节的冷冻储藏和销售，它由生产厂家、批发商和零售商共同完成。随着大中城市各类连锁超市的快速发展，各种连锁超市正在成为冷链食品的主要销售渠道，在这些零售终端中，大量使用了冷藏或冷冻陈列柜和储藏库，由此冷冻销售逐渐成为完整的食品冷链中不可或缺的重要环节。

3.冷链发展的可行性分析

国内的冷链产业存在很大的发展空间，着重体现在速冻、水果蔬菜等产品的储藏和运输上。据不完全统计，自1995年以来，中国速冻食品的产量以20%的速度递增，近三年来甚至以35%的高速度递增，远高于全球9%的平均增长速度。

我国是世界上最大的水果、蔬菜生产国。2010年，我国水果总需求量约达到8 000万吨，人均需求量相应达到57.31千克。同年我国蔬菜总需求量为29 517万吨，人均222.25千克。2010年，我国蔬菜总需求量约达到30 408万吨，人均需求量相应为217.84千克。

2013年，我国的水果总需求量为8 279万吨，人均需求量为62.25千克。预计到2023年我国水果总需求量将会达到11 090万吨，人均需求量为78.1千克。如此大的冷冻冷藏需求市场必然带动冷链产业的大幅上升。

三、冷链物流

1.冷链物流的含义及特点

冷链物流（Cold Chain Logistics），也叫低温物流（Low—Temperature Logistics）。目前，学术界对冷链物流的定义是：将易腐、生鲜食品在生产、储藏、运输、销售直到消费前的各个环节中始终处于规定的低温环境下，以保证食品品质、减少损耗、防止污染的特殊供应链系统。冷链物流的特殊性体现在需要特别的运输工具，需要注意运送过程、运输形态、时间掌控等，与一般常温物流系统相比，冷链物流除具有动态性、增值性、面向用户需求等基本特点外，还具备以下特点。

（1）复杂性。冷链物流必须遵循3T原则，即冷链食品的最终品质取决于冷链的储藏温度（temperature）、流通时间（time）和产品本身的耐储藏性（tolerance）。首先，冷藏物品在流通过程中的质量随着温度和时间的变化而变化，不同的产品都必须有对应的温度和储藏时间。其次，产品生产、消费市场和冷链物流服务环境还具有明显的区域性，这在很大程度上提高了冷链物流的复杂性，所以说冷链物流是一个复杂的系统工程。

（2）协调性。与常温物流相比，冷链物流在运营过程中对于时间的要求非常高。易腐食品的时效性要求冷链各环节具有更高的组织协调性。一旦运营过程中的某一环节出现差错，就很有可能损坏物品的品质。如果冷链各环节没有较高的自治协调性，不能及时协调解决问题，那么对于托运方或者承运商来说，都将面临巨大的经济损失。

（3）高成本性。为了确保易腐产品在冷链流通各环节中始终处于适当的低温条件下，必须安装温控设备并使用冷藏车、低温仓库等。根据资料测算，如果我国每年约 5 亿吨蔬菜有 20% 通过冷藏运输，需增加冷藏车投资 100 亿元。另外，为了提高冷链物流运作效率需要采用先进的信息系统等。这些都决定了冷链物流的成本比其他物流成本偏高。

2.冷链物流行业的特点

进入 21 世纪以来，我国每年约有 4 亿吨生鲜农产品进入流通领域，冷链物流比例逐步提高。随着冷链市场不断扩大，冷链物流企业不断涌现，并呈现出网络化、标准化、规模化、集团化发展态势。在冷链物流行业日益红火发展的同时，优缺点也日益明显。

（1）冷链物流行业的优势。①冷链物流大大提高了食品的保鲜能力，不会影响食品的营养和味道，同时也提高了食品的存储期限。②冷链物流具有高效性，不同地域之间的食品输送非常方便，食品在运送到目的地时仍然很新鲜。③冷链物流为食品的安全输送提供了保障，冷藏和冷冻食品需要一个完整的冷链物流对货物进行全程温度控制，以确保食品的安全，而冷链物流可以实现装卸货物时的封闭环境、储存和运输等温控条件。

（2）冷链物流行业的劣势。①目前我国冷链物流行业的标准缺失，很多企业没有按照国家标准执行，自律性差，行业发展举步维艰。②技术水平低和冷链设备落后，不能为易腐食品的流通系统地提供低温保障。③冷链物流理念推广薄弱，冷链物流的要求比较高，相应的管理和资金方面的投入也比普通的常温物流要大，价格也相对偏高。而人们往往倾向于廉价的违规产品却并不知情，这也阻碍了冷链物流行业的发展。

我国冷链物流行业发展起步较晚，尽管随着人们生活水平的不断提高，冷链食品的消费逐年迅速增长，市场前景光明，但总体上来看，与发达国家的冷链物流相比，还存在非常大的差距，这需要我们认真地分析冷链物流行业的"性格"，明确其优缺点，对发展中出现的问题做到有的放矢、应对自如，促进我国冷链物流行业的稳健发展。

四、冷链物流供应链及其管理

1.冷链物流供应链的含义

冷链物流供应链是指一条有机的物流链条，从产品或服务市场需求开始，到满足需求为止的时间范围内所从事的经济活动中，都处于所规定的温度下，所有涉及的冷链物流活动的部分所形成的链条。冷链物流供应链系统的建设离不开冷库的建设，没有冷库便不会有冷链物流运输，也不会有冷链物流供应链系统仓储，所以应大力建造冷库，建设大规模、高水准冷库成为冷链物流供应链建设的重要任务。只有高水准的冷冻库或冷藏库才能彻底地满足货物的冷冻冷藏需求，确保货物在供应链环节不出现产品变质问题，从而打造出让政府和企业都无后顾之忧的冷链物流供应链系统。将家庭物流、企业物流、非营利性机构物流以及绿色物流整合起来，我们可将之称为完全物流链或完全供应链。

2.冷链物流供应链流程

根据冷链物流供应链的定义及其在实际中的应用，我们可以绘制冷链物流供应链流程，具体如图 1-1 所示。

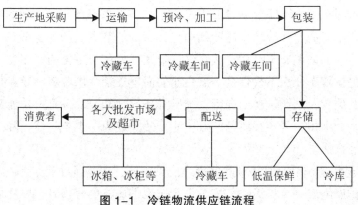

图 1-1　冷链物流供应链流程

整个冷链物流供应链过程中还要进行信息流、资金流的控制，防止出现断链，最重要的是要对易腐产品进行规定的温度控制，从而保证产品保质保量地送到消费者的手中。

3.冷链物流供应链管理

（1）供应链管理的含义

供应链管理（Supply Chain Management，SCM）是一种动态的连接功能，是一种新型的管理理念。其任务是连接主要的经营业务，在企业内以及企业间进行的一种紧密连接和高效执行的商业模式。它包括所有有关物流管理的筹集、取得、转换、其他计划和管理活动以及和渠道合作者，例如供应商、中间商、第三方、物流提供者和顾客的协调与合作，以及生产行动。它推动合作过程和市场、销售、产品设计、金融和信息技术活动的协调。《国家标准物流术语》将供应链管理的概念定义为利用计算机网络技术全面规划供应链中的物流、资金流、信息流并进行计划、组织、领导和控制，将供应链上的供应商、制造商、物流企业、零售商有效地组织在一起，通过竞争、合作、协调提高整个链条的工作效率和反应速度并降低成本。

从以上定义我们可以看出，供应链管理是一种针对从原材料到最终产品的全部过程和活动进行计划与控制的集成化方法。它体现了一种系统化、全局化的管理思想。它强调企业对外部资源、环境的依赖性，以及通过外部资源的合理组织利用来获取持续竞争优势的可能性。同时供应链管理涉及的不仅仅是企业的内部管理问题，更重要的是包括了企业间的协作与责任分担问题。

（2）冷链供应链管理的特点

冷链供应链管理具有以下几个特点。

① 冷链供应链管理是一种集成化管理。供应链管理跨越了企业的界限，注重上下游企业之间的合作，从供应商到用户，所有的节点上的企业都集成起来，从而实现原材料的采购、产品制造、仓储、配送、分销与零售的一体化，由此提高供应链的整体效率，而不仅仅是节点企业的简单连接。供应链领导者是集成化管理的具体实施者，其职责在于分析系统所具备的功能，确保每一功能都由效率最高的节点企业承担，管理和协调节点企业，使其成为一个统一体，降低由于功能重复而产生的成本。

② 冷链供应链管理是一种战略管理。供应链管理是通过节点企业之间的功能分工与协作而组成一个供需链，核心企业作为供应链的管理者，要从战略的高度对整个供应链的资源进行整合，并加以有效利用，并与节点企业建立战略联盟关系，以增强整个供应链的竞争能力。供应链节点企业间的协作能够给整个供应链带来收益，但也可能给个别企业带来伤害，为了最大限度地降低供应链成本，需要供应链的利益相关主体之间充分协作。

③ 计算机信息技术是供应链管理的基本手段。供应链管理以信息为纽带，实现节点企业之间的有效沟通。依靠现代信息技术达到供应链节点企业之间的数据交换和信息沟通是供应链管理的显著特征。供应链管理主要使用的信息技术包括

条码技术、电子数据交换、互联网、电子订货系统等，通过计算机技术的使用，供应链中的商流、物流、资金流的运行更加流畅，提高了供应链的运作效率，而信息技术对降低供应链的成本、提高供应链整体盈利水平尤为重要。

④ 冷链供应链管理以顾客需求为导向。供应链以顾客需求为运行起点和动力，供应链管理的最终目标是将适当的产品按照合适的数量在合适的时间送到合适的地点以满足顾客的需求。它是一种"有效顾客反应"的管理模式，提倡每一个节点企业都与供应链中其他企业通过积极合作与一致性经营来赢得利润，因此企业首先要了解顾客需求，并对其做出快速反应，在供应链管理中，顾客的范围不仅包括最终消费者，而且包括供应链中所有位于相对下游位置的节点企业。

（3）冷链供应链管理的方式：对于供应链管理：在物流供应链各环节，企业不仅要加强物流基础设施建设，更要在提升企业管理软实力上下功夫，刚柔并济，提高物流水平。

① 进行物流基础设施建设，它是物流供应链的基础。物流系统要做到准时交货。降低库存费用，运输环节的货车、装卸环节的起重机以及厂地、厂房等硬件设施是保证作业流程顺利进行的基础。当前我国 50% 的物流企业仍然处于基础网络建设阶段和系统建设阶段。国内专家认为，"物流成本过高的主要原因是产品在仓库存放的时间和路上耽搁的时间过长。物流企业的基础设施建设对于锻造核心竞争力尤其重要"。维持冷链物流的低温环境需要冷冻车等硬件设备，冷冻车等基础设施成为冷链物流企业的立身之本，在奶制品、肉制品等产品物流中发挥着重要作用。

② 提升企业管理软实力。在企业基础设施建设逐步完善的基础上，对供应链的企业进行整合能力、管理水平、信息化建设等，这些是企业物流发展的动力。企业较强的整合能力与管理水平等软实力成为有效保障物流供应链运作的必要条件。企业要采取多种途径，锻造企业管理软实力。要增强物流供应链管理水平建设，对物流供应链整体服务水平进行统一规划，打造灵活高效的物流管理系统，提升运作效率，减少相应损耗。信息系统建设是提升企业管理软实力的重点。借助现代信息技术的应用，实现企业物流系统管理电子化。对于加快响应市场的速度，减少库存积压提高运输质量、保证服务水平有着至关重要的作用。对此，专家建议，企业要与软件公司充分沟通，设计出切合企业需求的软件，有效提升企业信息化水平。

通过"软""硬"兼施，在企业面对危机过程中，物流供应链犹如调集千军万马的阵前统帅，冲锋在前、运筹帷幄，更有利于企业化解危机。

（4）供应链管理的原则。

① 快速反应（responsiveness）。能够以较短的时间窗（time window）响应客户需求是一项重要能力。客户希望的不仅是较短的前置时间，还包括弹性的和优化的客户解决方案，供应商能够在较短的时间里准确满足客户需求。供应商在激烈的竞争环境中需要快速反应，这意味着要快速行动和即刻满足客户需求。在快速变化的市场上，快速反应其实比传统商务上认为的"长期战略"更为重要，因为未来需求是不确定的。未来企业必须以需求推动生产而不是依靠预测进行生产，即应依靠快速反应来进行交易。要做到这一点，需要做出努力的就不只是公司自身，而是整条供应链。

② 可靠（reliability）。未来的需求不确定，供应商履行配送的能力不确定，原材料和配件的质量不确定，所以可靠性只能依靠重新设计那些影响操作的过程来获得。获得供应链物流可靠性最好的办法是实行精确的过程管理。而提高物流可靠性的关键是提高供应链可视性，即提高供应链最末端的下游客户的需求可视性。

③ 弹性（resilience）。当今市场的特点之一是多变，导致供应链容易中断，商业的连续性受到威胁。以往，供应链设计的主要出发点是成本最小或服务最优，即"弹性"。弹性涉及供应链处理不确定干扰的能力。许多公司因为利润上的压力都倾向于寻找降低成本的方案，结果导致供应链更加脆弱。富有弹性的供应链也许不是成本最低的，但一定具有更好应对不确定环境的能力。富有弹性的供应链有许多特征，其中最主要的特征是在它最易受到伤害的地方投入更多的关注。富有弹性的供应链还有另外一些特征，如认识到战略性库存的重要性，有选择性地利用闲置力量处理突发事件。

④ 相互性（relationships）。客户倾向于减少供应商基数。"单一资源"的现象普遍可见，一般认为这样可带来的利益包括提高质量，共享新理念，降低成本和共同制订销售及配送计划。企业已经发现，竞争优势可以来自一种双赢的模式，即同供应商建立长期合作的良好关系。从供应商的角度出发，这种关系能够自动给竞争者的介入设置障碍。供应商和客户之间的相互依存度越高，竞争者就越无法打破它们设置的障碍。

第二节 冷链物流的主要环节与范围

一、冷链物流的主要环节

易腐货物的特性决定了其供应链系统对冷链物流的特殊需求，发展冷链物流是易腐货物在供应链中质量保证的基础，要求冷链各环节具有更高的组织协调性。

冷链固定装置：冷链固定装置或称冷链地面设施，包括易腐货物的收集、加工、贮藏、分配等各环节的机构与设备。

冷链流动装置：冷链流动装置或称冷链运输工具，包括铁路、公路、水路、航空冷链运输工具和冷藏集装箱。从产地生产或加工或者由设在产区的预冷站加工出来的易腐货物，经由长途冷链运输（铁路、水路）运到贮藏性冷库长期贮藏，再（或）运到大中城市的分配性冷库或港口冷库暂时贮存。当需要时，由短途冷链运输（公路）从分配性冷库运到各销售点的小型冷库或冷柜，再销售给消费者。

1.冷链的主要环节

冷链的主要环节如图 1-2 所示。

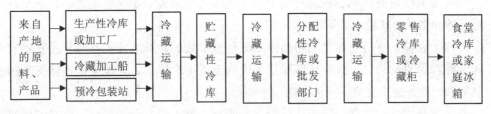

图 1-2 冷链的主要环节

（1）预冷：预冷是指食品从初始温度（常温 30℃左右）迅速降至所需要的终点温度（0 ~ 15℃）的过程。即在冷藏运输和冷藏之前的冷却以及快速冻结前的快速冷却工序统称为预冷。

果蔬等易腐农产品在采摘之后含有大量的水分，对于高温季节采收的果蔬，本身带有大量的田间热，呼吸作用很旺盛，成熟衰老变化速度快。研究数据表明，果蔬在常温（20℃）下存放 1 天，就相当于缩短冷藏条件（0℃）下 7 ~ 10 天的贮藏寿命。而且不经预冷处理的果蔬在流通中损失率达到 25% ~ 30%，经过预冷处理的果蔬损失率仅为 5% ~ 10%。预冷对保证良好的贮运效果具有重要的意义。

由于预冷在冷藏运输当中的重要性，很多发达国家早已将预冷作为果蔬低温运输和冷藏的一项重要措施，广泛应用于生产中。在日本，强制通风、差压、水冷等多形式的预冷设施分布于全国各地的果蔬产地附近，采摘之后的果蔬会立刻进行产地预冷。目前，日本90%以上的果蔬都必须经预冷后贮藏、运输。

（2）流通加工：流通加工是指在产品从生产者向消费者流动的过程中，为了促进销售、维护产品质量和实现物流的高效率所采用的使物品发生物理和化学变化的功能，主要包括包装、分级、分割计量、分拣贴标签条码、组装等。

（3）冷链运输：冷链运输是指使用装有特制冷藏设备的运输工具来运送易腐货物。在整个运输过程中，通过低温降低货物的新陈代谢，抑制微生物的生长，以保持易腐货物的良好外观、新鲜度和营养价值，从而保证货物的商品价值，延长货架期。冷链运输与普通意义上的运输相对而言，有以下突出特点：

第一，使用装有特制冷藏设备的运输工具；

第二，运送的对象是易腐货物。主要指易腐食品（如水产品、畜产品、水果和蔬菜等生鲜食品）以及花卉苗木、药品疫苗等；

第三，在整个运输过程中要保证适宜的低温条件，通过降低温度抑制易腐货物自身的新陈代谢，抑制微生物的生长繁殖，以保持食品的原有品质，包括鲜度、色、香、味、营养物质。

常见的冷链运输包括铁路冷链运输、公路冷链运输、水路冷链运输、航空冷链运输和多种方式联合运输。

（4）仓储：冷链仓储是利用温控设施创造适宜的温湿度环境并对易腐货物实施存储与保管的行为，只有让商品处于最佳温湿度环境下，才能保证存储商品的品质和性能，防止变质，减少损耗。

冷链仓储系统主要包括冷库，制冷各类货、架、搬运设备托盘，温湿度监控系统与管理信息系统等。规范冷链仓储的装载单元、集成单元，包括货品的包装单元尺寸、托板尺寸和其他配套设施，是确定整个冷链标准的基础。

冷链仓储对存储设备、存储环境的要求很高，在对冷链仓储系统进行规划设计时，由于冷链仓储的装载单元、集成单元的非标准化、定制化直接关联到所有冷链对接设施的技术尺寸，是冷链仓储设施进行设计规划的基础技术数据来源之一，直接影响仓储系统解决方案的确立、规划设计与优化、存储设备库容量及其搬运设备的运行效率。实现冷链仓储的单元化、标准化，可通过对资源的最佳配置，让冷链仓储系统在为客户提供满意服务的同时，降低物流系统总成本，获得最佳经济效益。

2.冷链操作流程

冷链操作流程主要包括冷链物品从生产到销售的一系列操作活动及相应的需求。下面列出了一些基本流程，具体操作时有所差异，但其中的关键是温度的正确控制和各环节的紧密衔接。

（1）冷鲜肉冷链物流操作流程（见图1-3）。

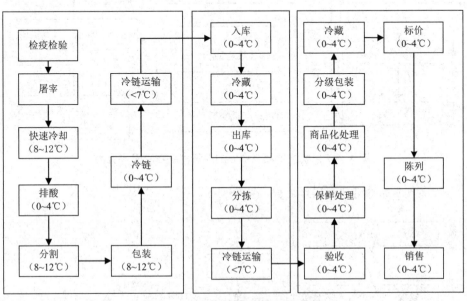

图1-3 冷鲜肉冷链物流操作流程

（2）水产品冷链物流操作流程（见图1-4）。

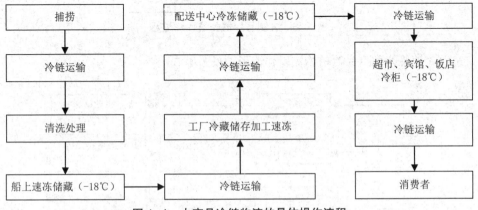

图1-4 水产品冷链物流的具体操作流程

（3）以批发市场为中心的果蔬冷链物流操作流程（见图1-5）。

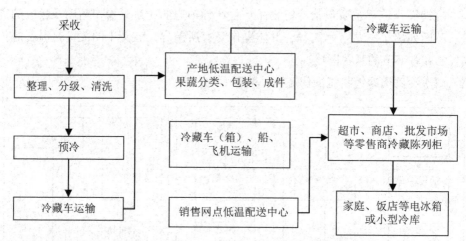

图1-5 以批发市场为中心的果蔬冷链物流操作流程

（4）乳制品冷链物流操作流程（见图1-6）。

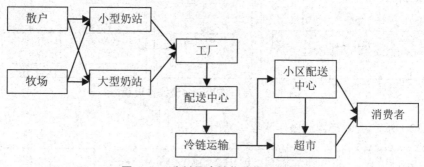

图1-6 乳制品冷链物流操作流程

（5）速冻米面食品冷链物流操作流程（见图1-7）。

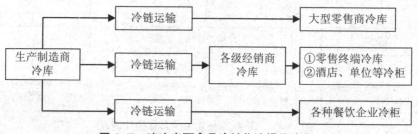

图1-7 速冻米面食品冷链物流操作流程

（6）疫菌冷链物流操作流程（见图1-8）。

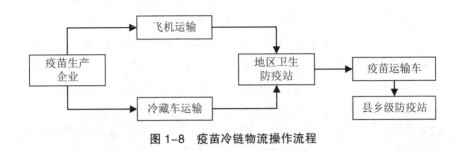

图1-8 疫苗冷链物流操作流程

二、冷链物流的范围

目前，冷链物流的适用商品一般分为三类：一是初级农产品，包括蔬菜、水果、肉、禽、蛋、水产品、花卉等；二是加工农产品，如速冻食品、肉、水产等，以及冰激凌和奶制品等；三是特殊商品，如药品和疫苗以及部分电子器件、加工产品等。

1.水果和蔬菜

水果和蔬菜采摘后仍为有生命体，果实组织中仍进行着活跃的新陈代谢过程，但当这种生命体发展到后期即过熟阶段，新陈代谢会变慢甚至停止。果实成分与组织均发生了不可逆转的变化，使其失去营养价值和特有风味，水果和蔬菜的呼吸实质上是果实内有机物缓慢地氧化。在有氧条件下，果实内作为基质的糖，有机酸以及复杂的碳水化合物被完全氧化分解为二氧化碳、水和热量，以维持正常的生命活动。

水果和蔬菜高质量地运输始于采摘。首先应在理想的时间和成熟状态下采摘，然后细心地拣选、整理和清洗；其次是降温减缓果蔬成熟过程到最慢；最后是正确地使用包装材料对果实迅速进行包装，使水果和蔬菜处于低温状态，在正确的温度、湿度、气体成分环境下运输。

根茎蔬菜（如胡萝卜）、水果（如橙、香蕉）和一些活植物属于温度敏感货物，在运输期间温度必须保证在其高于冰点或损害点1℃之内。在装运这些货物时应对冷箱进行预冷，并且用"冷风通道"迅速装妥货物。

2.畜禽肉类

畜禽肉类主要包括牛、羊、猪、鸡、鸭、鹅肉等，畜禽经屠宰后即成为无生命体，对外界的微生物侵害失去抵御能力，同时进行一系列的降解等生化反应，出现僵直、软化成熟、自溶和酸败四个阶段。其中自溶阶段始于成熟后期，是质量开始下降的阶段。特点是蛋白质和氨基酸分解、腐败微生物大量繁殖，使质量变差。肉类贮藏的作用是尽量推迟其进入自溶阶段。

冷冻贮藏是一种古老的、传统的保存易腐食物的方法。食物由于酶的分解、氧化和微生物生长繁殖而失去使用价值。冷冻可以钝化酶的分解、减缓氧化、抑制微生物生长繁殖，使食物处于休眠状态，在产品生产数周甚至数月后仍保持原有质量。

通常肉类在 –18℃以下即达到休眠状态。在 –23℃以下的低温成倍延长冷藏期。在 –30℃下的冷藏期比在 –18℃下冻藏期长一倍以上，其中猪肉最明显。许多国家明确规定，冷冻食品、制成品和水产品必须在 –18℃或更低的温度下运输。

3. 水产品

水产品主要包括鱼、虾、贝类。水产品死后不仅会出现僵直、成熟、自溶和酸败四个阶段，而且鱼类在僵直前还有一个表面黏液分泌过程，这种黏液是腐败菌的良好培养基，上述四个阶段持续时间较短，尤其是软化成熟阶段极短，这是因为多种酶和微生物在较低的温度下仍有很强的活性。在自溶阶段，蛋白质和氨基酸分解、腐败微生物大量繁殖，使质量变差。

水产品的贮藏时间与温度密切相关。在正常情况下，温度每降低 10℃，冻藏期增加 3 倍。多脂鱼类较低脂鱼类冻藏期短，红色肌肉鱼类冻藏期更短。一般冻藏温度是：少脂鱼和其他大多数水产品在 –23 ~ –18℃之间：多脂鱼在 –29℃以下，部分红色肌肉鱼可能要求达到 –60℃的低温。在冻藏和运输期间应使用尽可能低的温度，并应避免大范围的温度波动。

包装和操作方法对冻藏期也有影响，应避免货物暴露在空气中造成脂肪氧化和脱水干耗，装、拆箱作业应快速进行，避免温度波动影响质量。

4. 冰激凌和其他奶制品

冰激凌是人们用于清凉解暑、充饥解渴的营养价值很高的食品，需要低温灭菌操作、清洁的运输、适当的温度设置和完整的包装。

冰激凌包装材料有涂蜡纸、纸箱和塑料桶等。外包装对避免冰激凌损坏和热袭起着重要的保护作用。冰激凌通常使用约 6 米的冷箱运输，温度应设置在 –25℃以下，并应避免温度波动。

冷冻奶油通常是大宗货物，习惯做法是将奶油装在纸箱内，纸箱装在货盘上，然后再装入冷箱内运输。虽然有些奶制品可在较暖的温度下运输，但实际温度一般设置在低于 –14℃或更低，因为大部分奶油在低于 –8℃温度下没有微生物损坏，并且能够保持良好的质量。可长期贮存的硬奶酪通常在 1 ~ 7℃温度下运输，这取决于奶酪的种类、包装、运输距离用途（加工或零售）。其他奶酪通常用冷箱在 0 ~ 13℃温度下运输。

5.药品

冷藏温度敏感性的药品，从生产企业成品库到使用前的整个储存，流通过程都必须处于规定的温度环境（控温系统）下，以保证药品质量。医药药品安全直接关系着民生和社会稳定，同时对我国的物流供应链特别是冷链物流提出更高的要求。一般冷藏药品的温度要求是 2 ~ 8℃；加工药品温度要求是 8 ~ 15℃；冷冻药品温度要求是 –20℃，比如常见的疫苗；深度冷冻药品的温度要求在 –70℃，这些药品基本上是药品的原液，比如赫赛汀是 2 ~ 8℃的储存状态，但它的原液储存在 –70℃环境中。

第三节　实现冷链物流的关键因素和条件

一、关键因素

1.贮运温度

所有的冷冻商品根据储存温度的不同都有一个腐败的周期，大部分的冷冻食品在 –18℃的温度以下，其保质期会相对较长。但是相比之下，冷冻水产品需要更低的温度才能达到同样的状况。根据生产的条件不同，冷冻冷藏以及保鲜食品在储存和运输过程中要保持在 –1.5 ~ 14℃。

很多商品都有低温下限，低于这个温度，商品质量就会受到影响。对于那些在临界温度运输的商品低温会给商品带来冷冻伤害。对于肉类等商品来说也是这样。对于水果类商品，即使并未达到临界温度，也会给商品带来冻伤等损害。如果在比较高的温度下装货，则只能通过比较低的车辆预冷温度来达到货物快速降温的目的。这种做法可能出现的最大问题就是部分商品会因此产生冻伤。

2.运输设施

使用的运输设施应该是密闭的，安装有良好的温控设备，合适的空气流通设施和冷冻能力，运行状态良好。对于冷冻集装箱，应该在装货之前一个月对集装箱进行状态检查。对于冷藏船、冷冻集装箱和冷藏运输车等冷链物流设施的操作方法是不同的，承运人应该对运输工具的操作有非常详细的了解。由于运输的货物数量庞大，设施的安全可靠性是非常重要的。

3. 产品质量

冷链物流过程可以最大限度地保持产品的质量，但是却不能提高质量。如果产品本身质量不高，则使用高质量的冷链会大幅提高产品的成本，使得销售成为一个难题。产品质量取决于生产者的质量标准和检验标准，也取决于相关的销售要求。

4. 装运前处理

对于水果和蔬菜，装运前处理包括：收获前恰当的处理方法的应用；装运前短期的储存。对于冷冻商品，首要的要求就是在整个冷链中温度的控制，不能出现温度失控的环节。这其中就包括了装运前的预处理环节。

5. 包装

包装必须能够对商品进行保护，因此纸箱必须在温度失控导致商品融化、包装受潮的时候有足够的强度，同时包装还要结合捆扎等措施来最大限度地减少潮湿带来的损失。包装材料不能包含产生污染或异味的成分，纸箱必须是合适的尺寸，其形状必须能够在移动中保护商品，同时防止外来压力对货物造成损害。对于托盘化运输，纸箱相对于托盘必须是安全的。

6. 预冷

预冷包括两个方面：一方面是针对商品的；另一方面是针对运输车辆的。

一般来说，在农产品收获之后就要马上将温度降到合适的运输温度。

如果货物进行了预冷，而运输设施没有进行相应的预冷。这对于商品而言也是极不安全的。在所有的运输设施上，制冷率都会相对比较低，并且货物处于不同的位置，制冷效果也不尽相同。在专业冷却设施里达到一定的温度只需要几小时，但在运输途中却需要几天时间。

对于某些高代谢率的商品，如果事先并没有进行合适的预冷，呼吸的热量可能非常高，并因此导致整个运输过程中车厢内不能达到合适的温度，导致商品品质的下降。

7. 冷空气循环

冷空气循环使得透过车辆厢壁进入的热量得以消散，去除呼吸作用所带来的热量。冷链运输设施应该能够为包装良好的货物提供合适的冷空气循环。不当的包装和随意堆放可能会忽略这个问题，并因此导致商品全部或者部分质量损害。

冷空气循环在商品的展示销售上也很重要，开放式的多层货架就依赖于良好的空气流通来保持货物汽运的温变。

8.温度控制

与冷冻货物相比，温度控制对于冷藏货物更为重要。冷冻食品要求最高温度不能高于-18℃，而冷藏货物通常要求在运输中温度控制在2℃左右的范围内。在展示销售中，冷藏食品通常要求温度控制在5℃左右的范围内，因此，对于冷藏货物的运输车辆温度控制能力要求是很高的。然而，如果是冷冻运输车辆用于冷藏货物运输。则可能会获得更大的温度控制范围。更大的范围意味着比计划更高或者更低的温度，高温会导致保质期的缩短，低温可能意味着结陈或者由于低温给货物带来损害。

9.来自其他货物的交叉污染

最为明显的是由一种货物传播给另一种货物的污染或者异味。另外一种是由于某种激素的存在而导致货物提前成熟或腐败。

10.运输时间

海洋运输一般来说是非常可靠的，但是从本质上来讲，船舶故障和暴风雨有时也会导致延误，这是承运人所不能控制的。如果类似这样的情况导致了延误，那么对于易腐败货物来讲损失就是不可避免的。类似的一些自然灾害、罢工、政变等都会导致货物运输时间的延长，并因而造成损失。

11.零售

随着运输过程的进行，商品在冷链上通过批发商到达零售商，进而销售给消费者。在商店里，合适的冷藏设备也是非常必要的。在这一阶段如果商品发生了损失，那就意味着所有前面针对冷链所做的努力和耗费的能源全部损失了。

在冷链物流的全过程中，任何一个环节的缺失和失控都会导致商品品质的变化，进而导致公共卫生安全问题。随着人们对于食品安全问题越来越多的关注，对于冷链物流中的关键性控制因素的认识也越来越深刻，除了上述11个因素之外，还有其他因素会对冷链造成影响，从供应链的角度认识冷链，是冷链物流发展的当务之急。

二、实现条件

虽然不间断的低温是冷链的基础和基本特征，也是保证易腐食品质量的重要条件，但并不是唯一条件。因为影响易腐食品贮运质量的因素还很多，必须综合考虑、协调配合才能形成真正有效的冷链。冷链的目标是保鲜，因而归纳起来实现保鲜链的条件有以下几方面。

1. "三 P" 条件

"三 P" 条件即易腐食品原料的品质（produce）、处理工艺（processing）、货物包装（package）。要求原料品质好，处理工艺质量高，包装符合货物的特性，这就是食品在进入冷链时的"早期质量"要求。

2. "三 C" 条件

"三 C" 条件即在整个加工与流通过程中对易腐食品的爱护（care）、清洁卫生（clean）的条件以及低温（cool）的环境。这是保证易腐食品"流通质量"的基本要求。

3. "三 T" 条件

"三 T" 条件即著名的"T.T.T."理论，即时间（time）、温度（temperature）、容许变质量（或耐藏性）（tolerance）。在 1948 ~ 1958 年间。美国西部农产物利用研究所阿尔斯德尔（Arsdel）等人通过大量的实验，总结出了对于冻结食品的品质保持所容许的时间和品温之间所存在的关系，其理论要点如下。

第一，对每一种冻结食品而言。在一定的温度下食品所发生的质量下降与所经历的时间存在着确定的关系。根据大量的实验资料（主要是通过感官鉴定和生化分析），大多数冷冻食品的品质稳定性是随着食品温度的降低而呈指数关系增大。温度对于冻结食品品质稳定性的影响用温度系数 Q_{10} 来表示。Q_{10} 是指温差 10℃ 品质降低速度的比，亦即温度下降 10℃，冷冻食品品质保持的时间比原来延长的倍数。如 Q_{10} 的值为 5，品温从 –15℃ 降到 –25℃，品质降低的速度减少到原来的 1/5，或者说冷藏期比原来延长 5 倍。Q_{10} 值根据食品的种类而异。在实用冷藏温度（–15 ~ 25℃）的范围内，其值为 2 ~ 5。

第二，冻结食品在贮运过程中，因时间温度的经历而引起的品质降低量是累积的，也是不可逆的，但是与所经历的顺序无关。

第三，对大多数冻结食品来说，都是符合 T.T.T. 理论的。温度越低，冻品的品质变化越小，贮藏期也越长。它们的温度系数 Q_{10} 值几乎都在 2 ~ 5。但是也有温度系数小于 1 的食品，此时 T.T.T. 理论就不适用了（如腌制肉）。冻结食品从刚生产出来后直到消费者手上，如果品温能稳定不变，则是保持食品质量的理想条件，但在实际的流通过程中，在贮藏、运输、销售等各个环节，温度经常会上下波动，这对冻品的品质会带来很大的影响。因此了解冻结食品在流通中的品质变化，在实践中就显得十分重要。把某个冻结食品在流通过程中所经历的温度和时间记录下来，根据 T.T.T. 曲线即可计算确定食品的品质情况。

T.T.T. 计算方法是根据食品的温度时间经历所带来的影响累积变大的原则来进

行的，在一些例外的情况下，其实际发生的质量损失要比如此计算的质量降低量更大。

例如，冰激凌由于温度反复上下波动，温度升高时达到其融化点而融化或变软，温度降低时又再一次冻结变硬。这种反复如果频繁的话就会产生大冰晶，使原来滑溜的口感变得粗糙而失去了商品价值。

再如冷藏室内如温度波动并且湿度过小的话，冻品内的冰晶成长，表面冰晶升华，干耗也就特别严重。其结果不仅食品重量减轻，而且质量恶化，比用T.T.T.计算方法所求得的质量降低率损失要大得多。

4. "三 Q" 条件

冷藏设备数量（能力）（quantity）的协调就能保证易腐食品总是处在低温的环境之中因此要求产销部门的预冷站各种冷库铁路的冷藏车和冷藏车辆段、公路的冷藏汽车、水路的冷藏船，都要按照易腐货物货源货流的客观需要，互相协调地发展。

在设备的质量（quality）标准上的一致，是指各环节的标准，包括温度条件、湿度条件、卫生条件以及包装条件应当统一。例如，包装与托盘、车厢之间的模数配合就能充分发挥各项设备的综合利用效率。

快速（quick）的作业组织，是指生产部门的货源组织，运输车辆的准备与途中服务、换装作业的衔接、销售部门的库容准备等都应快速组织并协调配合。

"三 Q" 条件十分重要，并且有实际指导意义。例如，冷链各环节的温度标准若不统一，则会导致品质的极大降低。这是因为在常温中，1 小时暴露的质量损失量可能相当于在 $-20℃$ 下贮存半年的质量损失量。因此，应避免冻品在高温下的暴露，或者尽量缩短暴露时间。由于成本、空间、水源等一系列问题在对运输工具难以保持与地面冷库完全一致的温湿度条件，这时的补救办法就是尽量加快作业过程与运输速度。例如，在铁路冷链运输中可通过缩短装卸作业时间、加速车辆取送挂运等方法来进行弥补。

5. "三 M" 条件

"三 M" 条件即：保鲜工具与手段（means），在"保鲜链"中所使用的贮运工具的数量要求、技术性能与质量标准等均应协调一致；保鲜方法（methods），在保鲜贮运过程中所采用的气调、减压、保鲜剂、冰温、离子和臭氧、辐射和冻结真空干制等保鲜方法应符合食品的特性并应能取得最佳保鲜效果；管理措施（management），要有相应的管理机构和行之有效的管理措施，以保证各作业环节之间的协调配合，并促成各环节的设备能力、技术水平和质量标准的协调发展与统一。

第四节　冷链物流运作模式创新

一、冷链物流运作的主要模式

（一）冷链物流的运作模式

1.鲜花的冷链物流运作模式

据分析，我国的花卉生产主要集中在云南、福建、海南、山东等地。而发展相对滞后的花卉冷链物流，成为制约我国花卉运输的"瓶颈"。经过多年发展，我国的花卉物流已初步形成体系。目前，我国共有花卉物流企业近7 000家，形成了物流设施提供企业、生产销售企业及外资企业共同参与的花卉物流格局，航空、铁路和公路三大运输方式互相补充的花卉运输网络。但在这7 000家花卉物流企业中，大部分是基础设施极不完善的小企业。因为缺少必要的冷链措施，花卉在流通过程中造成了30%～35%的耗损，使运输成本居高不下。鲜切花品质50%取决于种植，50%取决于采后处理和冷链运输。鲜花须全程冷链运输，包括从产地的采后冷藏、短途低温保温、长途冷藏运输，抵达市场后的短途保温运输和终端消费地批发市场的冷藏。而我国花卉产品的采后处理水平参差不齐。在运输环节，一般货运公司小而散，缺乏能够提供保鲜、冷藏、分类、包装、运输、配送等一条龙全程服务的专业物流公司。只有个别企业的个别时段和运程上，能够进行冷藏运输或低温保温运输，而且关、检及在机场待运的四五个小时中，很少进行冷藏和保温；加之运输过程中的多点往返和多次搬运装卸，往往会导致产品质量下降甚至腐烂。

冷链物流过程包括保鲜运输、仓储、流通加工、配送等环节。具体运作模式如图1-9所示。

图1-9　鲜花的冷链物流运作模式

2.果蔬的冷链物流运作模式

果蔬采摘后一般经过田间包装、预冷、清洗杀菌、包装等商品化处理。所有果蔬包装材料均印有果蔬名称、等级、净重、供应商名称、地址等，以保证信誉。并始终保持其处于低温状态，形成一条完整的冷链，即采摘→田间预冷→冷库→冷藏车运输→批发站冷库→超市冷柜→消费者冰箱，使得果蔬在加工运输环节的损耗率仅为1%～2%。果蔬类产品通过产地储藏、流通加工和运输环节，进入销地配送中心，然后通过分销商自提或批发商配送的方式进入超市、个体零售终端，如图1-10所示。

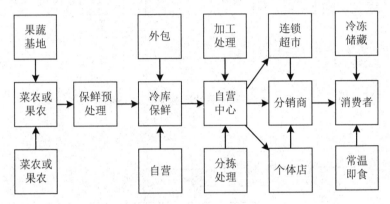

图1-10　果蔬的冷链物流运作模式

3.乳制品的冷链物流运作模式

乳制品冷链物流是以新鲜奶和酸奶为代表的低温奶产品等在奶源基地采购、生产加工、包装、储存、运输与配送、销售直到消费的各个环节都处于较适宜的低温环境中运行的一种冷链物流，以保证奶制品的品质，防止奶制品变质和污染。在乳制品冷链物流运作过程中，物流可以外包，也可以自营。在供应链管理上，上游加工企业与分散农户小规模生产合作经营进行监控，下游通过运输与配送的全程监控，有效提高乳制品冷链物流的温度与时间管理水平，如图1-11所示。

4.水产品的冷链物流运作模式

水产品在物流过程中需快速流转，但由于冷链水产品消费的季节与周期性、产品传递渠道的长度等特点，加强水产品冷链物流中心建设显得十分必要。冷库依托冷链物流中心而存在，水产品冷库成为水产品冷链物流中心必不可少的设施，水产品冷链物流中心在水产品冷链物流体系建设中起着决定性的作用。水产品冷链物流中心是提供水产品集中、分配、配送、增值等功能，拥有码头、渔港补给设备、水产物流中心、深层加工厂、渔获市场、海洋研发中心、水产养殖基地、住宅区等冷链物流运作设施的中心，目前多数屠宰厂和冷藏冷冻食品、水产品加工企业，都有自己的冷藏冷冻库，以平衡供应、生产与销售环节，如图1-12所示。

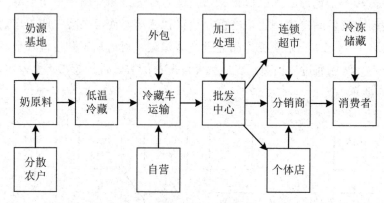

图1-11 乳制品的冷链物流运作模式

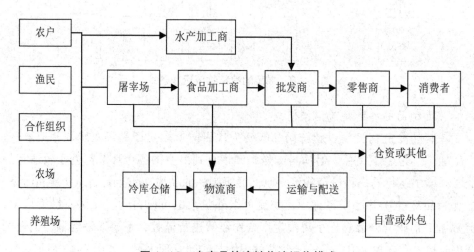

图1-12 水产品的冷链物流运作模式

（二）冷链物流企业的运作模式

1.第三方冷链物流模式

第三方冷链物流模式是指成立专业的物流企业受买方或卖方委托，从事专业服务的一种冷链物流外包的模式。能通过全程监控冷链物流，整合冷链产品供应链的方式，为冷链物流需求方提供高效完善的冷链方案的企业就是第三方冷链物流企业。借助这一模式，既可以提供专业化的冷链物流服务条件，节约物流成本，提高冷链物流的运作效率，又可以使买方企业或卖方企业集中人力资源和物力资源做好本企业的业务，最终实现互利双赢的战略目标。夏晖物流是典型的第三方冷链物流企业，拥有从美国进口的制冷设备及 5～10 吨温度控制车辆，可以实现全程温度控制和自动化管理。夏晖物流主要为麦当劳提供一站式综合冷链物流服务，业务主要包括运输、仓储、各环节的信息处理、存货控制、产品质量安全控制等。夏晖物流根据麦当劳店面网络的分布情况建立了分拨中心和配送中心。

2. 以生产加工企业为主导的自营冷链物流模式

以生产加工企业为主导的自营冷链物流企业整合自有物流资源，建立多家便利店以控制销售终端进而建设物流配送中心，实现冷链物流向原料供应商的延伸，形成"产供销一体化"的自营冷链物流模式。光明冷链物流是真正意义上的以加工企业为主导的"产供销一体化"的冷链运作模式。2003 年，光明乳业整合集团下属物流部门成立上海冷鲜物流有限公司，建成 5 个区域物流中心、21 个销售区物流中心、6 个转运物流中心，在 18 个大中城市设有 1 200 多家专业便利店。

3. 以大型连锁经营企业为主导的自营冷链物流模式

以大型连锁经营企业为主导的自营冷链物流企业通过小批量、多批次、多品种配送，确保生鲜食品的质量安全，形成了大型零售商独自兼营配送环节为主的冷链物流模式。联华超市股份有限公司于 2000 年建成联华生鲜食品加工配送中心，总投资 6 000 万元，建筑面积 35 000 平方米，年生产能力 20 000 吨，是国内目前设备最先进、规模最大的生鲜食品加工配送中心，为其下属的 3 609 家连锁经营店铺提供冷链物流服务。

4. 依托大型冷冻批发市场型冷链物流模式

武汉白沙洲冷链食品有限公司通过与农产品大市场连成一体形成产品生产、收购、加工、储运、配送和提供市场信息服务等一体化的冷链物流运作模式。武汉白沙洲冷链食品有限公司将建成 20 万吨冷库和冷冻食品、海鲜、干鲜、板栗四大专业市场。无论从市场建设规模、市场交易量和市场辐射范围，还是从设施设备、库容、管理等方面比较，武汉白沙洲冷链食品有限公司都在全国同类市场中位居前列。

二、冷链物流运作模式创新

（一）农产品冷链物流企业的物流创新

农产品冷链物流企业的物流创新是指深入分析当前冷链物流企业发展在硬件

与软件上存在的不足，探讨硬件设施建设的重点与软件加强的侧重点。农产品冷链物流企业的物流创新可以从以下两个方面入手。

1. 加快研发冷藏运输技术与运输设备

冷藏运输技术与冷藏运输设备是完成冷链物流的最基本硬件，冷藏技术决定了生鲜农产品的品质，冷藏运输设备决定了生鲜农产品运输过程中质量的保持与运输效率的提升。冷链物流企业应兴建单体多温分区冷库和智能型冷库，同时在冷库上安装计算机自动控温装置，保证温度的可控性；多采用节能环保的冷藏运输设备，尽量实现装卸环节的自动化，提升运输效率。

2. 加快基础项目建设

由于很多冷链物流企业都是分布于农产品生产基地的周边，无法顾及那些相对分散的农产品生产地，这对于一些易腐的农产品来讲，是冷链物流中的一个漏洞。物流企业应深入分析农产品生产分布情况，建设一批设施先进、节能环保的冷库，保障农产品生产地区的冷鲜产品临时储备。

（二）农产品冷链物流企业的价值创新

农产品冷链物流企业的价值创新是指挖掘农产品冷链物流各个环节的最大价值，运用适当的方法与手段将最大价值发挥出来，提升冷链物流企业的核心竞争力。农产品冷链物流企业的价值创新可以从产品价值提升、技术价值凸显与人力资源价值体现三个方面入手。

1. 通过完善产业链条，提升产品价值

如果所有的物流企业都将自身定位为"运输"企业，它的发展就会受到极大的制约，将各种生鲜农产品保时保质地运送到目的地，所创造的也仅仅是一个"运输"价值。如果进一步延伸产业链条，将服务范围扩张到农产品生产、包装与销售等方面，就可以将其上下游产业联系到一起，实现统一协调地运作，让新鲜的农产品在最恰当的时机被生产出来，以最恰当的方式包装，再统一运送到销售终端，收获最大的经济效益。

2. 积极地运用新技术，使技术价值凸显

评价冷链物流的重要标准就是产品损耗与产品质量的保持。冷链物流技术在产品质量的保持与损耗的减少方面发挥着重要的作用。通过创建完善的质量管理标准与技术标准，可保证物流服务质量，通过强化质量检验机制，保障产品的安全。

3. 充分发挥人力资源的价值

构建科学合理的人才梯队，通过科学的薪酬制度吸引高素质专业冷链物流人才的加入，通过激励制度的运用调动员工的工作积极性，通过培训制度促使工作人员的专业素质不断提升。

（三）农产品冷链物流企业的管理创新

农产品冷链物流管理创新是指加强企业内部管理，促使企业自身综合实力增强，提升抢占更大市场份额的能力。农产品冷链物流企业的管理创新可以从四个方面入手。

1.进一步调整产业结构，实行现代企业法人治理结构

通过股权改造，实现企业产权结构多元化，在企业内部创建资产管理、财务管理、投融资管理、业务管理四大管控中心，实现治理结构的优化。

2.加强全面预算管理和全面风险管理

以企业的长远发展规划为中心，在资源配置、投融资、成本控制方面进行科学的预算管理。围绕财务资产运营、项目投资等重大财务项目进行全面的风险管理。

3.创建以市场为导向的管理机制

冷链物流企业的发展要以市场为导向，根据市场的需求设计产品，根据客户的需要创新服务。

4.注重品牌的管理与塑造

冷链物流企业应重点开发具有市场竞争力的产品，各类农产品如水产品制品、水果蔬菜、肉禽制品等需创建品牌，促进品牌的树立，形成品牌效应。

（四）农产品冷链物流企业的网络创新

农产品冷链物流企业的网络创新是指通过构建网络化体系，发挥信息网络平台、质量追溯网络平台和产业网络平台的作用，推动冷链物流企业服务水平进一步提升。

1.构建信息网络平台

信息网络平台可以为客户提供全程化透明监管的服务，避免了信息不对称现象的出现。物流企业各部门可以通过信息平台实现信息、数据的交换与共享，使冷链物流资源得到优化配置，提升信息共享度。

2.创建质量追溯网络平台，为消费者提供安全放心的农产品

冷链物流企业应该将农产品的生产地、加工地、包装、生产日期等重要的产品信息都录入质量管理体系中，通过编码对其进行统一的管理，保证全程质量的可控性。

3.构建产业网络合作平台

调动行业力量发展冷链物流产业，让冷链物流企业之间可以实现信息与资源的共享。各冷链物流企业可以通过网络平台进行交流与沟通，促进深度合作。

第二章
冷链物流发展概况与特征

第一节　世界冷链物流业现状及发展趋势

一、冷链物流发展历程

冷链的起源要追溯至 19 世纪上半叶冷冻机的发明，随着电冰箱的出现，各种保鲜和冷冻农产品开始进入市场，进入消费者家庭。到 20 世纪 30 年代，欧洲和美国的食品冷链体系已经初步建立。40 年代，欧洲的冷链在"二战"中被摧毁，但战后又很快重建。现在欧美发达国家已形成了完整的食品冷链体系，英、美、日等国家易腐食品物流过程的冷藏率已达 100%。

二、世界冷链业发展现状及特点

随着技术的进步和社会需求的增长，冷链物流在发达国家得到了广泛应用。据资料显示，美国、日本等国家的冷链流通率达到 95%，东欧国家达到 50% 左右。以蔬菜为例，为了保证质量和降低损耗，非常重视蔬菜采摘后处理的各个环节。一般程序为：采收和田间包装→预冷→清选与杀菌→打蜡或薄膜包装→分级包装。所有蔬菜包装材料均印有蔬菜名称、等级、净重、农家姓名、地址、电话等，以保证信誉。蔬菜始终处于低温条件，形成一条完整的冷链，即田间采后预冷→冷库→冷藏车运输→批发站冷库→自选商场冷柜→消费者冰箱。由于处理及时得当，蔬菜在加工运输环节中的损耗率仅为 1% ~ 2%。食品在冷链系统中运行，保证了品质，减少了损耗，提高了产品附加值，产生了巨大的经济效益和社会效益。

综观世界冷链物流发展，主要呈现冷库数量持续增加、现代化程度较高、行业集中度不断提高等特点。

三、世界冷链业发展的动力

刺激冷链业发展的原动力来源于以下几点：

第一，人口增长。因为冷链最终的环节是人，是消费者，所以人口增长是刺激冷链消费的一个重要原因。

第二，中产阶级人数和比例的增加，也就是消费者的消费层次的提高。发达国家冷链发展得好，是因为在发达国家，大部分中产阶级都愿意花更多的钱去买全程冷链的产品，注重食品的安全卫生、食品的保鲜度，随着中产阶级数量的增加，对冷链的需求量随之增加。

第三，超市和快餐的投资。超市和快餐，比如麦当劳、肯德基等快餐店要求全程冷链，消费者到这些冷链发展较好的快餐店就餐，承担了一部分冷链的追加费用，这也是刺激冷链发展的一个重要原因。

第四，国家给予企业发展冷链的政策和资金支持。各国政府从以往的食品安全问题中吸取教训，加强了食品安全的重视程度，制订冷链相关的发展规划，并大力推动冷链发展。

四、世界冷链业发展趋势

未来，随着全球经济的发展，冷链市场将会呈现以下趋势。

1. 冷链运输需求强劲

就全球来看，北美和欧洲是保鲜食品的最大市场，而南美洲、非洲和澳大利亚等南半球国家或地区是北美及欧洲保鲜食品的最大供应基地。由于保鲜食品的运输需求增加，冷藏车、冷藏船等冷藏供应链的队伍将不断壮大。

2. 信息化趋势

随着科学技术的迅速发展，冷链信息化的发展必然是未来世界发展的趋势。目前，很多食品冷链普及的国家，已经广泛采用无线互联技术、条码技术、RFID监测技术、GIS以及在仓储、运输管理中基于互联网的移动通信技术等。为了更好地实施冷链服务能力，冷链公司将会更加重视自身的信息化建设，以此来提高自身的竞争力。

3. 冷链物流向系统化方向发展

为提高冷链效率和满足不同用户的需求，发达国家冷链物流企业已经由单环节的物流企业向跨行业、跨地域的一体化物流企业转变。

第二节 中国冷链物流业现状及发展趋势

一、中国冷链物流业发展现状及特点

我国冷链行业起步于20世纪50年代，目前肉类，农产品冷链流通率仅为15%，果蔬产品和水产品冷链流通率分别为5%和23%，与发达国家相比存在很大差距。

近年来我国冷链发展迅速，主要体现在以下方面。

1.冷链物流需求增幅加快

随着人民生活水平的提高以及生活节奏的加快，冷冻冷藏食品需求迅猛增长，食品冷链物流行业迎来了较大的发展空间，以肉制品、速冻食品、乳制品等为代表的冷链食品发展较快。

（1）肉制品市场需求分析。我国肉制品加工业正处在成长期，消费群体迅速壮大，产量与销售额持续增长。在未来10年内，肉类加工业将进入一个新的高速发展时期。肉类食品的消费除在城市仍有扩展的余地外，在农村有着更大的增长潜力。随着中国农村城市化进程的加快和农民收入水平的提高，肉类食品消费数量会在较长时期内持续增长。

（2）速冻食品市场需求分析。速冻食品是利用现代速冻技术，在 –25℃迅速冻结，然后在 –18℃或更低温度条件下贮藏并远距离运输、保存的一种新兴食品，常见的有速冻水饺、速冻汤圆、速冻馒头等。从1995年起，我国速冻食品的年产量每年以20%的幅度递增，年产量接近1 000万吨。据不完全统计，近年来，我国现有各类速冻食品生产厂家近2 000家，年销售额达100亿元。

速冻食品品牌中，三全、思念占据重要位置，并均以超过10%的市场占有率雄踞第一集团。第二集团品类众多，但每一种所占市场份额均十分有限。

速冻食品对贮藏运输要求十分严格，必须保证在 –18℃以下。目前，专业化、社会化并能不断适应市场变化的速冻食品冷链配送体系尚未形成。

（3）乳制品市场需求分析。乳制品包括液态奶、各种奶粉和其他乳制品等。自1990年以来，我国以牛奶为主的乳制品进入快速发展期。1990～2007年，年平均增长率为12.1%，位居世界第一。2018年4月，全国乳制品产量216.2万吨，同比增长7%；2018年1～4月全国乳制品产量841.6万吨，同比增长8.2%。预计

未来 5 年年均复合增长率约为 5.65%。快速增长的乳制品行业给冷链物流带来了巨大需求。

一般情况下，生产的鲜奶都需要运至乳品厂进行加工，属于鲜度要求严格的商品，天天都要配送。如果运输不当，会导致鲜奶变质，造成重大损失。为保证质量，鲜奶运输有特殊的要求。因此，高质量的冷链物流运作对促进乳制品行业的发展有着至关重要的意义。

2.冷库、冷藏车等基础设施资源加速增长

截至 2009 年年底我国冷库接近 3 万座，冷库总容量为 6 137.39 万立方米，年营业额在 500 万元以上（含 500 万元）的食品冷冻、冷藏企业超过 2 万家（包含加工企业内的冷库车间及冷藏库）。但由于我国经济发展具有地域性特点，对低温冷藏产品的需求也具有地域性的特点，因此，冷库的地域性特点比较明显，主要集中在东部和中部地区。

2002 ~ 2008 年，中国冷藏汽车每年的销售量达 4 000 多辆，年均需求增长率维持在 10% 左右。截至 2010 年 6 月，我国冷藏汽车和保温汽车产量共为 2 980 辆，与 2009 年同比上升 109%，其中冷藏车产量为 2 788 辆，与 2009 年同比上升 117%。

3.冷链制度正在逐步完善

2007 年，《易腐食品机动车辆冷藏运输要求》正式颁布施行；2009 年，《物流业调整和振兴规划》中重点强调了要发展农产品和食品冷链物流体系；2001 年 1 月，全国物流标准化技术委员会冷链物流分技术委员会正式成立；2010 年上半年，国家发改委出台《农产品冷链物流规划》，计划到 2015 年极大缓解我国冷藏技术设施不足的问题。由此可见，中国冷链的制度完善之路正在大步前进。

4.冷链物流信息技术开始发展

随着现代科技的不断发展，先进的信息技术也不断在我国的冷链物流产业中应用。例如，冷藏车载 GPS 定位系统是冷链信息技术的重要方面。利用多采点智能温度仪与冷藏车载 GPS 系统实现无缝对接，能够迅速准确地记录和回传冷藏车厢内的多点温度，使冷藏运输温度监控借助 GPS 系统在 Internet 和移动通信系统中实现。

RFID 监测技术是冷链物流信息技术发展的趋势之一。利用 RFID 技术，将温度变化记录在"带温度传感器的 RFID 标签"上，对产品的生鲜度、品质进行细致、实时的管理。另外，RFID 还可扩展为覆盖全冷链流程的冷链监测中心数据平台。企业或联盟成员通过口令获取相关数据，实现对冷链温度的全程、实时监控和预警，同时向消费者提供方便的查询手段，向社会公布产品的安全溯源信息。

二、中国冷链物流行业发展存在的问题

1.完整的冷链体系尚未建成

根据有关资料，目前中国大约85%的肉类、77%的水产品、95%的蔬菜水果基本上是常温运输销售，每年仅果品腐烂近1 200万吨，蔬菜腐烂1.3亿吨，经济损失严重。对比发达国家，加拿大已经形成完整的农产品冷链物流体系，蔬菜物流损耗仅为5%。因此，中国冷链体系的建立需要政府的大力支持。

2.冷链设施相对落后，运输效率低

近年我国冷链基础设施正在迅速增长，但相对于我国庞大的人口基数，冷库及冷藏车等资源的人均占有量仍旧偏低，部分基础设施陈旧且分布不均，亟待升级改造。冷藏运输是冷链物流的重要环节，中国冷链物流主要集中为铁路和公路运输。截至2010年，我国共拥有59.4万辆铁路货车，冷藏车6 587辆，占铁路货车总量的1.1%。公路冷藏车保有量在5万辆左右，仅占货运汽车的0.3%。从运输情况看，受我国铁路资源等因素制约，铁路冷藏运输与公路冷藏运输难以协同，严重影响冷藏运输效率。

3.第三方物流比重低

由于受传统计划经济体制的影响，我国相当多企业仍保留着"大而全"的经营组织方式，从原材料采购到产品销售过程中的一系列物流活动主要依靠企业内部组织的自我服务完成，大量潜在的物流需求还不能转化为有效的市场需求。

目前，多数企业内部各种物流设施的保有率都比较高，成为企业经营资产中的一个重要组成部分。这种以自我服务为主的物流组织模式在很大程度上限制和延迟了工商企业对高效率的专业化、社会化物流服务需求的产生和发展，这也是当前制约我国冷链物流产业快速发展的一个重要"瓶颈"。

4.员工素质不高

员工素质是决定企业发展速度的关键因素。现阶段，冷链物流公司的工作人员素质参差不齐，特别是一线工作人员缺少基本的专业培训，有的连基本的冷冻、冷藏知识都不懂，这严重影响了冷链物流企业的发展，也严重地影响了冷链企业所提供的冷链服务质量。

5.信息化技术的应用程度不高

冷链物流信息化是物流产业发展的一个重要趋势。由于历史的原因，我国物流业信息化技术的应用程度并不高，真正建有自己的冷链物流信息系统的企业不多。

6.冷链企业经营规模小，管理水平不高

与国际知名大公司相比，我国的冷链物流企业起步较晚、规模较小，公司品牌、运输网络等没有真正建立起来，很难形成规模效应。并且由于企业规模较小，有效的温度控制设施投入必然有限，高层次的冷藏物流供应链管理和操作人员流失严重，导致冷冻类产品在运输途中风险增多。

三、中国现代物流业发展趋势

1.冷链物流体系的建立和不断完善

国家对冷链物流产业的重视将促使冷链物流体系的建立与完善。2010 年 7 月，由发改委颁布的《农产品冷链物流规划》（以下简称《规划》）标志着我国有关部门对冷链物流的空前重视。《规划》提出到 2015 年，建成一批运转高效、规模化、现代化的跨区域冷链物流配送中心，培育一批具有较强资源整合能力和国际竞争力的核心企业，冷链物流核心技术将得到广泛推广，并初步建成布局合理、设施装备先进、上下游衔接配套、功能完善、运行管理规范、技术标准体系健全的农产品冷链物流服务体系。《规划》还提出：要进一步提高肉类和水产品冷链物流水平，增强食品安全保障能力。至 2015 年，我国果蔬、肉类、水产品冷链流通率将分别达到 20%、30%、36% 以上，冷藏运输率分别提高到 30%、50%、65% 左右，流通环节产品腐败率分别降至 15%、8%、10% 以下。

由于国家在冷链物流政策上的导向作用，使得许多省市加大了对冷链物流体系建设的政策扶持力度，我国的冷链物流体系将建立并将不断完善。

2.专业化的冷链第三方物流的比重逐年增加

第三方物流（Third Party Logistics，TPL，也称 3PL）是指物流的实际需求方（第一方）和物流的实际供给方（第二方）之外的第三方，它部分或全部利用第二方的资源，通过合约向第一方提供物流服务，它是业务外包在物流业务中的具体表现。生产商、销售商或消费者将其物流业务交给专业物流公司运作，而自己集中精力发展主业务和新业务。因此，第三方物流又常被称为"契约物流""外包物流"和"代理物流"。

随着市场竞争进一步加剧，为了减少投资，降低运作成本，提高物流水平，增强核心竞争能力，必然促使企业更加关注其核心资源和核心竞争力的培养，而将企业内部物流交由专业物流公司经营。目前我国第三方冷链物流的市场比重不大，但潜力很大，有广阔的发展空间。预计今后几年，我国专业化的冷链第三方物流服务的比重将会逐渐增大。

3. 物流信息化进程加快

现代物流是以信息技术为支撑的，没有信息化就没有现代物流的发展。信息技术是现代物流体系正常运作的保证。通过运用通信技术、网络技术、软件应用技术和电子商务技术等，为现代物流管理提供基础、支持和手段。在此基础上，冷链物流企业应充分应用无线电射频技术（RFID）、全球定位系统（GPS）、地理信息系统（GIS）、电子数据交换系统（EDI）等信息技术，使冷链运输监控数据透明化，以此来保证冷链过程的安全，并使物流作业效率大大提高，经营成本不断下降。

4. 物流企业向规模化、集团化发展

我国的冷链物流企业大多规模小、实力弱、能力低，因此随着国内冷链物流市场竞争的进一步加剧和国际知名跨国综合物流企业的大量进入，一些冷链物流企业将通过重组、资本扩张、收购、兼并、流程再造等形式，向规模化、集团化物流企业发展，以提高核心竞争力。

5. 物流人才的培养加快

冷链物流是一项系统性的工程，只有做好人才培养才能够为冷链行业提供后续发展力量。鉴于此，我国将逐渐建立和完善物流职业资格认证、专业学历教育、短期职业培训相配套的物流人才培养体系，使物流员工素质低、高层次物流人才匮乏的现状得到缓解。

6. 提供优质的服务将成为企业获取竞争优势的关键因素

当前社会和客户对物流服务的要求越来越高，客户选择物流不仅注重成本，更注重物流服务的质量，物流服务优质化和全球化是我国物流今后发展的重要趋势。未来的冷链物流市场的竞争更加激烈，为客户提供日益完善的增值服务，满足客户日趋复杂的个性化要求将成为冷链物流企业生存和发展的关键。

第三节　冷链物流的需求特点

一、冷链物流需求多样化

随着社会的进步和经济的发展，人们不再单纯满足于解决温饱问题，而是开始追求更高层次的生活质量，更加关注饮食的营养、卫生，追求精神上的享受。随着生活水平的提高，居民食品消费理念和行为发生显著变化，居民食品消费更

加注重新鲜度、安全性、便利性、营养性，由此产生了对冷链物流的多样化需求。

（一）更加重视食品的新鲜度

冷链的作用由以延长产品的保质期为主，转变成以保持产品的鲜度、提高产品的品质为主。以前冷链主要用于冷冻冷藏食品的生产加工以及储存等，是保证产品质量的重要手段；另外，还用于肉禽类和果蔬类食品的国家战略储备和商业储备，以延长产品的保质期和销售期。随着消费者质量意识的改变和提高，居民不但要求产品的种类丰富、配送及时，还对食品质量、安全和新鲜度提出更高的要求。为了满足消费者对鲜度的要求、保持产品的鲜度、提高产品的附加价值，对鲜度更加重视的冷链物流快速发展。

生鲜水果蔬菜并非都需要采用冷藏运输和低温贮藏，在农贸市场和超市出售的生鲜水果和蔬菜绝大部分并未采用冷藏运输和低温贮藏，采用冷藏运输的一般是需要远距离运输的对温度极为敏感的蔬菜果品，如樱桃、香蕉、蒜苗等，以及进口的蔬菜果品。近年来，随着进口水果和高档蔬菜不断推向市场，利用冷藏运输、在店铺采用冷气货柜销售的蔬菜果品数量不断增加，特别是高收入人群比重较大的一线城市。这类采用低温运储和上架销售的蔬菜果品，属于蔬菜果品里的高档奢侈品，在价格上也远远高于一般蔬菜果品。例如，欧尚冷藏有机果蔬价格是常温普通果蔬价格的 2～10 倍。2009 年我国城市中等收入阶层规模已达 2.3 亿人，占城市人口的 37% 左右。中高收入阶层对于高档蔬菜果品的需求形成了一个巨大的市场，对冷链物流也提出了更高的要求。

（二）更加重视食品的安全性

食品放心工程的推进以及全程温控和可追溯系统的运行，实现了肉类食品从生产到销售的全程冷链，提高了冷链的安全性，使全程监控冷链物流服务需求进一步增加。食品冷链信息追溯系统，不是对单一节点的监控，而是对整个产品从生产地到运输、销售，最后到消费者手中的全程监控。

例如，为全面推进食品放心工程，北京市工商局于 2005 年制定《北京市鲜肉批发市场管理规范》，要求批发鲜肉需使用冷藏车运输；肉类生产企业积极改造生产流水线及温控设施、加强产品排酸和预冷等低温加工设施建设；超市、专卖店等零售环节实现冷柜销售；形成了肉类食品全程冷链物流体系。同时借助于龙头企业的市场交易信息平台建立便捷、高效的食品冷链物流追溯系统，如已运行的肉牛全程质量安全追溯管理系统等为冷链物流服务的安全性提供了有效监管。

生鲜食品加工企业发展对高品质冷链物流服务产生极大的需求。第一，首都农业集团、东升方圆种植农业开发有限公司、锦绣大地农产品有限责任公司等企业在扩大企业规模的同时，也在不断提高自身产品质量，开发自有生鲜食品品牌，全程冷链产品增加。目前北京市农业局蔬菜质量安全追溯系统，已在东升方圆农业种植开发有限公司等40家蔬菜加工配送企业内进行了推广应用。第二，各地利用自身市场的优势及工业集中地为载体，不断引进知名企业入驻，品牌产品不断增加。如蒙牛乳业北京有限责任公司、北京汇源饮料食品有限公司等大型加工企业纷纷在北京郊区投资建厂，这些企业具有较高的知名度，品牌影响力大，一旦产品出现质量问题会对企业造成严重影响，因此对冷链物流服务提出了高标准，促使一体化冷链物流服务需求增加。

（三）速食品和快餐业拉动冷链需求

随着工作节奏和生活方式的变化，人们逐渐倾向于节省"厨房时间"，给生活带来省时和便利的速食品、速食蔬菜等常温速食品，受到广大消费者欢迎，销售量持续增加。家庭规模的进一步缩小、生活节奏的加快、休闲时间的增加及娱乐方式的丰富，居民多数情况下选择在外就餐，特别青睐于吉野家、肯德基、麦当劳等经济快捷的快餐。

速食品和快餐均是工厂化生产的食品，这些产品的原材料在生产加工过程中以及产成品的保管、从工厂到销售店铺的运输配送过程等都需要在低温环境下进行。如速食品，消费者购买后只需简单加热即可食用；而快餐，销售店铺简单加热后即可出售。速食品和快餐等产品的流通、生产、保管等对冷链物流提出新的要求，支撑速食品和快餐业的冷链物流快速发展。

（四）食品消费结构变化推动冷链物流

随着消费水平的提高，居民食品消费从注重量的满足到追求质的提高，消费质量和消费结构都发生了明显变化，特别是农村居民食品消费结构中生鲜食品占比显著增加。对蔬菜、肉禽类、水产品、瓜果类及乳制品等冷链对象食品需求增加，必然带动食品冷链物流行业的发展。

全国农村居民改变了传统的以粮食为主的食品消费格局，粮食消费占比逐渐降低由1990年的63.82%下降至2011年的55.49%；蔬菜、肉禽类、水产品、瓜果类等生鲜食品消费占比稳步增长，2011年分别达到29.06%、6.76%、1.76%和6.92%。城镇居民食品消费结构中，粮食和蔬菜消费占比分别由1995年的34.69%和41.66%下降至2011年的27.06%和39.17%；瓜果类和肉禽类消费占比呈直线上升，2011年分别达到17.79%和12.02%。

二、冷链物流需求量持续增加

食品冷链物流需求总量是城乡居民人均食品消费量、人口规模、各类食品的冷链流通率以及冷链环节等变量共同作用的结果，任意一个变量的变化均会带动食品冷链物流需求总量的变化。居民收入水平的提高，直接推动了食品消费升级，对生鲜食品人均消费需求增加，与不断扩大的城市人口总规模共同作用，使冷链物流需求总量持续增加。

（一）生鲜食品人均消费量不断增加

10 年来，中国经济持续高速增长，中国人均生产总值从 2001 年的 1 042 美元增长到 2011 年的 5 432 美元，平均增幅为 42.13%。城镇居民人均消费水平由 2001 年的 7 160.8 元增加到 2011 年的 18 749.6 元，农村居民人均消费水平由 1 969.0 元增加到 5 633.0 元。随着经济发展水平和居民消费水平的提高，居民生鲜食品人均年消费量呈稳步增长趋势。

从 1995 ~ 2011 年 16 年间的统计数据来看，城市居民和农村居民生鲜食品人均年消费量呈稳步增长趋势，肉禽类、水产类、水果类均呈直线上升趋势；农村居民蔬菜消费量有所下降，城镇居民蔬菜消费量基本稳定。

（二）生鲜食品消费总量持续增加

根据第六次人口普查报告显示，居住在城镇的人口由 2000 年的 45 906 万增长到 2010 年的 66 557 万；居住在乡村的人口由 2000 年的 80 837 万下降至 2010 年的 67 415 万。2010 年城镇人口比重占 49.68%，同 2000 年相比，上升 13.46 个百分点。

根据城镇居民人口数和全国居民人均年食品消费量测算，全国城镇居民生鲜食品年消费量从 1995 年的 6 422.07 万吨增加到 2011 年的 14 628.86 万吨（增加 127.79%），其中蔬菜类 7 913.69 万吨、瓜果类 3 593.49 万吨、水产类 692.17 万吨、肉禽类 2 429.51 万吨。

（三）速冻食品消费量迅速增长

10 年来，我国沿海大中城市各种冷藏食品（0 ~ 10℃）市场越来越大。熟食、鲜奶、豆制品、米面制品、半成品切配菜、预制品等传统食品逐渐进入冷链物流保障下流通。冷冻食品的品种不断增加，米面主食品种由原来的 20 种增加到 30 余种；畜、禽肉制品、水产也有较大发展。国内贸易局商业信息中心对 1 200 家连锁店的监测结果表明，速冻食品已拥有 205 个品牌，产品品质相比过去有了较大提高，提升了市场信誉度，一些大中型骨干企业的产品有了较高的品牌知名度，消费者开始认准品牌选购产品。五大类冷冻食品中，调制食品发展较快，以每年近10%的速度增长。目前，速冻调制食品主要有八大类。

中国速冻食品近年来发展迅速，每年以35%的高速度递增，食品种类涵盖了粮油、水果、蔬菜、畜禽和水产五大行业。冷链商品消费近几年一直在稳步增长，特别是在城市，年增长率基本在5%以上。据统计，全国速冻食品人均年占有量约10千克，其中速冻米面食品为速冻食品的第一消费大类，占所有速冻食品总消费量的36.8%。2010年，全国速冻米面食品产量为297.85万吨，人均占有量约2.3千克。

第四节　中国冷链物流标准化建设现状

随着冷链物流在我国快速发展，系统地推进冷链物流标准化建设工作成为当前的一项重要任务。冷链物流标准化建设不仅直接影响着冷链物流相关企业内部和企业之间业务运作效率，更关系到民众生活所需的健康食品、药品的流通安全，加强冷链物流标准化建设将极大地推动冷链物流朝着标准化、合理化和现代化方向发展。特别是随着全球经济一体化和物流国际化的发展，冷链物流标准化和规范化越来越重要，对于促进我国冷链物流与国际接轨，提高物流服务质量和效率，规范冷链物流市场秩序具有重要意义。

一、中国冷链物流标准化建设现状

1.冷链物流标准化组织建设现状

近年来，冷链物流标准化组织建设有质的突破。随着国内冷链物流市场的发展，冷链标准化建设工作被政府、协会和相关企业提上管理日程。上海、浙江等经济发达地区，相继制定或颁布了地方性冷链物流标准。由中国物流技术协会负责筹建的"全国物流标准化委员会冷链物流分技术委员会"（简称"冷标委"）于2009年9月11日获国家标准化管理委员会批复，冷标委于同年11月30日正式成立，标志着全国冷链物流标准化制定工作迈上了法制化建设轨道。

冷标委是冷链物流标准化领域的管理协调机构。其下设物流服务、医药、食品、水产品、乳制品、果蔬花卉、畜牧产品、化工危险品、连锁超市、冷库、技术装备、军事冷链物流12个工作组。设立该委员会，为我国冷链物流标准体系的建设提供了组织保障。

2.冷链物流标准化建设现状

据不完全统计，分布在不同行业和部门的冷链物流标准已达近 200 项。本书根据标准的属性将已颁布的标准划分为以下几类：冷链物流基础标准，冷链物流作业技术与管理规范，冷链物流服务质量管理标准，冷链技术方法标准，冷链设施设备标准，冷链物流服务信息标准，冷链物流安全、环保标准，冷链物流卫生标准（见表 2-1）。

表 2-1 冷链物流标准分类统计

序号	标准类别	数目
1	冷链物流基础标准	5
2	冷链物流作业与管理规范	57
3	冷链物流服务质量管理标准	3
4	冷链技术方法标准	13
5	冷链设施设备标准	54
6	冷链物流服务信息标准	4
7	冷链物流安全、环保标准	10
8	冷链物流卫生标准	45

从已颁布的冷链物流标准数量来看，我国冷链物流标准建设工作已经迈出了坚实的一步。

从已颁布标准的层次结构看（见表 2-2），国家标准有 70 项，地方标准有 35 项，行业标准有 86 项，行业标准所占比重最大，这主要和我国冷链物流发展现状有关。我国冷链物流起步晚，之前冷链物流多分布在不同的产业领域，所属管理归口部门也相应分布在不同产业领域，因此，已颁布的冷链物流标准多是行业管理归口部门制定的。

表 2-2 已颁布的冷链物流标准层次分类

标准性质标准类别	国家标准	地方标准	行业标准	合计
冷链物流基础标准	2	1	2	5

续　表

标准性质标准类别	国家标准	地方标准	行业标准	合计
冷链物流作业与管理规范	14	16	27	57
冷链物流服务质量管理标准	1	0	2	3
冷链技术方法标准	4	8	1	13
冷链设施设备标准	18	1	35	54
冷链物流服务信息标准	0	0	4	4
冷链物流安全、环保标准	3	1	6	10
冷链物流卫生标准	28	8	9	45
合计	70	35	86	191

在已颁布的冷链物流或与冷链物流有关的近 200 项标准中，涉及的冷链商品包括食品（果蔬花卉、水产品、肉及肉制品、奶及奶制品、速冻食品、冷饮、种子等）、医药（主要是生物制品）、其他产品（感光胶片、化工原料、化妆品等）。

标准涉及的冷链过程包括采收、储藏、运输、冷加工、配送和批发、零售、信息等各个环节，同时还涉及冷链过程中采用的设备设施、作业技术方法、检测方法以及卫生条件等。

二、现阶段中国冷链物流标准化管理现状

冷链物流在我国还属于新兴行业，随着现代物流的发展，近年也如雨后春笋般快速发展起来。但由于我国冷链标准的制定、执行不尽如人意，冷链物流运行受到很大影响。据不完全统计，我国每年有超过 20% 的易腐产品由于缺乏冷藏设备，在运输过程中腐败，造成严重损失，仅水果、蔬菜的损失就高达 750 亿元。因此，冷链标准的制定、宣传贯彻、执行已经迫在眉睫。现阶段我国在冷链物流标准化管理方面还存在以下问题。

1. 冷链标准化建设缺乏系统性

随着消费者消费习惯的改变，易腐食品销量不断增大。以先进的运营模式保证其温度不断链成为必然要求，而这样的冷链体系，是由设施、技术、人员和标准环环相扣构成的。

自 2009 年以来，国家有关部门纷纷加大了对冷链项目的支持。商务部的放心

肉工程,"农超对接"工程,质监部门的食品追溯系统,科技部支持的冷链物流企业运营公共信息平台,农业农村部的蔬菜标准园建设等,这些项目都有对冷链标准的相关要求。但同时也造成了冷链标准的多头管理、分散交叉,同时又都不全面,缺乏协调机制的局面。这样,多种标准在市场上往来冲突,不仅百姓感觉云里雾里,就连企业也不明就里。同时,多头监管,也造成了"谁都管不好"的局面,出现了一些监管的"真空地带";出了问题后,又互相推诿,或默不作声,这种局面必须尽快通过体制创新进行改善。在目前这种权力被分割的情况下,各部门应加强沟通交流。

2. 理论与实践操作"两张皮"

在制定标准的时候,最容易出现的问题就是专家"闭门造车",制定出的标准与企业、市场的需求不一致。一些专家在制定标准时,缺乏相应的企业调研,结果标准往往是妙笔生花,但实践操作性却极差,市场适应性不强,成为"死标准"。

同时,在标准缺失的情况下,行业内的龙头企业也在试图用标准开发市场,但由于企业统率市场的意识不强,加之冷链的概念在我国又是刚刚起步,企业对冷链标准的开发热情不高。

而未来在执行国标委标准工作程序的过程中,要执行"以企业为主体"的工作方针和"以市场为导向,以服务为核心,以标准为准绳"的原则。要实现"以企业为主体",最关键的还是落实问题。如果标准的制定只是专家闭门造车,没有企业的参与,就成了"赵括挂帅——纸上谈兵"。冷链标准的制定应该由行业的一家龙头企业牵头,并调研10家以上的龙头企业,形成调研报告。专业委员会在调研报告的基础上进行细节的指导和修订,最终形成标准的草案。同时,政府和协会支持企业制定冷链标准,也会在一定程度上激发企业对标准实施的积极性。

此外,冷链标准的制定要有前瞻性。因为冷链物流的发展速度较快,标准的修订往往容易滞后于行业的发展。

3. 市场环境缺失

权力部门的不统一、理论与实践的脱节是造成冷链标准执行难的重要原因,但冷链标准执行难的根源在于缺乏市场大环境。冷链标准大环境的创造,要靠政府部门"堵""疏"结合、以"疏"为主的管理方针。

所谓"堵",就是指加大处罚力度。行业组织制定的多数是推荐性的标准,不具备强制性。有的企业,特别是小作坊式企业,为了利润最大化,无视标准准则。政府只有加大处罚力度,才能保护正常的冷链物流秩序。

　　然而，"堵"只是执行冷链标准的权宜之策。要想使冷链标准长期顺利地执行，"疏"才是最重要的。所谓"疏"，就是指培育消费市场，消费市场对冷链的要求是企业执行冷链标准的内在动力。从冷链的技术角度讲，冷链标准执行的源头是生产。但从冷链行业角度讲，冷链标准的执行源于消费市场。

　　简而言之，冷链标准的制定实施过程就是要培育消费市场、激发服务市场、整合服务能力、规范服务秩序。今后政府工作的着眼点应该是提高消费者冷链消费的意识，培育并扩大消费市场。只有不断扩大的消费市场才能激发冷链服务市场，只有服务市场做大了才会有标准提高的要求。

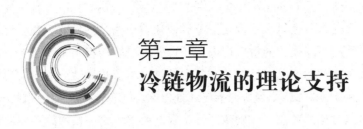

第三章
冷链物流的理论支持

第一节　物流运作与管理理论

一、供应链理论

供应链是经济发展到一定阶段的产物。自 20 世纪 90 年代以来，世界经济出现一体化特征，消费者的需求也在发生变化，单纯考虑企业内部资源优化利用的传统管理思想已经不能适应市场的竞争。人们越来越认识到仅靠一个企业自身的资源很难满足用户快速响应的要求。纵向一体化的结构已经很难在当今的市场竞争条件下获得丰厚的利润。人们逐渐将资源的获取延伸到企业以外的其他企业，这样企业不仅节约了大量在纵向一体化条件下需要的投资或控股费用，而且可以增加企业的灵活性，于是供应链的思想随之产生。随着经济的进一步发展，全球范围内的竞争不再是各公司之间的竞争，而是供应链与供应链之间的竞争。供应链在企业管理中得到普遍应用，成为一种全新的管理模式。

在国家标准《物流术语》（GB/T 18354—2006）中供应链（Supply Chain）的定义是"生产及流通过程中，涉及将产品或服务提供给最终用户所形成的网链结构"。供应链管理（Supply Chain Management）是"对供应链涉及的全部活动进行计划、组织、协调与控制"。

1.供应链的分类

根据不同的分类标准，供应链可以分为多种类别，很多学者也做了很多相关的研究。国内以马士华为代表，他从三个角度对供应链进行了分类：例如，根据供应链存在的稳定性，可以将供应链分为稳定供应链和动态供应链；根据供应链容量与用户需求的关系可以划分为平衡供应链和倾斜供应链；针对市场上功能性产品和创新性产品的不同，相应的供应链可以分为效率性供应链和响应性供应链。

国外具有代表性的是 Fisher（1997）提出的推式供应链和拉式供应链。Fisher 发现供应链大致上可以分为以效率为主以及以快速响应为主的模式，并且针对不同性质的产品，采用不同模式的供应链进行了说明，进一步指出了快速响应的供应链流程适合创新类型的产品，而以效率为主的供应链流程则适合用于功能类型的产品。故供应链可以根据效率与快速响应区分为推式供应链与拉式供应链。

本书根据研究对象的特点，分别从属性、温度要求、物品性质三个角度对供应链进行了分类（见图 3-1）。从属性来说，供应链主要是由物流、商流、信息流、资金流构成，供应链管理就是通过将它们有效地整合在一起，打造一条高效率、低成本的供应链。其中物流以不同状态的实物形态贯穿整个供应链，连接供应链的各个企业，是企业间相互合作的纽带。供应链中物流管理不再是传统的保证生产过程连续性的问题，而是要在供应链管理中发挥创造用户价值、降低用户成本、提高企业敏捷性、塑造企业形象等作用。

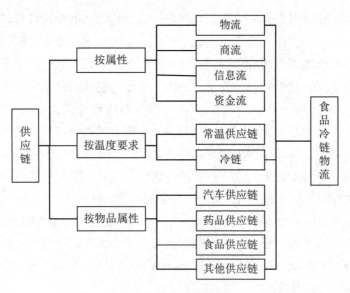

图 3-1　供应链分类

根据对供应链运作有无温度要求，可以将供应链分为常温供应链和冷链。大部分供应链都属于常温供应链。冷链相对于常温供应链运作难度大、成本更高，相应的风险也大。根据物品性质的不同，供应链可以分为汽车供应链、药品供应链、食品供应链等，其供应链的运作不可避免地要受到其物品性质特点的影响。从研究范畴来说，本书所研究的食品冷链物流涵盖了食品供应链、冷链、物流，属于三者的交集，在研究过程中综合考虑这三方面的特性。

2. 供应链的结构

供应链的结构具有层次性等特性。根据供应链的不同发展阶段，可以将供应链的结构类型分为单一型供应链、扩展型供应链、全面型供应链。

单一型供应链是一种简化的结构，如图 3-2 所示。这种结构中只有三类主体，包括供应商、企业、客户，各主体之间通过上下游的节点参与到链中，彼此之间除了相邻节点外没有其他联系。这种结构适用于产品不太复杂、只需简单加工、中间环节少的情况，在研究中作为一种简单的相邻关系，简化对于高级复杂供应链的研究。

图 3-2 单一型供应链

扩展型供应链属于多级供应链，如图 3-3 所示。在单一型供应链的基础上进行了延伸，整个供应链的链条变得更长、更复杂，不仅包含供应商，而且包含供应商的供应商。客户也是同理，不仅包含客户，而且包含客户的客户。例如，食品生产商的客户是超市，而超市的客户则是广大消费者。

| 供应商的供应商 | ⇔ | … | ⇔ | 供应商 | | 企业 | | 客户 | ⇔ | … | ⇔ | 客户的客户 |

图 3-3 扩展型供应链

全面型供应链同样属于多级供应链，如图 3-4 所示。在扩展型供应链的基础上实现了部分业务的社会化，增加了物流服务提供商、金融服务提供商、市场调查服务商等多个服务企业，使得供应链的核心企业能够集中更多精力于自己擅长的业务上，提高自己的核心竞争力，整个供应链结构更加复杂，呈现网络化的趋势，是供应链发展成熟的表现。这种供应链适用于产品构成复杂、加工环节多的情况，如复杂的冷链加工食品等。

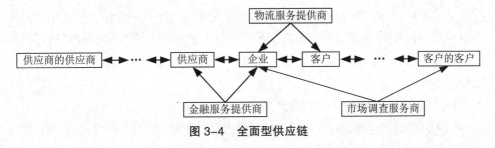

图 3-4 全面型供应链

3. 供应链流程

Bernhard J. Angerhofer, Marios C. Angelides（2006）提出，供应链的成员共同承担 4 个核心流程：计划、获取资源、生产制造、销售配送。这些流程的绩效影响整个供应链协同的绩效。核心流程中的每一个流程都会同时受到其他流程变化的影响。流程的绩效可以直接影响到关键的结果。"计划"流程水平的提高，可以提高预测的准确性，可以对需要的生产能力有更好的预测。"获取资源"流程水平的提高，能提高能力利用率，降低成本，提高利润。"生产制造"流程水平的提高，可以提高食品质量，缩短到达市场的时间，提高周转时间。"销售配送"流程水平的提高，可以更好地协同，实现技术的应用，降低到达市场的时间，降低缺货风险，提高供应链的柔性。图 3-5 描述了 4 个核心流程的关系。

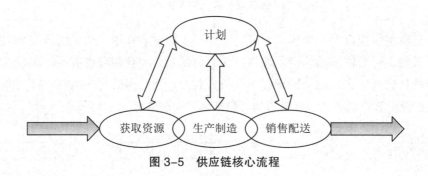

图 3-5　供应链核心流程

二、EOQ 理论

1. EOQ 基本概念

EOQ（经济批量）是传统物流管理方法的代表，EOQ 就是指正确的订货数量要使同发出订单次数有关的成本与同所发订单的订货量有关的成本达到最好的平衡，总成本最小。EOQ 是固定订货批量模型的一种，可以用来确定企业一次订货（外购或自制）的数量。当企业按照经济订货批量来订货时，可实现订货成本与储存成本之和最小化。但 EOQ 概念并不适合于为库存而生产的物品。只适用于该物品成批地通过采购或通过制造而得到补充，它不是连续生产出来的抑或销售或使用的速率是均匀的，而且同该物品的正常生产速率相比较低，因而产生显著数量库存两种情况。

EOQ 基本概念适用于下列情况：

（1）该物品成批地通过采购或通过制造而得到补充，它不是连续地生产出来的。

（2）销售或使用的速率是均匀的，而且同该物品的正常生产速率相比较低，因而产生显著数量的库存。

2. EOQ 基本模型

一般 EOQ 模型实际上包括了以下四类模型：

（1）不允许缺货，生产时间很短的模型，即基本 EOQ 模型。

（2）不允许缺货，生产需要一定时间的模型。

（3）允许缺货，生产时间很短的模型。

（4）允许缺货，生产需要一定时间的模型。

在工业界，采用试错法去求库存中上千种的经济批量是不切实际的。可以采用以下公式计算任何一物品的 EOQ。

$$EOQ = \sqrt{\frac{2DS}{H}}$$

式中：D——全年需求量；

　　　S——平均一次订货准备所发生的成本，即每次订货费用；

　　　H——单位存货的年存储成本。

三、MRP 理论

1. MRP 的原理

MRP（物料需求计划）就是依据主生产计划（MPS）、物料清单、库存记录和已订未交订单等资料，经由计算而得到各种相关需求（Dependent demand）物料的需求状况，同时提出各种新订单补充的建议，以及修正各种已开出订单的一种实用技术。它解决了如何实现制造业库存管理目标——在正确的时间按正确的数量得到所需的物料这一难题。它的基本条件数据主要有：产品出产计划（主生产计划）、产品结构、库存状态。其特点是需求的相关性，需求的确定，计划的复杂性。其基本原理就是由产品的交货期展开成零部件的生产进度日程与原材料、外购件的需求数量和需求日期，即将产品出产计划转换成物料需求表，并为编制能力需求计划提供信息。

2. MRP 应用的保障条件

MRP 的应用，还需要以下几个明确的保障条件：

（1）相对稳定的主生产计划 MPS。

（2）完善的物料主数据及 BOM。

（3）强有力的供保能力。

（4）支持柔性的加工能力。

（5）明确的订单管理流程，尤其是订单的变更管理。

（6）合理的排产方案。

这些条件的保障，需要企业良好的综合管理能力作支撑。任何一个条件不满足，都有可能引起生产组织的不畅。其次，MRP 系统也存在一些缺点，其在应用中，需要人工介入较多。此外，MRP 系统没有涉及车间作业计划及作业分配，这部分工作仍然由人工补足，因此也就不能保证作业的最佳顺序和设备的有效利用。

3. 闭环 MRP

（1）闭环 MRP 是在物料需求计划（MRP）的基础上，增加对投入与产出的控制，也就是对企业的能力进行校检、执行和控制。闭环 MRP 理论认为，只有在考虑能力的约束，或者对能力提出需求计划，在满足能力需求的前提下，物料需求计划（MRP）才能保证物料需求的执行和实现。在这种思想要求下，企业必须对投入与产出进行控制，也就是对企业的能力进行校检和执行控制。在物料需求计划执行之前，要由能力需求计划核算企业的工作中心的生产能力和需求负荷之间的平衡情况。闭式 MRP 将是一个集计划、执行、反馈为一体的综合性系统，它能对生产中的人力、机器和材料各项资源进行计划与控制，使生产管理的应变能力有所加强。该系统除了物料需求计划外，还将生产能力需求计划、车间作业计划和采购作业计划也全部纳入 MRP，形成一个封闭的系统。

（2）闭环 MRP 的特点是：① 主生产计划来源于企业的生产经营计划与市场需求（如合同、订单等）。② 主生产计划与物料需求计划的运行（或执行）伴随着能力与负荷的运行，从而保证计划是可靠的。③ 采购与生产加工的作业计划与执行是物流的加工变化过程，同时又是控制能力的投入与产出过程。④ 能力的执行情况最终反馈到计划制订层，整个过程是能力的不断执行与调整的过程。

四、MRP Ⅱ原理

1. MRP Ⅱ 的基本原理

MRP Ⅱ（制造资源计划）是一种生产管理的计划与控制模式，因其效益显著而被当成标准管理工具在当今世界制造业普遍采用。MRP Ⅱ实现了物流与资金流的信息集成，是 CIMS 的重要组成部分，也是企业资源计划 ERP 的核心主体，是解决企业管理问题，提高企业运作水平的有效工具。MRP Ⅱ 的基本思想就是把企业作为一个有机整体，从整体最优的角度出发，通过运用科学方法对企业各种制造资源和产、供、销、财各个环节进行有效的计划、组织和控制，使它们得以协调发展，并充分发挥作用。

2. MRP Ⅱ 管理模式的特点

（1）计划的一贯性和可行性；

（2）管理的系统性；

（3）数据共享；

（4）动态应变性；

（5）模拟预见性；

（6）物流、资金流的统一。

3. 实施 MRP Ⅱ 的效益

MRP Ⅱ 带来的效益可以分为定量和定性两大方面，就定性的效益而言主要有以下几个方面。

（1）改善经营决策，提高企业的应变能力和竞争地位，企业领导可随时了解销售、生产和财务等方面的运作状况。

（2）均衡生产、稳定质量依靠均衡性的生产计划，能消除由于材料欠缺而出现的紧急材料采购和突击性加班加点，以保证原材料的质量和车间在制品的生产和装配质量，从而提高整个产品的质量。

（3）通过对 MRP Ⅱ 这一现代化的管理工具的学习、掌握和运用，能使整个企业的管理人员从具体管理方法到管理思路都有一个新的突破和提高，管理人员从事务性的工作中解脱出来，不再把时间消耗在"头痛医头，脚痛医脚"的烦琐事务之中，而是致力于实质性的管理工作，实现规范化管理。

（4）MRP Ⅱ 的实施还能使整个企业成本发生于实时监控中，使事后成本变为事前成本，为企业的高级管理阶层进行决策预测提供帮忙，使很多事务由事后补救转变为事前预防。

五、敏捷供应链理论

（一）敏捷供应链的内涵及内容

1. 敏捷供应链的内涵

敏捷供应链是指以核心企业为中心，通过对资金流、物流、信息流的控制，将供应商、制造商、分销商、零售商及最终消费者整合到一个统一的、无缝化程度较高的功能网络链条，已形成一个极具竞争力的动态战略联盟。"动态"表现为适应市场变化而进行的供需关系的重构过程；"敏捷"用于表示供应链对市场变化和用户需求的快速适应能力。

2. 敏捷供应链的内容

敏捷供应链是在不确定性、持续变化的环境下，为了在特定的某一市场机会中获得价值最大化而形成的基于一体化的动态联盟和协同商务的供应链。它包括以下内容。

（1）供应链产品需求预测和计划需求订单管理：基于供应链管理的产品规划、产品设计工程、产品技术保证。

（2）基于供应链管理的制造管理：生产集成计划、跟踪和控制；企业内部与企业之间物流采购供应计划。

（3）物流管理：运输控制、库存控制、仓储管理等。

（4）企业之间资金管理：汇率、成本等问题；战略性合作伙伴关系。

（5）供应链的设计：全球节点企业资源的评价、选择和定位；基于供应链的客户服务、分销管理、市场营销；供应链的业绩评价；供应链交互信息管理和技术。

（二）敏捷供应链的特征

具体而言，敏捷供应链具有以下特点：以客户需求为驱动；以动态联盟为组织形式；以高素质员工为核心；以先进制造技术为关键；以信息技术、网络技术为依托；以竞争—合作/协调为机制。

（三）敏捷供应链的竞争优势

任何一种战略的运用能否成功，取决于是否具有超过对手的竞争优势。按照美国著名战略学家波特的观点，竞争优势源于企业能够向顾客提供超过竞争对手的价值，或者是以低于对手的价格向顾客提供同等的效用，或者是以同等价格提供更多的效用。基于波特的定义，我们可以把竞争优势描述为，在公司的任何维度或特征中所存在的不对称性或差异性，正是这些维度或特征使公司能够比竞争对手更好地服务于顾客，并因此创造出更好的顾客价值。波特的理论经过实践的验证被证明是有效的，网络经济时代，尽管企业所面临的竞争环境发生变化，市场需求不确定性增加，知识更新速度加快，但是企业所必须遵循的最基本竞争原则却没有改变，要获得成功，就必须取得差异性竞争优势。

敏捷供应链是一种全新理念，它将突破传统管理思想，从以下几个方面为企业带来全新竞争优势，使企业能够在未来经济发展中再展雄风。

1. 速度优势

这里的速度就是最快地满足消费者的个性化需求，企业能及时提供顾客所需要的产品和服务，企业实行敏捷供应链战略的一个重要竞争优势就在于速度。在传统企业运作方式中，从接受订单到成品交付是一个漫长的过程：首先，企业要将所有的订单信息集中汇总到计划部门，由计划部门分解任务，从采购原材料开始，按工艺流程完成订单生产，除了必备的作业时间，中间不可避免地会产生诸多等待现象。企业如果按敏捷供应链观念组织生产，其独特的订单驱动生产组织方式，在敏捷制造技术支持下，可以最快速度响应客户需求。敏捷供应链加强了对市场反映的灵敏度，通过供应链上多个合作企业的信息共享，可以全方位地对市场情况做出响应，因此加快了企业的反应速度。同时，由于各个企业都专心于自己的核心优势，可以减少产品的生产与物流时间，实现供应链的即时销售、即时生产和即时供应，大大缩短消费者的订货提前期。

2. 满足顾客个性化需求

依靠敏捷制造技术、动态组织结构和柔性管理技术三个方面的技术支持，敏捷供应链解决了流水线生产方式难以解决的品种单一问题，实现了多产品、少批量的个性化生产，从而满足顾客个性化需求，尽可能扩大市场。

其一是敏捷制造技术的突破，计算机辅助设计（CAD）、企业资源计划（ERP）、精益生产技术（JIT）等是敏捷供应链的主体核心技术，没有敏捷制造技术，敏捷供应链思想便会成为没有具体内容的空壳。

其二是动态变化的组织结构形成虚拟组织，动态联盟要求各个企业能用一种更加主动、更加默契的方式进行合作，充分利用供应链上各个企业的资源，使整条供应链保持良好的组织弹性和高效的市场需求响应速度。敏捷供应链突破了传统组织的实体有界性，在信息技术的支持下，由核心企业根据每一张订单将若干相互关联的厂商结成虚拟组织，并根据企业战略调整和产品方向转移重新组合、动态演变，以随时适应市场环境的变化。

其三是柔性管理技术，敏捷供应链观念摒弃单纯的"胡萝卜加大棒"式刚性管理，强调打破传统上严格的部门分工界限，实行职能的重新组合，让每个员工或每个团队均获得独立处理问题的能力，通过整合各类专业人员的智慧，获得团队最优决策。

3. 成本优势

成本是影响企业利润最基本、最关键的因素，不断降低成本是企业管理永恒的主题，也是企业供应链管理的根本任务，而供应链管理是降低成本、增加企业利润的有效手段。成本管理是一项复杂的系统工程，涉及企业生产经营的全过程和每一个环节，只有将成本管理建立在全方位的供应链管理平台上，着眼于对企业活动全过程、全方位的系统化管理和控制，才能收到良好的效果。敏捷供应链通过流程重组，在上下游企业之间形成利益一致、信息共享的关系，通过敏捷性改造来提高效率从而降低成本。

一是通过对供应链整体的合作与协调，产生拉动式的需求与供应，可以在加快物流速度的同时减少各个环节的库存数量，避免不必要的浪费。

二是由于供应链中各个企业之间是一种合作关系而不是竞争关系，因此避免了不必要的恶性竞争，降低了企业之间的交易成本，因此使整个供应链的成本降低。

（四）敏捷供应链对企业物流运作的影响

更加强调物流的速度；物流活动更加贴近顾客资源；物流成本得到进一步降低；对现代物流技术手段的应用要求更高。

现代物流的发展水平是一个国家综合国力的重要标志之一，随着高新技术的突飞猛进和计算机网络的日益普及，物流不断朝着现代化方向发展，其主要内涵已经包括了运输的合理化、仓储的自动化、包装的标准化、装卸的机械化、加工配送的一体化和信息管理的网络化等诸多方面。而这些优秀的物流管理理论可以给我们更多物流管理方面的启示，所以，我们要积极学习，参透这些管理方法。

第二节　物流系统基础

一、系统论基础

系统思想源远流长，但作为一门科学的系统论，人们公认是美籍奥地利人、理论生物学家贝塔朗菲（L.von Bertalanffy）创立的。

系统论的基本思想方法，就是将所研究和处理的对象当作一个系统，分析系统的结构和功能，研究系统、要素、环境三者的相互关系和变化的规律性，并用优化系统的观点看待问题，认为世界上任何事物都可以看成是一个系统，系统是普遍存在的。

（一）系统构成理论

系统论的出现，使人类的思维方式发生了深刻的变化。系统分析方法能综观全局地为现代复杂问题提供有效的思维方式。

1.要素

贝塔朗菲认为系统是相互联系、相互作用的诸多要素的综合体。在这里，贝塔朗菲强调的是要素之间的相互作用和系统对要素的整合作用，以及由此形成的整体特性。简言之，两个或两个以上的要素相互作用而形成的统一整体就是系统，要素是系统的重要组成部分，系统的基本特征与其组成要素有关。

要素具有多元性。最小的系统由两个要素组成，称为二要素系统。一般系统均由多个要素组成，称为多要素系统。很多系统包含无穷多要素，称为无限要素系统。

要素具有相关性。同一系统的不同要素之间按照一定方式相互联系、相互作用，不存在与其他要素无任何联系的孤立要素，不可能将系统划分为若干彼此孤立的部分。

要素具有整体性。多元性加上相关性产生了系统的整体性和统一性。凡系统都有整体的形态、整体的结构、整体的边界、整体的特性、整体的行为、整体的功能、整体的空间占有和整体的时间展开等。所谓系统的观点，首先是整体观点，强调考察对象的整体性，从整体上认识和处理问题。

2. 结构

系统的组分一般还可以划分为更小的部分，组分的组分可能还是系统的组分。构成系统的最小组分或基本单元，即不可再细分或无须再细分的组成部分，称为系统的要素。所谓要素的不可再分性是相对于它所隶属的系统而言的，离开这种系统，要素本身又可看作由更小组分组成的系统。要素或组分之间的相互联系方式多种多样，有空间的联系和时间的联系、持续的联系和瞬间的联系、确定性联系和不确定性联系等。广义地讲，要素之间一切联系方式的总和称作系统的结构。但不同联系方式对系统的形成、运行的影响不同，有时相去甚远，将所有的联系都考虑进去，既无必要也无可能。可行的办法是略去无关紧要的、偶发的、无任何规则可循的联系，将结构看作要素之间相对稳定的、有一定规则的联系方式的总和。

3. 功能

系统行为所引起的环境中某些事物的有益的变化，称为系统的功能。被改变了的外部事物叫作系统的功能对象。功能在系统的行为过程中呈现出来，通过它所引起的功能对象的变化来衡量。功能概念也常用来描述要素对整个系统的作用，即对系统整体存续运行的贡献。

凡系统都有自己的功能，这是功能的普遍性。认为有些系统，如封闭系统没有功能的观点是不妥当的。既然封闭系统只是一种抽象，真实系统都对环境有作用，它就具有某些功能。即使完全封闭的系统，它从无到有的形成过程，将它从环境中封闭起来的边界，都会改变环境：一切现实存在的系统都是环境的组成部分，影响着环境的形成和保持，这就是某种功能。没有它的存在，环境必定是另外的样子。一般系统都有多种功能。系统性能具有多样性，每种性能都有可能被用来发挥相应的功能或综合几种性能发挥某种功能。

4.要素、结构与功能的关系

结构不能离开要素而单独存在，只有通过要素间的相互作用才能体现其客观实在性。要素和结构是构成系统的两个不可或缺的方面，系统是要素与结构的统一，要素与结构一起构成系统的内部结构。要素和结构两方面同时具备，才称的上一个完整系统。即使只从系统意义上看，结构也是千差万别的，很难对其进行绝对的分类，只能具体情况具体分析。

图 3-6 为系统运行简图，说明了要素、结构与功能的关系。结构与功能有对应关系，结构决定功能。从系统本身看，功能由要素和结构共同决定。要素性能若太差，不论结构如何优化，也造不出高效可靠的机器。必须有具备必要素质或性能的要素，才能构成具有一定功能的系统。这是要素对功能的决定作用。但同样或相近的要素，按不同结构组织起来，系统的功能有优劣、高低之分，甚至会产生性质不同的功能。这是结构对功能的决定作用。系统的功能还与环境有关。首先，同一系统对不同功能对象可能提供不同的功能服务。对象选择不当，系统则无法发挥应有的功能。环境的不同还意味着系统运行的条件等不同，可能对系统发挥功能产生有利或不利影响。

图 3-6　系统运行简图

在研究食品冷链物流系统中，根据系统构成理论，对系统的构成要素、系统的结构、系统的功能以及系统的特性进行了深入研究。

（二）动态系统理论

静态系统概念基于这样一个假设：系统状态的转移可以在瞬间完成。这意味着要求系统有无限多的储能可以利用。实际中系统可以利用的能量是有限的，从甲状态到乙状态不可能瞬间完成，状态转移需要一定的过渡时间。但在许多情况下，状态转移所需过渡时间比人们要考虑的过程短得多，允许忽略不计，静态假设近似成立。由于静态系统的描述和处理相当简单，在可能的情况下，人们总是忽略状态转移过程，用静态模型描述系统。

一般情况下，系统的状态转移明显呈现为一种过程，动态系统是非常普遍的。一切实际存在的系统原则上都是动态系统，从适当的时间尺度去看都可以看到动态特征。静态系统不过是动态系统的过渡过程短暂到可以忽略不计的极限情形而已。下面简要介绍一下描述动态系统的重要变量：状态参量及控制参量。

1.状态参量

系统存续运行中表现出来的状况或态势，如物流总成本，称为系统的状态。系统的行为是通过状态的取得、保持和改变来体现的。研究系统，需要研究其所处的状态、状态的可能变化、不同状态之间的转移等。系统状态用一组称为状态量的参量来表征。例如，物流总成本用运输成本、仓储成本等参量来表征。给定这些参量的一组数值，就是给定该系统的一个状态，这些量的不同取值代表不同的状态。

由于状态量可以取不同的数值，允许在一定范围内变化，故称为状态参量。最简单的系统只有一个状态参量，用 x 表示。一般系统须用多个状态参量描述，称为多变量系统。设系统有 n 个状态参量 x_1，x_2，$\cdots$，x_n，为简化起见，引入状态向量概念，定义为

$$X = \begin{bmatrix} x_1 \\ x_2 \\ \\ x_n \end{bmatrix}$$

即以状态参量 x_i（$i = 1$，2，$\cdots$，n）为分量的向量，X 是 n 维向量。

同一系统的状态参量可以有不同的选择，但也不是任意的，应当满足以下要求。

（1）客观性：具有现实意义，能反映系统的真实属性。

（2）完备性：n 足够大，能完全描述系统的特性。

（3）独立性：任一状态参量都不是其他状态量的函数。

状态参量是决定系统行为特性的一组完备而最少的系统变量。系统所有可能状态的集合，称为系统的状态空间。以状态参量 x_1，x_2，$\cdots$，x_n 为坐标张成的空间，就是状态空间。

空间的每个点，即每一组数（x_1，x_2，$\cdots$，x_n），代表系统的一个可能状态。独立状态参量的个数 n 代表状态空间的维数。1维状态空间的几何表示为一条直线，2维状态空间的几何表示为一张平面，维数超过3的空间为高维空间，无法直观描述。

2.控制参量

决定系统行为特性的还有另外一类参量，它们反映环境对系统的制约，往往不直接由系统决定，称为环境参量。一般情况下，这类量变化缓慢，与状态量显著不同，因而在一次观察或运行过程中可以看作常量。由于它们对系统行为特性具有重要影响，有时可以改变系统的定性性质。又可在一定范围内调整控制，称为控制参量。状态参量与控制参量的划分是相对的，在一定条件下，为了降低相空间维数，将某些变化相对缓慢的量作为控制参量进行分析计算，得出结论后再考虑它们的变化可能带来的影响。但在另外的条件下，将其中一些量当作状态量可能更合理些。

控制参量一般不止一个。以 m 记控制参量的个数，它可取任意正整数。m 也是决定系统行为特性的宏观量，设系统的控制参量为 C_1，C_2，$\cdots$，C_m，以它们为分量形成的 m 维向量 C：

$$C=\begin{bmatrix} c_1 \\ c_2 \\ \\ c_m \end{bmatrix}$$

称为系统的控制参量。在更大的时空尺度来看，c_i 也是变量，可以取不同的数值。以控制参量为坐标张成的空间，称为控制空间，或参量空间。m 为它的维数空间。系统的许多行为特性，特别是定性性质的改变，要在控制空间内才能看清楚。有时还要在状态空间和控制空间构成的乘积空间中研究系统。

$$V = 状态空间 \times 控制空间$$

本书在研究食品冷链物流系统状态时，依据状态参量理论，提出食品冷链物流系统的状态参量体系。

（三）系统的特征

系统论认为，整体性、层次性、有序性、关联性等是所有系统均具备的基本特征。这些既是系统论所具有的基本思想观点，也是系统方法的基本原则。

1.整体性观点

整体性是一切系统的本质特征，即贝塔朗菲所说的"整体大于它的各个孤立部分的总和"。系统整体性说明，具有独立功能的系统要素以及要素间的相互关系是根据逻辑统一性的要求，协调存在于系统整体之中。就是说，任何一个要素不能离开整体去研究，要素间的联系和作用也不能脱离整体的协调去考虑。系统不是各个要素的简单集合，否则它就不会具有作为整体的特定功能。脱离了整体性，要素的机能和要素间的作用便失去了原有的意义，研究任何事物的单独部分不能得出有关整体的结论。系统的构成要素和要素的机能、要素的相互联系要服从系统整体的目的和功能，在整体功能的基础上展开各要素及其相互之间的活动，这种活动的总和形成了系统整体的有机行为，在一个系统中，即使每个要素并不都很完善，但它们也可以协调、综合成为具有良好功能的系统；反之，即使每个要素都是良好的，但作为整体却不具备某种良好的功能，也就不能称为完善的系统。

2. 层次性观点

层次性又叫层级性或等级性。系统作为一个相互作用的诸要素的总体，可以分解为一系列的子系统，并存在一定的层次结构，这是系统空间结构的特定形式。在系统层次结构中表述了在不同层次子系统之间的从属关系或相互作用关系。构成系统的要素本身也是一个系统。无论大系统还是小系统，其向下延伸，都具有自己的子系统，而子系统又有其构成要素，如此推延以至无穷。系统内部诸要素之间，系统与要素之间，如果具有分明的层次性或等级性，那么系统的功效就高；反之，功效就会降低。因为层次的混乱，实质是结构的不合理，这就必然导致系统功能的减弱或抵消。

3. 有序性观点

系统的有序性，是系统内部的诸要素以及同外部环境的有机联系与层次结构的反映，稳定的联系构成一定的层次结构，形成系统的有序性。所谓"有序"，是指信息量的增加，组织化程度的增强，系统由较低级的结构变为较高级的结构；反之，就是无序。"有序"主要表现在三个方面。一是纵向有序，从垂直方向看，一般系统中有大系统、系统、子系统、要素等，等级分明，井然有序，这种稳定的层次联系便构成了系统的纵向有序。二是横向有序，从水平方向看，系统的各要素之间、系统与环境之间以及各系统之间，一旦形成有序的联系，便构成系统结构，呈现系统的横向有序。三是过程有序，也叫动态有序。系统的有序发展一般是从较低级的有序状态走向较高级的有序状态，系统的有序性是在发展中构建和完善的。作为"序"，不是凝固不变的恒量，它是一个不断更新的变量。

4. 相关性观点

相关性又叫关联性，表现为系统诸要素始终处于一种相互联系、相互依存、相互作用的状态，系统与环境之间也同样处于这种状态之中。其中某一要素发生变化，其他要素也将随之变化。系统的整体性主要是研究系统功能性或整体效应，而系统的相关性则是研究系统的整体为什么能够具有这种整体功能性。因此，相关性是整体的具体化、深刻化，系统内部诸要素之间的有机关联性，是指处于系统整体中的部分（要素）不论是否能独立存在，只有在整体中才能体现存在的价值；而且在整体中其所处位置不同，其价值也将有别。系统内部要素之间、要素与整体之间的有机关联性只有在系统的动态中，即在运动过程中才能体现出来。系统的相关性还表现在系统整体与外部环境的有机关联上，使系统具有开放性的性质。

第三节　协同管理与协同商务

一、协同学理论

协同学是 20 世纪 70 年代初德国理论物理学家哈肯创立的，是研究系统从无序到有序的演化规律的新兴综合性学科。

协同学研究系统在外参量的驱动下和在子系统之间的相互作用下，以自组织的方式在宏观尺度上形成空间、时间或功能有序结构的条件、特点及其演化规律。协同系统的状态由一组状态参量来描述。这些状态参量随时间变化的快慢程度是不相同的，当系统逐渐接近于发生显著质变的临界点时，变化慢的状态参量的数目就会越来越少，有时甚至只有一个或少数几个。这些为数不多的变化慢的参量就完全确定了系统的宏观行为并表征系统的有序化程度，故称序参量。那些为数众多的变化快的状态参量就由序参量支配，并可绝热地将它们消去。协同学的主要内容就是研究系统的各种非平衡状态和不稳定性（又称非平衡相变）。协同学在物理学、化学、生物学、天文学、经济学、社会学及管理科学等许多方面都有广泛的应用。

在协同学中，哈肯把协同定义为：系统的各部分之间相互协作，使整个系统形成微个体层次所不存在的新质的结构和特征。随着系统科学研究的不断深入，管理界也逐渐接受了协同的观点。在企业管理学界，首先提出"协同"理念的是美国战略理论研究专家依戈尔·安索夫（H.L.Ansof），他把协同作为公司战略要素之一，并确立了协同的经济学含义。他指出，所谓协同就是指企业通过各业务单元的相互协作，可以使企业整体的价值大于各独立组成部分价值的简单加总。简单地说，就是"1 + 1 > 2"，即指为实现系统总体演进的目标，各子系统或各要素之间相互协作、配合、促进，形成良性循环态势。协同正成为经济全球化时代经济运行的最重要趋势之一。

（一）序参量及支配原理

哈肯研究各类不同系统在相变时的性质，发现它们在相变过程中，其众多状态参量中有的起的作用大，有的起的作用小；起作用大的参量不仅决定了系统相变的特点和性质，而且决定了其他参量的变化。他发现只要明确了这些参量的演化规律，其他参量的演化特点也就随之了解了。对这类现象加以总结，哈肯提出了序参量及支配原理。

一个远离平衡态的开放系统，当外参量的变化使系统达到某个临界点时，系统的状态或结构就会失衡，其内部各子系统及其参量的地位、作用、能量、力量的分布情况都会发生剧烈的改变，形成两类不同性质的系统参量。绝大多数系统参量仅在短时间内起作用，它们临界阻尼大、衰减快，对系统的演化过程、临界特征和发展前途不起明显作用。这类参量称快弛豫参量，其对应的系统状态也称为稳定模。另有少数参量，它们出现临界无阻尼现象，在演化过程中自始至终都起作用，并能得到多数子系统的响应，起着支配子系统行为的主导作用，所以系统演化的速度和过程都由它们决定，这就是慢弛豫参量，其对应的系统状态也称为非稳定模。慢弛豫参量的变化决定了系统的相变，而快弛豫参量的变化则与系统的相变无关，快弛豫参量本身的变化要受到少数慢弛豫参量的支配。弛豫参量就是序参量，这就是支配原理的基本思想。

序参量是描述系统宏观有序度或宏观模式的参量。它旨在描述系统在时间的进程中会处于什么样的有序状态，具有什么样的有序结构和性能，运行于什么样的模式之中，以什么样的模式存在和变化等。它对系统的宏观描述和微观描述方面具有双重意义和作用，这是因为序参量在整个系统的运行中，在其内部和外部的相互作用中举足轻重，具有决定性的作用，居于某种主导地位。序参量支配和规定着各种微观子系统的有序状态、结构性能以及有序度的变化。由于各子系统及其参量受少数序参量支配，跟随序参量运行，所以整个系统的行为也是由序参量的行为所决定的，受序参量控制，在序参量的主导作用下进行有组织的、有规则的运动。但序参量的支配作用并不是绝对的，各子系统及其参量对序参量也有反作用。这主要体现在两个方面：一是序参量是在各子系统及其参量的共同作用中形成的，是在集体运作中产生的；二是某些子系统及其参量的行为可以成长为决定整个系统秩序的一种模式，它们能够在一定的过程中经过放大扩充变成起支配作用的序参量。

系统中若存在多个序参量，其相互之间必然既相互依赖又相互竞争，每个序参量都决定着系统的一个宏观结构及相应的微观状态。系统究竟形成何种有序结构，就要由这些序参量的协同合作和竞争来决定。

（二）自组织

在一定的环境条件下，由系统内部自身组织起来，并通过各种形式的信息反馈来控制和强化这种组织的结构称为自组织结构，相应的描述和分析方法称为自组织理论，它是协同学的核心理论。在协同系统中，从无序状态转变为有序状态，或从一种有序状态转变为另一种新的有序状态，首先需要环境提供能量和物质，这就意味着这个协同系统必须是开放系统。然而系统在发生相变的前后，外部环境并未发生质的变化。显然，系统的有序结构和功能是自发形成的，是大量子系统之间既有竞争又相互合作，彼此联合一致、共同行动的结果；是系统本身所固有的不断协调各子系统彼此之间的关系以消除紊乱而同化为一个有机整体并向新的有序方向发展的内在组织能力，这种作用和行动没有外部命令的支配。

在协同系统中，序参量是通过自组织状态来维持的。尽管其他参量的变化也会影响到序参量，使序参量呈现出波动，但序参量总能通过正反馈来加强自身并直至饱和为止。子系统间的不同关联和耦合形式决定了系统的不同宏观结构，这集中体现在序参量对子系统的反馈控制的不同机理上，然而由序参量支配子系统有序结构的规律却是一样的。为了描述各个子系统中出现的自组织现象，就必须借助于信息控制系统。系统信息的作用体现在序参量的变化上，当序参量变化时它通过信息反馈来控制子系统的行为。序参量起着双重作用：一方面，它通知各要素如何行动，又告诉观察者系统的宏观有序情况；另一方面，从子系统的角度来看，控制参量的变化，起着改变子系统间关联强弱、改变子系统独立运动和协同运动相对地位的作用，因此外部环境控制的作用也是不能忽略的。没有外部环境提供促成子系统之间关联的转化条件，系统是不可能产生自组织的。外界以无规则的形式给系统提供能量和物质，而系统的自组织特性则将这些无规则的能量和物质转化成为有序形式。

自组织，就是通过低层次客体的局部区域的相互作用而形成的高层次的结构、功能有序模式的不由外部特定干预和内部控制者指令的自发过程，由此而形成的有序的较复杂的系统称为自组织系统。由此，自组织的关键问题就是一个系统从混沌到有序以及序的增长何以可能的问题：

（1）自组织系统首先是一个有组织系统，即以有秩序的方式、有相对稳定的结构功能模式的方式存在着的系统。

（2）在自组织系统的形成和发展过程中，其有序度必定随着时间推移而增加。

（3）自组织过程必须是一个不由外界干预也不由系统控制者的特定指令而形成的过程。

（三）供应链协同

随着科学技术与信息技术的飞速发展、世界经济全球化进程的加快，围绕新产品的市场竞争日趋激烈。技术进步和需求多样化使得产品的生命周期不断缩短，顾客对产品质量和服务质量的要求日益提高，市场环境瞬息万变。如何在市场中取得竞争优势，对市场环境的变化做出快速反应，有效地提供顾客满意的产品和服务，已成为企业生存与发展所面临的主要问题：市场变化的不确定性在增加，企业面临着巨大的压力，企业没有能力也没有必要承担提供其产品或服务所涉及的所有阶段，业务外包和企业间的合作越来越广泛，企业之间的竞争最终体现为供应链之间的竞争。只有实现供应链的协同，通过供应链上成员企业之间的密切配合以及所有运营流程之间的"无缝对接"，才能使供应链成为一个有机整体，以敏捷应对快速变化的市场环境，增强供应链竞争力，为顾客提供高质量的产品和服务。在这个过程中除了供应链获得了整体优势，在与其他供应链的竞争中取得优势外，供应链上的成员企业也能够通过协作获得更多的利润，同时保持或增强自身的竞争力。

1. 供应链协同的含义

鉴于供应链协同的重要意义，供应链协同已经成为供应链管理的新理念，在理论界也引起了学者们的关注。1999 年 4 月，全球著名的供应链管理专家 David Anderson 和 Hau Lee 明确指出，新一代的供应链战略就是协同供应链。强调供应链上合作伙伴的协同工作，以快速应对客户的需求，保持合作体各成员的竞争优势，获取更大利润。但是，到目前并没有一个明确的定义。不同的学者对供应链协同有着不同的定义或说明。

供应链协同从涵盖企业供应商、分销商、合作伙伴以及客户在内的整个供应链的角度，以全球化和客户需求为导向，依赖信息技术，加强与上下游企业之间信息和资源共享以及业务协作，实现共同的战略目标。

邹辉霞指出，供应链协同指的是供应链上各个节点企业，为实现供应链的整体目标而共同制订相关计划、实施策略和运作规则，并共同约定承担相应责任，使供应链各成员企业协调同步，各环节无缝对接。

供应链协同（Supply Chain Collaboration, SCC）是供应链管理发展的新方向，是供应链业务流程顺畅连续的一种连接方式，是更有效地利用和管理资源的一种手段。从提出开始，供应链协同就得到了理论界和企业界的广泛重视，并取得了一批研究成果。供应链协同是企业发展核心竞争力、做大做强的需要，也是顺应时代潮流的需要；供应链协同能更好地满足用户个性化需求，也能更好地提升整条供应链的竞争力。

供应链协同的基本思想就是以全球市场和客户需求为导向，以提高全球市场占有率和获取最大利润为目标，以协同商务、相互信任和双赢机制为商业运作模式，以核心企业为主，通过运用现代研发技术、制造技术、管理技术、信息技术和过程控制技术，达到整个供应链上的信息流、物流和资金流的有效规划与控制，从而将客户、研发中心、供应商、制造商、销售商和服务商等合作伙伴连接成一个完整的网络结构，形成一个极具竞争力的全球供应链战略联盟，即供应链协同应以信息的自由交流、知识创新成果的共享、相互信任、协同决策、无缝连接的运作流程和共同的战略目标为基础。

2. 供应链协同的功能

供应链上的企业充分协同，共享有关信息，可以有效地缩短供应链的提前期，降低安全库存水平，增强供应链企业的竞争力。

高效协同的供应链能为客户提供可靠、快速响应的服务，使大规模定制化生产成为可能，提高客户服务水平。

供应链上的企业通过共享库存信息、销售数据及用户订货等信息，可以大大提高供应链上的企业在生产销售方面的准确度，减少供应链中的不确定性给企业带来的损失。

通过供应链上企业之间的协同，群策群力，各自从事自己擅长的事情，可加快新产品的研发速度，降低新产品的研发难度。

供应链管理中常常会遇到一些异常事件，诸如订单的取消、错误的订单等，在供应链节点企业协同较好的前提下，可加快应对这些异常事件的速度。

3. 供应链系统的协同层次

按照管理的层次可以将供应链协同层次分为战略层协同、战术层协同和操作层协同。在这三个层次中，战略层协同处于最高层次。战略层协同的主要内容包括根据企业的规模、核心能力选择合适的模式，选择合作伙伴，与其建立企业战略联盟，在共同协商建立供应链运作模式、供应链保障机制的框架下建立战略合作关系。在该层次，供应链协同的主要内容包括投资规划、风险承担、收益分配、信息协同以及标准统一等，在战略协同层次，关键是要建立信任机制。战略层协同直接决定了战术层协同和操作层协同的模式、范围及程度，决定了供应链的长远发展规划。

供应链战术层协同处于中间层次，其主要内容包括具有直接供需关系的上下游企业间的需求协同、产品设计协同、库存协同、生产协同、物流协同、采购协同等。战术层协同是供应链协同研究的关键内容。为了保障供应链战术层的协同，需要建立相应的约束与激励机制。

供应链操作层协同处于最低层次，是战术层协同和战略层协同的基础和前提，为战略协同和运作协同提供有力的支持。操作层协同主要通过各种协同技术的支持实现供应链的信息协同和同步运作。协同技术主要包括信息技术、多智能体技术、工作流管理技术及应用软件技术等。

从管理的范围和幅度来说，以上三个层次构成了供应链协同的所有内容，它们之间紧密联系，不可分割。具体来说，战略层协同和战术层协同的所有内容都依赖于操作层协同，同时战略层协同和战术层协同又贯穿于整个供应链的运作过程中。

二、协同商务理论

应用集成三阶段实现的汉普协同商务平台 HAN@NET，以及整合知识管理、客户关系管理、项目管理、资产产品管理、财务管理、物流管理（销售，库存和采购）、人力资源管理和工作流程管理的泛微协同商务软件系统 e-cology 等，标志着协同商务的研究从理论方法到实际应用都得到了较快发展。

（一）协同商务总体特征

尽管"协同"现象和概念，古今中外普遍存在，但作为一门学科的形成和发展是在 20 世纪 70 年代由德国物理学家赫尔曼·哈肯（Hermann Haken）创立的。他在 20 世纪 60 年代激光理论的基础上中，经过十几年的努力，逐步形成了所谓"协同学"的基本理论和观点，1977 年出版了《协同学导论》（*Synergetic An Introduction*）一书，正式建立了协同学的理论框架；在 1991 年出版的一本重要著作《协同计算机和认知——神经网络的自上而下方法》（*Synergetic Computes and Cognition—A top-down Approach to Neural Nets*）中，将"协同学"思想扩展到计算机科学和认知科学中。"协同"作为一门新型学科，已被广泛用作研究完全不同事务中存在着共同本质特征的横断学科。

1.协同商务思想

协同商务是指企业利用前沿技术所提供的一整套跨企业合作的能力和更有效地管理当今错综复杂的企业生态系统。它能帮助企业同其关键的交易伙伴共享业务流程、决策、作业程序和数据，共同开发全新的产品、市场和服务，提高竞争优势。

所谓协同思想，就是构成系统的要素或子系统之间的协调和同步思想。一个系统结构的稳定性取决于系统的有序度，而系统的有序又取决于各要素间的协同性。哈肯在其著作《协同学导论》中曾论述，当自然界各种事物的规模和复杂程度发展到一定数量级的时候，该事物本身就会产生自组织现象，这也是大自然的一个客观规律。一个商务系统从无序转化为有序的关键并不在于系统是否平衡，也不在于离平衡态有多远，而是由组成该系统的各子系统在一定条件下，通过它们之间的非线性作用、互相协同与合作自发产生稳定的有序结构，这就是商务系统的自组织协同结构思想。网络协同商务的思想体现在以下几个方面：

一是企业协同进化的思想，网络协同商务强调的是企业的协同进化，强调合作、互惠互利和共同发展，强调合作式竞争、优势互补的超系统综合。网络协同商务是以"群赢"和互利为前提条件，企业不仅要重视主生产厂商的需要，而且要充分考虑相关企业的需求，协同创造价值，协同创造效益。

二是企业内部的协同，即企业内部各部门之间的业务协同，不同的业务指标和目标之间的协同，以及各种资源约束的协同。这主要体现在不同部门计划之间、各层次计划之间以及不同周期计划之间的协同，如多股东间的协同，库存、生产、销售、财务部门计划间的协同，公司战略、战术、运作层次计划间的协同，长、短期计划间的协同等。例如，协同的后勤管理能确定对不同客户、不同路线配货、调度、运输的最佳方案；协同的生产管理能根据现有可调配的人力、物力和设备能力等资源进行优化排产，以便实现按期交货等。这些协同需要一系列的计划调配工具，如开发计划工具、设计优化工具、转换计划工具、调配计划工具、运输计划工具等来进行协调和统一。

三是企业间的协同，当今市场经济趋于国际化、地域经济转向全球化、业务控制趋于数字化、消费者需求趋于个性化、生产环境复杂多变化的情况下，企业之间的协同将变得更为重要也更难实现。在协同商务链上企业为了满足客户和市场的需求，通常需要有三个层次的计划：需求计划（提供预期市场需求，分析客户购买方式和发展总规模，进行协同预测等）、供应计划（为了满足需求，将企业资源与需求进行定位和最佳配置）、执行计划（真正有效地实现需求的满足，是一系列的执行过程）。通过实施这三个计划来完成需求与供给的匹配，在相应执行层次上提供支持功能，其目的是让供应链上的企业之间不仅是协同商务理论与模式一种短期行为，更应该具有长期合作的环境，帮助企业提高其产品和服务的创新能力。

2. 协同商务内涵

可以说协同商务的本质是企业资源的最优化。协同商务意味着不仅企业内部部门之间，而且要将企业的合作伙伴供应商、分销商和零售商甚至终端客户联系起来，共同挖掘和满足市场需求，形成企业的动态联盟和协同，统一计划，统一数据模式，所有供应链上的节点企业在统一计划的运作下进行产品的协同开发、物料的协同采购、模块化协同生产、物流的协同配送和企业的协同营销。一个产品的价值链反映的是从它的概念设计到生产制造过程再到完成销售的各个环节的成本开支和利润增值过程。在这个过程中协同商务起到了一个润滑剂的作用，从而降低成本创造竞争优势，推动企业发展新的业务领域。

协同商务强调从产品的设计研发、生产制造、产品交货、财务处理甚至是最后的成效评估等，都通过电子集市使交易各方能够同步作业，它被认为是电子集市发展的第三阶段，超越了第一阶段由中立第三者主导的电子集市，以及第二阶段是产业中既有领导厂商相互结盟的电子集市的功能特质。可以说，到了协同商务阶段，电子集市才会真正成为电子化的信息枢纽，同步处理供应链和需求链，提供买卖双方增值的、专业的中介平台。商务成员尤其是企业和供应商之间要形成以订单为中心的战略合作伙伴关系，实现所有企业的信息共享及业务协作，特别是信息处理并行化和信息链紧密耦合化，从而达成互动、公平、双赢的局面。

例如企业可以通过商务，将客户、经销商、制造商和配套商信息系统连接在一起，经销商根据制造厂商的产品计划信息甚至配套厂商的配套件能力信息进行交货期的实时确认；制造厂商可按照客户订单进行规模定制生产，并通过共享的配套厂商供货能力和库存信息进行采购计划的实时调整；配套商可在第一时间得知市场的变化从而调整计划等。见图3-7。

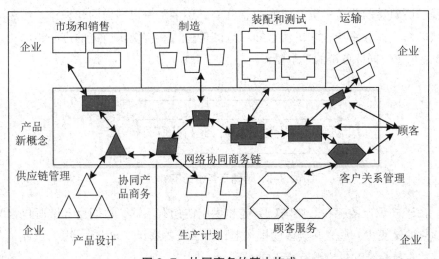

图3-7 协同商务的基本构成

协同商务具体包含以下五个方面。

（1）信息协同：采购方与供应方共享信息，采购方将其库存情况和所需产品的要求等信息传递给供应方。使供应方对其上游企业有很好的可视性，提高交货的准确性和速度；供应方也将有关自己产品的信息与采购方分享，加强双方的沟通信赖。

（2）产品生产协同：在整个动态联盟进行统一规划时，需要供应商的协同，通过信息反馈在供应商之间促进质量改善和质量保证。

（3）产品设计协同：客户或企业科研部门设计个性化产品的同时，将设计信息及时与供应商共享，使供应商可以在第一时间进行产品开发和生产，更好地满足自身需要。

（4）采购协同：企业将近期的采购计划定期下达给商务链上的上游供应商，同时将采购订单下达给供应商；供应商可根据企业的采购计划和订单进行生产安排，并将执行情况及时上传。若确认不能完成采购订单，则迅速反馈给企业，使企业对之有明确的了解、及时调整生产计划或寻找其他方案。

（5）预测协同：通过 ERP 的延伸，可以从市场的变化推测出企业对原材料需求的变化，并将变化通过采购平台传递给供应商。后者调整自己的备货计划，加强风险能力。

（二）协同商务与供应链

如果说企业资源计划（ERP）主要着眼于企业内部的资源共享，协同商务则更关注企业内外交易各方的同步作业；相对于供应链 SCM 而言，在协同商务链中除了我们所熟悉的物流、资金流和信息流外，还多了一层双向的知识流。形成双向链状的协同商务系统，它更注重知识流的传递，是传统供应链的进一步深化。图3-8 显示了协同商务链的基本要素。

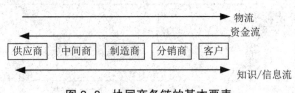

图3-8　协同商务链的基本要素

由于知识流的存在，协同商务链和供应链稍有不同，协同商务链所包含的企业比供应链更多一些，在具体的操作上，由于需要选择"知识伙伴"，因此，合作伙伴的选择标准和供应链有所不同。

在协同商务链中，将供应商、分销商、客户和其他业务合作伙伴纳入系统中来进行信息、资源的共享和知识的积累。更高的可视性和更易于访问的实时信息大大提高供应链执行决策的预见性：大部分输入信息可以从底层迅速传递到整个企业，更多的数据直接来自最终用户，相关人员可以根据业务状况的最新进展来检查和调整有关信息，销售代表能够掌握最新的客户信息以迅速更新需求预测，并逐渐做到支持客户直接更新，购买方和销售方有关产品季节性、促销活动以及新产品发布等信息的共享，将进一步提高相关的效益，如更高的客户服务水平和更低的供应链成本。

协同商务与供应链和客户关系管理是有所不同的。首先，协同商务是供应链与客户关系管理两者的集大成者，供应链顾名思义是专为供应商管理而设计，历经多年的发展虽然有许多新的应用和扩展，但重点在于公司之间或公司内部之间的流程链接；客户关系管理主要是企业对客户方需求的进一步规范化管理，其重点是利用相关法则进行客户等级区分、客户需求与响应的自动化及潜在客户资源价值的分析挖掘。其次，供应链与客户关系管理的简单结合，并不等同于协同商务，前两者更注重于流程性与事务性，而后者更注重于资源优化。

在协同商务链的管理方面，其目标也有所不同。供应链管理的本质，是企业与处于供应链上的上下游企业以适当的方式联合，共享计划信息，减少因对需求的猜测不准确性而产生的生产过多或生产不足。从资源整合的角度来看，供应链管理要整合的资源首先是生产性资源。供应链管理的目标依然是：成本和响应时间，例如在选择供应链合作伙伴时，采购的种类、数量、对方的响应速度都是需要考虑的因素；在协同商务链中，除了需要分享合作伙伴的信息、资源和优势外，还需要和合作伙伴分享创新优势，因此，合作伙伴的创新能力也应当成为选择的一个标准。另外，供应链管理的一个基本目标是供应链的最优，而在协同商务链中，保持商务链的灵活性则成为一个基本目标。二者的差异见表3-1。

表3-1 供应链管理和协同链管理的差异

供应链管理	协同商务链管理
减少供应商的数目	寻找更多的创新能力强的合作伙伴
更低的零部件成本	功能更强的零部件
外包	协同创新
供应链最优	协同商务链最灵活
特定的应用系统	协同商务门户
在制造和消费之间建立库存机制以方便地储存货物，不中断"推动"过程	协同式商务的方法：注重企业内部与外部间的协同与合作，建立供应商、制造商、零售商等之间新型合作与竞争关系，树立"群赢"的理念

　　协同商务概念的出现，使人们更清晰地理解在新经济环境下如何进行企业的动态合作与融合。供应链的处理过程是：供应商个企业→分销渠道或其他环节→用户；而网络协同商务的处理过程是：供应商→联网→企业→联网→用户→协同，如图3-9所示。

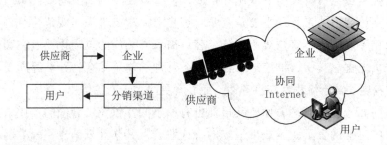

图3-9　传统的供应链（图左）和网络协同商务（图右）

　　协同商务链是以协调共生的生物学原理为导向，因此它不仅仅是一个高度集成的电子化组织，更是一个运作良好的生态系统，是一个可以通过对内外部资源的吸收来进行自身动态调整和外部环境适应，从而实现整体的创新、成长和进化的生命实体，并最终发展成以知识管理为核心，协同运作为手段，使企业的资源融会贯通、吐故纳新，始终以崭新的形象生机勃勃地面对多变的外界环境。尽管和供应链不尽相同，协同商务链还是建立在供应链的基础之上，它同样需要分享供应链管理所带来的收益，因此本质上它是供应链管理的深化。

（三）协同商务的正反馈机制分析

　　协同学认为，系统性质的改变是由于系统中要素子系统之间的相互作用所致。任何系统运动都有两种趋向：一种是自发地倾向无序的运动，这是系统瓦解的重要原因；另一种是子系统之间的关联引起的协调、合作运动，这是系统自发走向有序的重要原因。此原理表明，无序即意味着杂乱无章，存在大量不同的可能性。占据主导地位的序参数迫使其他因素和状态纳入它的轨道，从而使一切事物有条不紊地组织起来。而协同能力本身是一种自组织能力，这种组织能力是以信息联系为基础通过反馈控制来实现的。当系统与环境进行物质、能量、信息交换时，自组织能力就体现为控制与调整环境系统内各子系统，使之协同工作，保持系统和谐有序运转。

　　协同商务与传统的供应链模式相比，具有更多的正反馈特点。主要原因是网络协同商务链模式是一个由许多独立自主的、分散的、相互间又有一定联系的企业所构成的网状开放环境，这些企业间关系是错综复杂的非线性关系。因此呈现出一种不同于传统供应链系统的商务链发展模式。如图 3-10 所示。

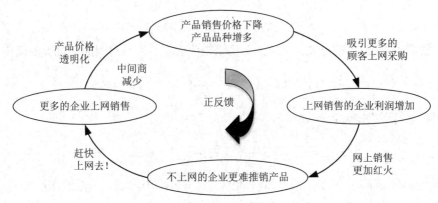

图 3-10　商务链中各环节有机集成

协同商务是一种递推演化过程与企业群体密度或产品状态强度有关的正反馈机制，它表现为效益递增，即效益的增长率随顾客的数量、密度而递增，这种正反馈作用能使某种产品、某个企业、某种技术由占优发展演化为独占或导致某种优势。这种"越来越习惯""越来越顺利""越来越占优"的正反馈作用的过程，可以用系统工程中系统的演化非线性 Polya 递推过程加以描述。

设定在 Internet 上有一个商务链群，可以放入 N 类企业节点的链（供应商或客户均可），每次只加入一个新节点，所加入的新节点的属性是按概率确定的。概率是 Internet 中已经加进去的不同属性节点的比重向量 $X_n = [x_{1n}, x_{2n}, \cdots x_{Nn}]$ 的函数（或者说概率与企业群体密度或产品状态强度有关）。显然这种概率与网上过去的经历（供应链中市场占有份额）有关。

令 i 用户节点在第 n 次为新加入 Internet 的概率为：$q_{I, n}(X_n)$；

令 Internet 中开始的用户节点为：$b_0 = \sum_{i=1}^{N} b_{i0}$；

在第 n 次时定义：$\beta_{i, n}(X_n) = \begin{cases} 1 & \text{概率} q_{i, n}(X_n) \\ 0 & \text{概率}(1 - q_{i, n}(X_n)) \end{cases}$，$i = 1, 2, \cdots, N$

因此 i 用户节点的增加规则是：$b_{i, n+1} = b_{i, n} + \beta_{i, n}(X_n)$，它是一种递推关系。

上式除以（$b_0 + n - 1$）并令 x_1，$n = b_i$，$n/(b_0 + n - 1)$ 得到：

$$x_{i, n+1} = x_{i, n} + \frac{1}{b_0 + n}[\beta_{i, n}(X_n) - x_{i, n}] \quad n = 1, 2,$$

重新安排上式，得到：

$$x_{i,n+1} = x_{i,n} + \frac{1}{b_0+n}[q_{i,n}(X_n)-x_{i,n}] + \frac{1}{b_0+n}\mu_{i,n}(X_n)$$

$$\mu_{i,n}(X_n) = \beta_{i,n}(X_n) - q_{i,n}(X_n)$$

根据 $\beta_{i,n}(X_n)$ 的定义，$\mu_{i,n}(X_n)$ 的期望值为零，于是得到随机过程的期望值：

$$E(x_{i,n+1}|x_{i,n}) = x_{i,n} + \frac{1}{b_0+n}[q_{i,n}(X_n)-x_{i,n}]$$

它等价于确定性递推过程，即：

$$x_{i,n+1} = x_{i,n} + \frac{1}{b_0+n}[q_{i,1}(X_n)-x_{i,n}], i=1,2, \quad ,N$$

上式中的 $q_{i,n}(X_n)$ 一般是非线性的，它与各类用户节点所占的比重有关，也就是与网上占有份额有关。

下式表示了一种非线性 Polya 过程，递推演化过程受控于第二项 $[q_{i,n}(X_n)-x_{i,n}]$，对于 $i = 1, 2, \cdots, N$ 类用户节点，有 n 个方程组，用向量表示，有：

$$X_{n+1} = X_n + \frac{1}{b_0+n}[q_n(X_n)-x_n]$$

其中，$q_n(X_n)$ 的形式随着次数 n 而变化，如果 q_n 收敛于某一固定形式函数 q 的速度快于收敛于零的速度（也就是 n 较大时 $1/n$ 收敛于零的速度），那么上式中的不动点（供应商与客户同时具有"双赢"的交点）向量由下式确定：

$$q(X_n) = X_n$$

如果"双赢"的交点是稳定的，则非线性 Polya 过程将收敛于"双赢"的交点。这种策略空间和得益的限制产生了正反馈效应，也产生了有序排列的策略集合以及单调的最佳反应，这正是正反馈机制的基础。

在实施网络协同商务链时，应注意争取进入良性的正反馈循环，避免进入恶性的正反馈循环。上述对我们的启发是：在进行基于网络的协同式商务时，要善于利用正反馈机制，使企业间的协作效益和整体利益递增。

第四章
高科技条件下冷链物流的技术支持

第一节　冷链风险管控技术

一、冷链保鲜技术

（一）气调保鲜技术

气调保鲜技术是指以不同于大气组成或浓度的组合气体替换包装食品周围的空气，来抑制或减缓微生物生长和营养成分氧化变质，在整个贮藏过程中不再调节气体成分或浓度，并选择合适的包装材料和冷链温度来延长食品的保质期。它的气体组成通常有氧气、二氧化碳和氮气。

自 1918 年英国科学家发明苹果气调贮藏法以来，气调贮藏在世界各地得到普遍推广，并成为工业发达国家果品保鲜的重要手段。美国和以色列的柑橘总贮藏量的 50% 以上是气调贮藏；新西兰的苹果和猕猴桃气调贮藏量为总贮藏量的 30%以上；英国的气调贮藏能力为 22.3 万吨；其他国家如法国、意大利以及荷兰等国家气调苹果均达贮藏总量的 50% ~ 70%。

1. CA 气调贮藏保鲜

利用机械设备，人为地控制气调冷库贮藏环境中的气体，实现水果保鲜。气调库要求精确调控不同水果所需的气体组分浓度及严格控制温度和湿度。温度可与冷藏库贮藏温度相同，或稍高于冷藏的温度，以防止低温伤害。气调与低温相结合，保鲜效果（色泽、硬度等）比普通冷藏好，保鲜期明显延长。我国气调贮藏库保鲜正处于发展阶段。自 1978 年在北京建成我国第一座自行设计的气调库以来，广州、大连、烟台等地相继由国外引进气调机和成套的装配式气调库，用来保鲜苹果、猕猴桃、洋梨和枣等新鲜果蔬。

2. MA 气调贮藏保鲜

MA 气调贮藏保鲜也称 MA 自发气调保鲜，广泛应用于新鲜果蔬菜等保鲜，并以每年 20% 的速度增长。气调包装是指根据食品性质和保鲜的需要，将不同配比的气体充入食品包装容器内，使食品处于适合的气体中贮藏，以延长其保质期。

常用的气体主要有二氧化碳、氧气，有时也会使用二氧化硫和二氧化氮。二氧化碳的作用是抑制需氧菌和霉菌的繁殖，延长细菌的停滞期和延缓其指数增长期。氧气的作用是维持新鲜水果的吸氧代谢作用。水果采摘后过快地有氧呼吸和无氧呼吸都会使水果发生老化和腐烂。合理控制环境中氧的浓度，可使果实产生微弱的有氧呼吸而不产生无氧呼吸。因此，水果 MA 气调保鲜中氧气与二氧化碳的配比是一个关键因素。处于包装内的水果通过呼吸作用消耗氧气并放出二氧化碳，气调包装材料可排出二氧化碳并补充所消耗的氧气，即实现包装的渗透速度与果实呼吸速度相等，防止无氧呼吸的产生。另外，水果在低温时的呼吸强度较低，为减少果实的耗氧量，MA 气调包装保鲜一般都在 0℃ ~ 5℃ 温度条件下贮藏。

目前，国际市场水果的 MA 气调包装主要有两种：一种是被动气调包装，即用塑料薄膜包裹的水果，借助呼吸作用来降低氧气含量，并通过薄膜交换气体调节氧气与二氧化碳的比例；另一种是主动气调，即根据不同水果的呼吸速度充入混合气体，并使用不同透气率的薄膜，但由于技术较复杂且对包装材料的品种及性能要求较高，在我国还未获得广泛应用。国外在包装材料方面则领先很多，开发出如防止水果水分蒸发的防湿玻璃纸、高阻气性的聚丙烯、防止水果产生机械损伤的收缩材料等。

3. 塑料薄膜帐气调贮藏保鲜

这种方法是将水果放在用塑料薄膜帐制成的密封环境中实现气调保鲜。气调的方法分为两类：一是自然降氧法，通过水果的呼吸作用，使帐内逐步形成所需低氧、高二氧化碳气体浓度，由于塑料薄膜具有一定的透气性，从而实现简易调气；还可利用具有选择性透气的硅橡胶薄膜，在帐上开一定面积的窗口来自动调气，为防止二氧化碳过多积累，可在帐内用硝石灰吸收二氧化碳。二是人工降氧法，即利用降氧机、二氧化碳脱除机来调气。此方法主要在美国、法国有应用。目前，我国上海、天津、辽宁、山东、陕西和北京等地早已开始使用。

（二）低温保鲜技术

低温保鲜技术是利用低温有效地抑制微生物的存活，主要技术包括简易贮藏保鲜、冻藏保鲜、控制冰点贮藏保鲜、冰温气调保鲜等。

1.简易贮藏保鲜

简易贮藏保鲜主要有埋藏、堆藏、窖藏和通风库贮藏等。这种方法是利用当地的气候条件，创造水果适宜的温度、湿度环境并利用土壤的保温作用，来实现水果的保鲜。要做好隔温层设计，以防止高温或低温伤害，另外还要定期通风换气，该技术可用于苹果、梨、葡萄等水果贮藏保鲜。如四川南充地区的地窖、湖北兴山的山洞贮藏柑橘；山东烟台、福山地区等地的地窖贮藏苹果；西北黄土高原地区的窖洞贮藏苹果、梨等，是一种基本符合贮藏库、土窖洞加机械制冷、简易节能库、复合节能冷库、柑橘改良通风库、苹果常温双相变动气调技术等，其中土窖洞机械冷藏具有投资少、管理简单、就地贮藏和能耗少的优点。

2.冻藏保鲜

冻藏保鲜是现代化水果贮藏的主要形式之一，它采用高于水果组织冻结点的较低温度来实现水果的保鲜。可在气温较高的季节周年进行贮藏，以保证果品的全年供应。低温冷藏可降低水果的呼吸代谢、病原菌的发病率和果实的腐烂率，达到阻止组织衰老、延长果实贮藏期的目的。但在冷藏中，不适宜的低温反而会影响贮藏寿命，丧失商品及食用价值。防止冷害和冻害的关键是按不同水果的习性，严格控制温度，冷藏期间有些水果如鸭梨需采用逐步降温的方法以减轻或不发生冷害。此外，水果贮藏前的预冷处理、贮期升温处理、化学药剂处理等措施均能起到减轻冷害的作用。近年来，冻藏技术的最新发展主要表现在冷库建筑、装卸设备、自动化冷库方面。计算机技术在自动化冷库中已得到应用，目前在日本、意大利等发达国家已拥有10座世界级的自动化冷库。

3.控制冰点贮藏保鲜

在冰点湿度下对食品进行保鲜的新方法称为控制冰点贮藏法。实验证明，运用此方法保存的水果新鲜如初，未发现细菌败坏或变质现象，有害微生物繁殖甚微。该项技术在日本已开始应用。

4.冰温气调保鲜

冰温是指0℃以下、冰点以上的温度区域，其温度介于冰藏和微冻之间，和微冻保鲜一起被称为中间温度带保鲜。在该方式中冰温和气调对微生物产生协同作用，同时有效地防止水产品的脂质氧化和多酚氧化酶导致的酶促褐变等反应的发生。

（三）化学保鲜技术

1.可食用的蔬果保鲜剂

这是由英国一家食品协会所研制的可食用的蔬果保鲜剂，它是采用可食用的蔗糖、淀粉、脂肪酸和聚酯物配制成的一种"半透明乳液",既可喷雾又可涂刷,还可浸渍覆盖于西瓜、番茄、甜椒、茄子、黄瓜、苹果、香蕉等表面,其保鲜期可长达 200 天以上。这是由于这种保鲜剂在蔬果表面形成一层"密封薄膜",完全阻止了氧气进入蔬果内部,从而达到延长蔬果熟化过程,增强保鲜效果的目的。

2. 新型薄膜保鲜

这是日本研制开发出的一种一次性消费的吸湿保鲜塑料包装膜,它由两片具有较强透水性的半透明尼龙膜组成,并在膜之间装有天然糊料和渗透压高的砂糖糖浆,能缓慢地吸收从蔬菜、果实、肉表面渗出的水分,达到保鲜目的。

3. 陶瓷保鲜袋

这是由日本一家公司研制的一种具有远红外线效果的蔬果保鲜袋,主要在袋的内侧涂上一层极薄的陶瓷物质,通过陶瓷所释放出来的红外线就能与蔬果中所含的水分发生强烈的运动,从而达到蔬果保鲜的目的。

4. 减压保鲜法

这是一种新兴的蔬果贮存法。有很好的保鲜效果,且具有管理方便、操作简单、成本不高等优点,目前英、美、德、法等一些国家已研制出了具有标准规格的低压集装箱,已广泛应用于蔬果长途运输中。

5. 烃类混合物保鲜法

这是英国一家塞姆培生物工艺公司研制出的一种能使番茄、辣椒、梨、葡萄等蔬果贮藏寿命延长一倍的"天然可食保鲜剂"。它采用一种复杂的烃类混合物,在使用时,将其溶于水中呈溶液状态,然后将需保鲜的蔬果浸泡在溶液中,使蔬果表面很均匀地涂上一层液剂,这样就大大降低了氧的吸收量,使蔬果所产生的二氧化碳几乎全部排出。因此,保鲜剂的作用,酷似给蔬果施了"麻醉剂",使其处于休眠状态。

二、冷链蓄冷保温技术

(一)制冷技术

制冷从本质上讲就是让空气中分子运动减慢,形象点说就是让空气冷却。利用天然冰等自然源过渡到人工制冷,是制冷技术发展的初始阶段。制冷技术得到业界学者与专家的广泛关注,并取得一些成果,如:1777 年,奈恩·杰拉(Nairne E. Gerale)的硫酸吸水制冰试验;1810 年,莱斯利(J.Leslie)的硫酸—水吸收式制冰装置;1859 年,加雷(F.Carre)制成氨—水吸收式制冷机,并于 1860 年申请专利。蒙特斯(C. Munters)和普拉特(B.Von Plate)制成氨—水—氢扩散式吸收式冰箱，并于 1920 年取得专利。20 世纪中期，电动机驱动的压缩式制冷机在常规制冷领域占据统治地位。近 30 年来，吸收式制冷和热泵技术进入了蓬勃发展的阶段。20 世纪 90 年代，欧共体 JOULE 计划列入的对吸附式制冷的研究分析项目使吸附式制冷研究达到了新的高潮。20 世纪 70 年代后期，以氟为制冷剂的分散式制冷系统逐渐取代以氨为制冷剂的集中式制冷系统，冷却设备由冷风机逐步取代了排管。

制冷系统由四个基本部分即压缩机、冷凝器、节流部件、蒸发器组成。由铜管将四大部件按一定顺序连接成一个封闭系统，系统内充注一定量的制冷剂。一般的空调用制冷剂为氟利昂，以往通常采用的是 R22，现在有些空调的氟利昂已经采用新型的环保型制冷剂 R407。以上是蒸汽压缩制冷系统。以制冷为例，压缩机吸入来自蒸发器的低温低压的氟利昂气体压缩成高温高压的氟利昂气体，然后流经热力膨胀阀（毛细管），节流成低温低压的氟利昂汽、液两种物体，低温低压的氟利昂液体在蒸发器中吸收来自室内空气的热量，成为低温低压的氟利昂气体，低温低压的氟利昂气体又被压缩机吸入。室内空气经过蒸发器后，释放了热量，空气温度下降。如此压缩—冷凝—节流—蒸发反复循环，制冷剂不断带走室内空气中的热量，从而降低了房间的温度。制热时，通过四通阀的切换，改变了制冷剂的流动方向，使室外热交换器成为蒸发器，吸收了室外空气的热量，而室内的蒸发器却成为冷凝器，将热量散发在室内，达到制热的目的。

根据工作原理，制冷机器可以分为：① 压缩式制冷机。依靠压缩机的作用提高制冷剂的压力以实现制冷循环，按制冷剂种类又可分为蒸汽压缩制冷机（以液压蒸发制冷为基础，制冷剂要发生周期性的气—液相变）和气体压缩式制冷机（以高压气体膨胀制冷为基础，制冷剂始终处于气体状态）两种。② 吸收式制冷机。依靠吸收器—发生器组（热化学压缩器）的作用完成制冷循环，又可分为氨水吸收式、溴化锂吸收式和吸收扩散式三种。③ 蒸汽喷射式制冷机。依靠蒸汽喷射器（喷射式压缩器）的作用完成制冷循环。④ 半导体制冷器。利用半导体的热—电效应制取冷量。

制冷机主要性能指标有工作温度（对蒸汽压缩式制冷机为蒸发温度和冷凝温度，对气体压缩式制冷机和半导体制冷器为被冷物体的温度和冷却介质的温度）、制冷量（制冷机单位时间内从被冷却物体移去的热量）、功率或耗热量、制冷系数（衡量压缩式制冷机经济性的指标，消耗单位功所能得到的冷量）以及热力系数（衡量吸收式和蒸汽喷射式制冷机经济性的指标，指消耗单位热量所能得到的冷量）等。现代制冷机以蒸汽压缩式制冷机应用最广。

（二）蓄冷保温材料

冷链的蓄冷保温材料主要用于冷库和冷藏车厢等设备。岩棉、玻璃棉、聚苯乙烯泡沫塑料（EPS）、挤塑聚苯乙烯泡沫塑料（XPS）和聚氨酯泡沫材料（PU）使用越来越广泛。其中，聚氨酯泡沫是目前应用最广泛的隔热材料，它传热系数低、隔热性能好、强度高且工艺良。

现阶段时常运用在制冷系统中的保温材料，从材质上区分主要有两种一种是聚苯板。聚苯板是指由聚苯乙烯泡沫塑料作为夹心板，由彩色钢板作表层，闭孔阻燃的聚苯乙烯泡沫塑料做芯材，通过自动化连续成型机将彩色钢板压型后用高强度黏合而成的一种高效机构材料。该种冷库板由于易燃且燃烧有毒，现在在市场上的应用比较少。另一种则是现在市场上应用广泛的聚氨酯冷库板。聚氨酯冷库板以良好隔热性能的轻质聚氨酯为内心材料，外面由 SII、PVC 彩钢板、不锈钢板构成夹板式库板，可以降低由于内外温差而产生的传热，以达到冷冻、冷藏系统的最大效率。聚氨酯因其具有高绝热性、热固性、多样化加工形式、可整体成型等特点被现代冷链产业广泛采用。

（三）预冷技术

预冷是指食品从初始温度迅速降至所需要的终点温度的过程，即在冷藏运输和高温冷藏之前的冷却以及快速冻结前的快速冷却工序统称为预冷。目前常用的预冷技术主要有空气预冷、真空预冷和水预冷。

1.空气预冷

空气预冷方法分为常规室内预冷、压差预冷、强制通风预冷等。空气预冷方法具有空气温湿度易调节、可用于各种食品冷却冷藏运输、设备造价低等优点，但也存在冷却速度慢、冷却不均匀、干耗大等缺点。

室内预冷是将产品放在冷库中，依靠自然对流热传导进行的预冷方式。适用于呼吸作用较缓的果蔬，如土豆、洋葱、大蒜和苹果等。应用此预冷方式应确保散装或者托盘产品之间有足够的空气流通，否则传热受阻，会导致预冷延迟或预冷不足。室内预冷技术的优点是简单易行，在国内外被广泛采用，特别适合规模较小的生产者和集货商；缺点是室内预冷速度慢，通常需要 24 小时以上，而且产品始终暴露于空气中，水分损失较大。

强制通风预冷是在冷库空气预冷的基础上发展起来的一项预冷技术，该方式将装有被预冷产品的包装箱按照一定的方向堆码在一起，包装箱之间开有通气孔道，以确保箱体之间的气体流通。虽然强制通风预冷速度快，但是容易造成萎蔫，而且需要有专门的设备，操作起来比较烦琐。

压差预冷是空气预冷的新形式，利用压差风机的抽吸作用，在包装容器的两侧形成一定压差，使冷空气经过包装容器上的通风孔强制通过包装容器内部与预冷产品表面直接进行换热，从而使物品快速、均匀地冷却到工艺要求的温度范围。

2. 真空预冷

在标准大气压条件下，水在100℃沸腾，吸收大量相变所需要的热量成为水蒸气；而在2 337层（真空度为98 988层）下，水在20℃就可以沸腾蒸发相变；相应在667层（真空度为100 658层）压力下，水在1℃就可以蒸发，变成水蒸气。真空预冷技术利用果蔬在低压环境下水分的蒸发，快速吸收果蔬蓄存的田间热量，同时不断去除产生的水蒸气，使果蔬温度快速降低。

真空预冷主要有间歇式真空预冷方式、连续式真空预冷方式和喷雾式真空预冷方式等方式。其优点是设备运转灵活，能够到摘收现场及时清除田间热，冷却较快且均匀，能够有效控制温度，同时可以大批量地处理产品。缺点是设备费用高、能源消耗多、预冷过程中产品容易失水萎蔫。

3. 水预冷

水预冷又分为冷水预冷和冰水预冷两种。

（1）冷水预冷。冷水预冷是指用接近0℃的冷水，通过热传导和对流热传导，使产品冷却的方法。与空气相比，水的热传导系数要高，因此冷却速度快，适合表面积和体积较小的水果、蔬菜和水产品等产品的预冷。冷水预冷优点是冷却速度快，设备费用和运转费用低；缺点是容易带来交叉感染。

冷水预冷的方式主要有浸泡式、洒水式和降水式等。浸泡式是指被预冷食品直接浸在冷水中冷却，冷水被搅拌器不停地搅拌，以至温度均匀；洒水式是指在预冷食品的上方，由喷嘴把有压力的冷却水呈洒水状喷向食品，达到预冷的目的；降水式是指被预冷食品在传送带上移动，上部的水盘均匀地像降雨一样地降水，这种方式适用于批量处理产品。

（2）冰水预冷。冰水预冷主要是指在有盖的塑料泡沫箱内，以冰加冷水的方式预冷产品。其原理是利用冰融化成水要吸收热量，通过冰与产品接触来使产品迅速预冷。冰水预冷首先要将水预冷到 −1.5℃ ~ 1.5℃，然后装入容器中，再加入被预冷的产品和冰。冰水预冷操作简便，预冷速度快，但是浸泡后的产品质地较弱，易于变质，因此从冰水中取出的产品仍需要冰藏保鲜。

第二节 物联网技术

一、物联网技术概述

物联网是一次技术的革命，它揭示了计算机和通信的未来，它的发展也依赖于一些重要领域的动态技术创新。物联网借助集成化信息处理，工业产品和日常物体将会获得智能化的特征和性能。它们还能满足远程查询的电子识别需要，并能通过传感器探测周围物理状态的改变，甚至于像灰尘这样的微粒都能被标记并纳入网络。这样的发展将使现今的静态物体变成未来的动态物体，在我们的环境中处处嵌入智能，刺激更多创新产品和服务的诞生。

物联网将融合各种技术和功能，实现一个完全可交互的、可反馈的网络环境的搭建。物联网技术给消费者、制造商和各类企业都带来了巨大的潜力。首先，为了连接日常用品和设备并导入至大型数据库和通信网络，一套简单、易用并有效的物体识别系统是至关重要的，无线射频识别就提供了这样的功能。其次，数据收集受益于探测物体物理状态改变的能力，使用传感器技术就能满足这一点。物体的嵌入式智能技术能够通过在网络边界转移信息处理能力而增强网络的功能。另外，小型化技术和纳米技术的优势意味着体积越来越小的物体能够进行交互和将这些技术融合到一起，即将世界上的物体从感官上和智能上连接到一起。

物联网主要从应用出发，利用互联网、无线通信网络资源进行业务信息的传送，是互联网、移动通信网络应用的延伸，是自动化控制、遥控遥测及信息应用技术的综合展现。目前物联网的发展正处于起步阶段，仍然受到技术完备性不足、产品成熟度低、成本偏高等诸多因素制约，但目前良好的外部环境将有利于这些问题的解决，应尽快解决业务切入点选择以及近期利益和长远发展之间的平衡点等问题。

根据物联网自身的特征，物联网技术应该提供以下几类服务功能。

（1）联网类服务：物品标志、通信和定位。

（2）信息类服务：信息采集、存储和查询。

（3）操作类服务：远程配置、监测、远程操作和控制。

（4）安全类服务：用户管理、访问控制、事件报警、入侵检测和攻击防御。

（5）管理类服务：故障诊断、性能优化、系统升级、计费管理服务。

二、物联网相关技术需求分析

随着物联网产业的发展，信息技术又产生了一次新的变革，人们对物联网技术提出了更高的要求，在实现人与物、物与物智能化控制的同时，也加大了物联网信息技术的集成化管理。由于物联网相关技术是构建物联网信息技术平台架构的基础，因此，从物联网技术角度可将物联网技术需求分为感知技术、传输技术、应用技术、服务技术和安全技术需求，如图 4-1 所示。

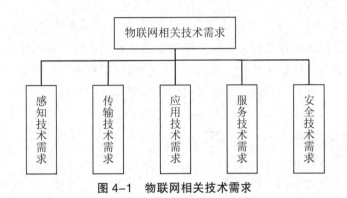

图 4-1　物联网相关技术需求

1.物联网感知技术

由物联网结构与组成可知，感知技术是物联网中的一个重要技术组成，它是通过 RFID 技术、射频识读器及传感器与无线传感网等感知技术来实现对"物"的感知，将"物"的属性转化为信息。在感知过程中，包括信息采集与传输，需要采集的数据包括静态信息数据和动态信息数据。静态信息数据是指物品的编码信息，这类信息包含在物品标签内，通过 RFID 技术、射频识读器来实现对产品制造商、产品类型等相关数据的采集。动态信息数据是指对物品移动或状态信息的采集，主要通过传感器和传感网络及嵌入式技术对物品的物理和化学属性进行采集。

2.物联网传输技术

物联网信息采集过程将实体"物"转化为信息和数据传输到网络环境中，再通过通信网络、无线或有线网络将感知信息传递至物联网应用平台中，通过物联网传输技术，在物联网运行过程中，将信息传递至"人"并对信息进行相应的处理和应用，保证信息数据能够正确地在人与物或物与物之间进行传输，从而完成信息传输过程中的复杂交互，因此，信息数据传输在物联网平台中起着信息桥梁的作用。

3. 物联网应用技术

物联网信息平台中存储了大量的信息资源,这些信息资源单一、零散,为了保证物联网与企业系统之间能够达到无缝连接,将物联网海量信息资源中有效的信息传递至客户端,而对单一、零散的数据进行有机整合与筛选,有效实现"物"对"物"信息的集中控制,从而完成信息高度集成化管理。因此,在物联网应用层采用云计算、数据仓库等技术对物的信息进行大量的存储与计算,并对信息进行集中整合与有效处理,为物联网的应用平台提供良好的服务基础。

4. 物联网服务技术

物联网服务是为外界与物联网系统之间提供技术服务平台,建立服务接口,使相关信息能够在企业之间共享,实现企业与物联网系统的协同管理。物联网服务技术基于面向服务体系架构(SOA)为物联网应用提供信息服务平台,将服务支撑平台运用到企业物联网,为物联网提供协同式的信息服务模式,可对信息进行查询、访问与监控。物联网信息服务系统能够作为客户的服务器主机网关,在存货跟踪、自动处理事务、供应链管理等方面发挥重要的作用。

5. 物联网安全技术

随着物联网技术的发展与深入,企业与国家对物联网安全的需求随之加大。目前,我国物联网信息安全技术存在的主要问题是标签识别码能在远程被扫描,标签能自动、不予区别地对识读器进行回应,造成信息的泄露,给国家及企业的安全带来一定的威胁。同时,在网络环境中传播的病毒、黑客、恶意软件等也会对物联网用户造成损害。而目前我国物联网的信息安全技术还没有一个统一的规范标准,这使得物联网信息安全发展方面存在一定的局限性。因此,在发展物联网技术的同时,也应加快与物联网相关的安全技术措施的建设,提高物联网防范技术水平,使物联网信息安全得到保障。

三、物联网技术体系框架

本节对物联网三层基本结构应用的关键技术进行归属划分,在前人提出的物联网技术体系的基础上进行了一定的修正,提出了物联网的技术体系框架(见图4-2)。

1. 感知层技术

数据采集与感知主要用于采集物理世界中发生的物理事件和数据,包括各类物理量、标识、音频、视频数据。物联网的数据采集涉及传感器、RFID、EPC编码、智能嵌入和纳米技术等多种技术。低速与中高速短距离传输技术主要是指传感器网络组网和协同信息处理技术，为实现传感器、RFID等数据采集技术所获取数据的短距离传输过程应用的技术；自组织组网技术则可提高网络的灵活性和抗毁性，增强数据传输的抗干扰能力，而且组网建网时间短、抗毁性强，同时，自组织组网及多个传感器要通过协同信息处理技术对感知到的信息进行处理，并经传感器中间件转换、过滤和筛选之后传递到网络层，进行远距离传输。

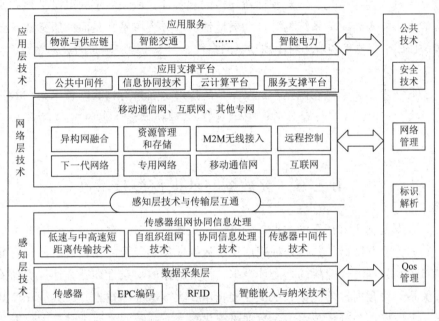

图 4-2　物联网的技术体系框架

2. 网络层技术

为了实现更加广泛的互联功能，对感知到的信息无障碍、高可靠性、高安全性地进行传输，就需要将传感器网络与移动通信技术、互联网技术相融合。经过10余年的快速发展，移动通信、互联网等技术已比较成熟，基本能够满足物联网数据传输的需要。关于下一代网络技术和行业专网技术的研究，也有助于促进物联网信息传输新的发展需求，而异构网融合技术有利于人们更加充分地应用已有的网络资源，实现信息大规模、高速度的安全传输。由于物联网需要对末端感知网络与感知节点进行标识解析和地址管理，因此物联网的网络层还要提供相应的信息资源管理和存储技术。M2M无线接入和远程控制技术旨在实现物联网中物与物之间的直接智能化控制。

3. 应用层技术

应用层主要包含应用支撑平台和应用服务，其中应用支撑平台用于支撑跨行业、跨应用、跨系统之间的信息协同、共享和互通。应用服务子层包括物流与供应链、智能交通、智能电力等行业应用。公共中间件技术主要用于网络层信息在各行业应用时对信息进行转换、过滤、筛选等；信息协同技术主要用于海量信息在智能应用过程中的协同处理过程，避免出现信息冗余和信息孤岛；云计算平台通过硬件资源的虚拟化，屏蔽软件对硬件的相关性，增强系统的可维护性和快速部署能力，能提高业务系统的弹性和灵活性；服务支撑平台是面向服务的基础技术架构，该平台技术的应用可提高物联网在行业、企业中应用时的服务水平。

4. 公共技术

公共技术不属于物联网技术的某个特定层面，而是与物联网技术架构的三层都有关系，它包括标识解析、安全技术、网络管理和服务质量（QoS）管理。

第三节　大数据与数据挖掘技术

大数据是基于云计算的数据处理与应用模式，具有数据体量大、数据类型多样、数据价值密度低、数据处理速度快、数据采集手段智能化、数据分析精准化等特点。大数据时代分析的是全体数据，接受数据的混杂性和完整性，更加关注相关关系。大数据技术包括大数据捕捉技术、大数据存储技术、大数据计算处理技术、大数据预测分析技术、大数据可视化技术五项技术。通过分析大数据技术在物流商务管控、物流供应链管理、物流业务管理方面的应用，可以帮助物流企业发现更多有价值的信息，预测物流过程中可能发生的行为，使物流业朝着数字化、一体化、智能化、网络化的方向发展。

一、大数据技术概述

大数据是一个较为抽象的概念，正如信息学领域大多数新兴概念，不同的行业对于大数据的定义不尽相同。

麦肯锡（美国首屈一指的咨询公司）是研究大数据的先驱。在其报告 *Bigdata：The next frontier for innovation，competition and productivity* 中给出的大数据定义是：大数据指的是大小超出常规的数据库工具获取、存储、管理和分析能力的数据集。但它同时强调，并不是说一定要超过特定 TB 值的数据集才能算是大数据。

国际数据公司（IDC）从大数据的四个特征来对其进行定义，即数据体量巨大（volume）、数据生成和处理的速度快（velocity）、数据类型繁多（variety）、数据价值密度低（value）。

亚马逊（全球最大的电子商务公司）的大数据科学家 John Rauser 给出了一个简单的定义：大数据是任何超过了一台计算机处理能力的数据量。

维基百科中只有短短的一句话："巨量资料（big data），或称大数据，指的是所涉及的数据量规模巨大到无法通过目前主流软件工具，在合理时间内达到撷取、管理、处理并整理成为帮助企业经营决策更积极目的的资讯。"

本书对于大数据的定义为：大数据是在多样的或者大量数据中，迅速获取有价值信息的能力。大数据是指无法用现有的软件工具提取、存储、搜索、共享、分析和处理的海量的、复杂的数据集合。它不仅包含海量数据和大规模数据，而且还包括更为复杂的数据类型。在数据处理方面，数据处理的响应速度由传统的周天小时降为分秒的时间处理周期，需要借助云计算、物联网等技术降低处理成本，提高处理数据的效率。

大数据技术是基于云计算的数据处理与应用模式，是可以通过数据的整合共享、交叉复用形成的智力资源和知识服务能力，是可以应用合理的数学算法或工具从中找出有价值的信息，为人们带来利益的一门新技术。大数据核心问题的解决需要大数据技术。大数据领域已经涌现出大量新的技术，它们成为大数据采集、存储、处理和呈现的有力武器。今后大数据技术将在多个领域得到发展应用，大数据技术在我国物流领域的应用，有利于整合物流企业，实现物流大数据的高效管理，从而降低物流成本，提升物流整体服务水平，满足客户个性化需求。

（一）大数据的基本特征

大数据通常是指数据规模大于 10TB 以上的数据集。它除了具有典型的 4v 特征（volume、velocity、variety、value），即体量巨大、类型繁多、价值密度低、处理速度快的特征外，还具有数据采集手段的智能化、数据应用的可视化等特点，如图 4-3 所示。

1. 数据体量巨大

大数据最显著的特征是数据体量巨大，一般关系型数据库处理的数据量在 TB 级，大数据所处理的数据量通常在 PB 级以上。随着信息化技术的高速发展，数据呈现爆发性增长的趋势。导致数据规模激增的原因有很多，首先是随着互联网的广泛应用，使用网络的人、企业、机构增多，数据获取、分享变得相对容易；其次是随着各种传感器数据获取能力的大幅提高，使得人们获取的数据越来越接近原始事物本身，描述同一事物的数据量激增。社交网络（微博、Twitter、Facebook）、移动设备、车载设备等都将成为数据的来源，数据来源的广泛必将带来巨大的数据量。

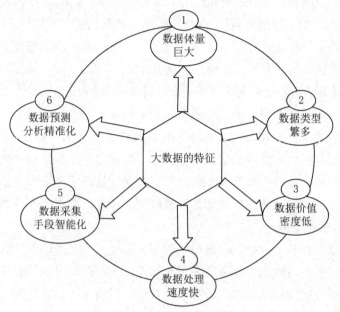

图 4-3　大数据的基本特征

2.数据类型多样

大数据所处理的计算机数据类型早已不是单一的文本形式或者结构化数据库中的表，它包括订单、日志、博客、微博、音频、视频等各种复杂结构的数据。大数据环境下的数据类型分为结构化数据、半结构化数据、非结构化数据。以最常见的 Word 文档为例，最简单的 Word 文档可能只有寥寥几行文字，但也可以混合编辑图片、音乐等内容，成为一份多媒体的文件，来增强文章的感染力。这类数据通常称为非结构化数据。与之相对应的另一类数据，就是结构化数据。这类数据可以简单地理解成表格里的数据，每一条都和另外一条结构相同。每个人的工资条依次排列到一起，就形成了工资表。与传统的结构化数据相比，大数据环境下存储在数据库中的结构化数据仅约占 20%，而互联网上的数据，如用户创造的数据、社交网络中人与人交互的数据、物联网中的物理感知数据等动态变化的非结构化数据占到 80%。数据类型繁多、复杂多变是大数据的重要特性。

3.数据价值密度低

大数据中有价值的数据所占比例很小，大数据的价值性体现在从大量不相关的各种类型的数据中，挖掘出对未来趋势与模式预测分析有价值的数据。数据价值密度低是大数据关注的非结构化数据的重要属性。大数据为了获取事物的全部细节，不对事物进行抽象、归纳等处理，而是直接采用原始的数据，保留了数据的原貌。由于减少了采样和抽象，呈现所有数据和全部细节信息，可以分析更多的信息，但也引入了大量没有意义的信息，甚至是错误的信息，因此相对于特定的应用，大数据关注的非结构化数据的价值密度偏低。以当前广泛应用的监控视频为例，在连续不间断监控过程中，大量的视频数据被存储下来，许多数据可能是无用的。但是大数据的数据价值密度低是指相对于特定的应用，有效的信息相对于数据整体是偏少的，信息有效与否也是相对的，对于某些应用是无效的信息，但对于另外一些应用则成为最关键的信息，数据的价值也是相对的。

4.数据处理速度快

速度快是指数据处理的实时性要求高，支持交互式、准实时的数据分析。传统的数据仓库、商业智能等应用对处理的时延要求不高，但在大数据时代，数据价值随着时间的流逝而逐步降低，因此大数据对处理数据的响应速度有更严格的要求。实时分析而非批量分析，数据输入处理与丢弃要立刻见效，几乎无延迟。数据呈爆炸的形式快速增长，新数据不断涌现，快速增长的数据量要求数据处理的速度也要相应地提升，才能使得大量的数据得到有效的利用，否则不断激增的数据不但不能为解决问题带来优势，反而成了快速解决问题的负担。数据的增长速度和处理速度是大数据高速性的重要体现。

5.数据采集手段智能化

大数据的采集往往是通过传感器、条码、RFID 技术、GPS 技术、GIS 技术、Web 搜索等智能信息捕捉技术获得所需的数据，这体现了大数据采集手段智能化的特点，与传统的人工搜集数据相比更加快速，获取的数据更加完整真实。通过智能采集技术可以实时、方便、准确地捕捉并且及时有效地进行信息传递，这将直接影响整个系统运作的效率。

6.数据预测分析精准化

预测分析是大数据的核心所在，大数据时代下预测分析已在商业上和社会中得到广泛应用，预测分析必定会成为所有领域的关键技术。通过智能数据采集手段获得与事物相关的所有数据，包括文字、数据、图片、音视频等类型多样的数据，利用大数据相关技术对数据进行预测分析，得到精准的预测结果，从而可以对事物的发展情况做出准确的判断，获得更大的价值。

（二）大数据技术数据处理的基本环节

大数据来源于互联网、企业、物联网等系统，用于支撑企业决策或业务的自动智能化运转。目前大数据已广泛应用于医疗、娱乐、金融业、商业服务、运输物流业、通信、工程建设等诸多领域。大数据的成功应用，要经过数据捕捉、数据存储管理、数据计算处理、数据挖掘分析、数据知识展现五个主要环节，如图4-4所示。

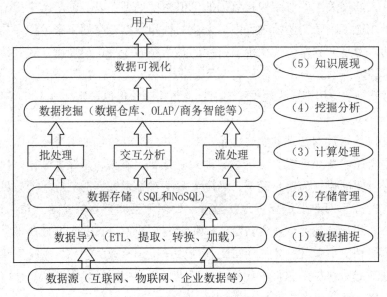

图4-4 大数据技术数据处理框架

1. 数据捕捉环节

主要是从本地数据库、互联网、物联网等数据源导入数据，包括数据的提取、转换和加载（ Extracting Transforming Loading，ETL）。大数据的来源多种多样，既包括企业 CRM/ERP 等内部数据库、网页索引库或 SNS 等公众互联网，也可包括传感网或 M2M 等物联网，不仅数量庞大，而且更加参差不齐、杂乱无章。这就要求系统在采集环节能够对数据去粗取精，同时还能尽可能保留原有语义，以便后续分析时参考。

2. 数据存储管理环节

数据的存储、管理是数据处理的两个细分环节，这两个细分环节之间的关系极为紧密。数据管理的方式决定了数据的存储格式，而数据如何存储又限制了数据分析的广度和深度。除了对海量异构数据进行高效率的存储之外，还要适应多样化的非结构化数据管理需求，具备数据格式上的可扩展性并且能够提供快速读写和查询功能。

3.数据计算处理环节

该环节需要根据处理的数据类型和分析目标，采用适当的算法模型快速处理数据，海量数据处理要消耗大量的计算资源，就传统单机或并行计算技术来说，速度、可扩展性和成本都适应不了大数据的新需求。分布式计算成为大数据的主流计算机构，但在实时性方面还需要大幅度提升。由于数据的价值会随着时间的推移不断减少，实时性成了大数据处理的关键。而数据规模巨大、种类繁多、结构复杂，使得大数据的实时处理极富挑战性。数据的实时处理要求实时获取数据，实时分析数据，实时绘制数据，任何一个环节慢都会影响系统的实时性。当前，互联网络及各种传感器快速普及，实时获取数据难度不大，而实时分析大规模复杂数据是系统的瓶颈，也是大数据领域亟待解决的核心问题。

4.数据挖掘分析环节

此环节需要从纷繁复杂的数据中发现规律提取新的知识，是大数据体现价值的关键。传统数据挖掘对象多是结构化、单一对象的小数据集，挖掘更侧重据先验知识预先人工建立模型，然后依据既定模型进行分析。对于非结构化、多源异构的大数据集的分析，往往缺乏先验知识，很难建立数学模型，这就需要发展更加智能的数据挖掘技术。据 IDC 统计，预计到 2020 年，若经过标记和分析，将有 33%（13 000EB）的数据成为有效数据，具备大数据价值。价值被隐藏起来的数据量和价值被真正挖掘出来的数据量之间的差距巨大，产生了大数据鸿沟，对多种数据类型构成的异构数据集进行交叉分析的技术，是大数据的核心技术之一。

5.数据知识展现环节

大数据技术的战略意义不在于掌握庞大的数据信息，而在于对这些含有意义的数据进行专业化处理，将海量的信息数据在经过分布式数据挖掘处理后将结果展现出来。数据知识展现主要是借助于图形化手段，清晰有效地传达与沟通信息。依据数据及其内在模式和关系，利用计算机生成的图像来获得深入认识和知识。数据知识展现环节主要是以直观的便于理解的方式将分析结果呈现给用户，进而通过对数据的分析和形象化，利用大数据推导出量化计算结论，同时应用到行业中去。

二、大数据技术的基本思想

大数据是继云计算之后抢占市场制高点的又一领地，它既是社会经济高度发展的结果，也是信息技术发展的必然。大数据开辟了一次重大的时代转型，正在改变生活及理解世界的方式，它是一场生活、工作与思维的大变革。大数据的出现，使得通过数据分析可以预测事物发展的未来趋势，探索得知事物发展的规律。大数据将逐渐成为现代社会基础设施不可或缺的一部分，在社会、经济等各个领域发挥越来越重要的作用。大数据时代，数据成为越来越有用的资源。大数据技术的基本思想主要体现在以下三个方面，如图4-5所示。

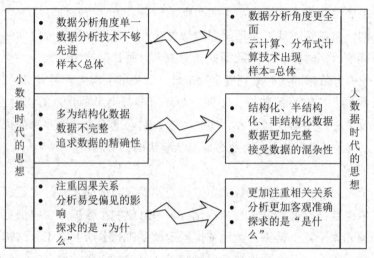

图4-5 大数据技术的基本思想

1.由分析随机样本转变为分析全体数据

在小数据时代，由于记录、存储和分析数据的工具不够发达完善，只能收集少量数据进行分析，信息处理能力受到一定的限制，只能随机抽样进行分析，抽样的目的就是用最少的数据获得最多的信息。

在大数据时代，随着数据分析技术的不断提高，可处理的数据量大大增加，对事物理解的角度比以前更大、更全面，分析更多甚至所有的数据，不再依赖于随机抽样。大数据技术就是指不采用随机分析方法而采用所有数据的方法。在大数据时代由分析随机样本转变为分析全体数据。

2.由追求数据精确性转变为接收数据混杂性

过度注重精确性是小数据时代的特点。对"小数据"而言，最基本、最重要的要求就是减少错误，保证质量。因此收集的信息量比较少，所以必须保证记录下来的数据尽量准确。而在大数据时代只有5%的数据是结构化且能适用于传统数据库的，如果不关注混杂的数据，95%的非结构化数据都无法被利用，分析得到的结果也就不会精确。小数据时代的数据分析，更多的是精确的样本、深度的数据挖掘，"精确"就是其代名词。不符合规格的样本被过滤掉，然后再深度挖掘数据字段间的关系，得出几个精确无比的结果。但是大数据更多的是通过对各种数据分析得出某种趋势，这种趋势不必过于精确。

2006 年，谷歌公司开始涉足机器翻译，这被当作实现"收集全世界的数据资源，并让人人都可享受这些资源"这个目标的一个步骤。谷歌翻译开始利用一个更大、更繁杂的数据库，也就是全球的互联网，而不再只利用两种语言之间的文本翻译。谷歌翻译系统为了训练计算机，会吸收它能找到的所有翻译。它会从各种各样语言的公司网站上寻找对译文档，还会去寻找联合国和欧盟这些国际组织发布的官方文件和报告的译本。它甚至会吸收速读项目中的书籍翻译。因此较其他翻译系统而言，谷歌的翻译质量相对而言是较好的，而且翻译的内容更多。谷歌翻译之所以更好并不是因为它拥有一个更好的算法机制。和微软的班科和布里尔一样，这是因为谷歌翻译系统增加了很多各种各样的数据。

相比依赖于小数据和精确性的时代，大数据因更强调数据的完整性和混杂性，使得事情的真相更加清晰。因此只有接受数据的不精确性和完整性，才能发现事物的本质。

3. 由注重因果关系转变为注重相关关系

在小数据时代，因果关系对事物的发展起着很关键的作用，但在大数据背景下，相关关系发挥的作用更大。通过应用相关关系，使得对事物的分析更容易、更快捷、更清楚。通过寻找相关关系，可以更好地捕捉现在的状态和预测未来的发展状况。如果 A 和 B 经常一起发生，我们只需要注意到 B 发生了，就可以预测 A 也发生了。这有助于我们捕捉可能和 A 一起发生的事情，即使我们不能直接测量或观察到 A。更重要的是，它还可以帮助人们预测未来能发生什么。

因此在大数据时代相关关系已被证明大有用途，建立在相关关系分析法基础上的预测是大数据的核心，大数据相关关系分析法更准确、更快，而且不易受偏见的影响。大数据时代探求的是事物本身而不是事物背后的原因，相关关系可使事物更加清晰地呈现。

三、大数据技术组成

根据大数据技术处理的五个主要环节，大数据处理关键技术包括大数据捕捉技术、大数据存储管理技术、大数据处理技术、大数据预测分析技术、大数据可视化技术五类技术，其中大数据捕捉技术是其他技术应用的基础，如图 4-6 所示。

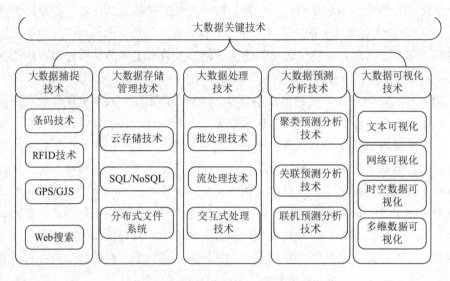

图 4-6　大数据关键技术组成

1.大数据捕捉技术

大数据捕捉是指通过社交网站、搜索引擎、智能终端等方式获得的包括普通文本、照片、视频、位置信息、链接信息等类型多样的海量数据。数据捕捉环节是大数据预测分析的根本，是大数据价值挖掘最重要的一环，其后的集成、分析、管理都构建于数据捕捉的基础之上。大数据捕捉技术包括条码技术、RFID技术、GPS/GIS技术、Web搜索、社交媒体等技术。

2.大数据存储管理技术

大数据存储管理是用存储器把采集到的数据存储起来，建立相应的数据库，并进行管理和调用。大数据存储系统不仅需要以极低的成本存储海量数据，还要适应多样化的非结构化数据管理需求，具备数据格式上的可扩展性。大数据存储管理技术包括云存储技术、SQL/NoSQL技术、分布式文件系统等。云存储技术是通过集群应用、网络技术或分布式文件系统等，将网络中大量各种不同存储设备集合起来协同工作，共同对外提供数据存储和业务访问功能的一个系统。

NoSQL技术是一种通过不断增加服务器节点从而扩大数据存储容量的技术。分布式文件系统可以使用户更加容易访问和管理物理上跨网络分布的文件，可实现文件存储空间的扩展及支持跨网络的文件存储。

3.大数据处理技术

大数据处理技术主要完成对已接收数据的辨析、抽取、筛选等操作。因获取的数据可能具有多种结构和类型，数据抽取过程可以将复杂的数据转化为单一的或者便于处理的构型，以达到快速分析处理的目的。大数据处理技术包括批处理技术、交互式处理技术、流式处理技术。批处理技术适用于先存储后计算，实时性要求不高，同时数据的准确性和全面性更为重要的情况。流式数据处理是指对实时数据进行快速的处理。交互式数据处理是操作人员和系统之间存在交互作用的信息处理方式，具有数据处理灵活、直观、便于控制的特点。

4. 大数据预测分析技术

大数据预测分析技术除了对数量庞大的结构化和半结构化数据进行高效率的深度分析、挖掘隐性知识外，还包括对非结构化数据进行分析，将海量复杂多源的语音、图像和视频数据转化为机器可识别的、具有明确语义的信息，进而从中提取有用的知识。大数据预测分析技术包括关联预测分析、聚类预测分析及联机预测分析。关联预测分析是一种简单、实用的分析技术，用来发现存在于大量数据集中的关联性或相关性，从而描述事物中某些属性同时出现的规律和模式。聚类预测分析是一组将研究对象分为相对同质的群组的统计分析技术，是一种探索分析技术。联机预测分析是处理共享多维信息的、针对特定问题的联机数据访问和联机分析处理的快速软件技术。

5. 大数据可视化技术

数据可视化是把数据转换为图形的过程。通过可视化技术，大数据可以以图形、图像、曲线甚至动画的方式直观展现，使研究者观察和分析传统方法难以总结的规律。可视化技术主要可以分为文本可视化技术、网络（图）可视化技术、时空数据可视化技术、多维数据可视化技术等。文本可视化是将文本中蕴含的语义特征直观地展示出来，典型文本可视化技术是标签云，将关键词根据词频或其他规则进行排序，按照一定规律进行布局排列，用大小、颜色、字体等图形属性对关键词进行可视化。网络（图）可视化的主要内容是将网络节点和连接的拓扑关系直观地展示，H 状树、圆锥树、气球图等都属于网络可视化技术。时空数据是指带有地理位置与时间标签的数据。时空数据可视化重点对时间与空间维度及与之相关的信息对象属性建立可视化表征，对与时间和空间密切相关的模式及规律进行展示，流式地图是一种典型的时空数据可视化技术。多维数据指的是具有多个维度属性的数据变量，常用的多维可视化技术有散点图、投影、平行坐标等。

第四节　地理信息系统（GIS）与全球定位系统（GPS）

一、地理信息系统（GIS）

（一）GIS 系统概述

地理信息系统（Geographic Information System，GIS）是随着地理科学、计算机技术、遥感技术和信息科学的发展而发展起来的一个学科。在计算机发展史上，计算机辅助设计（CAD）技术的出现使人们可以用计算机处理图形这样的数据，图形数据的标志之一就是图形元素有明确的位置坐标，不同图形之间有各种各样的拓扑关系。简单地说，拓扑关系指图形元素之间的空间位置和连接关系。简单的图形元素有点、线、多边形等。点有坐标 (x, y)；线可以看成由无数点组成，线的位置可以表示为一系列坐标对 (x_1, y_1)，(X_2, Y_2)，…，(x_n, y_n)；平面上的多边形可以认为是由闭合曲线形成的范围。图形元素之间有多种多样的相互关系，例如一个点在一条线上或在一个多边形内，一条线穿过一个多边形等。在实际应用中，一个地理信息系统要管理非常多、非常复杂的数据，可能有几万个多边形、几万条线、上万个点，还要计算和管理它们之间各种复杂的空间关系。

（二）GIS 系统的构成

地理信息系统由系统硬件、系统软件、空间数据、应用人员和应用模型五个部分组成。

1.系统硬件

系统硬件由输入设备、处理设备、输出设备和存储设备组成，地理信息系统的系统硬件，用于存储、处理、传输和显示空间数据，如图 4-7 所示。

2.系统软件

系统软件由系统管理软件、基础软件和 GIS 软件组成，地理信息系统的系统软件用于执行 GIS 功能的数据采集、存储、管理、处理、分析、建模和输出等操作，如图 4-8 所示。GIS 专业软件一般指具有丰富功能的通用 GIS 软件，它包含了处理地理信息的各种高级功能，可作为应用系统建设的平台。其代表产品有 ARC/INFO、MGE、MAPINFO、MAPGIS 和 GEOSTAR 等。

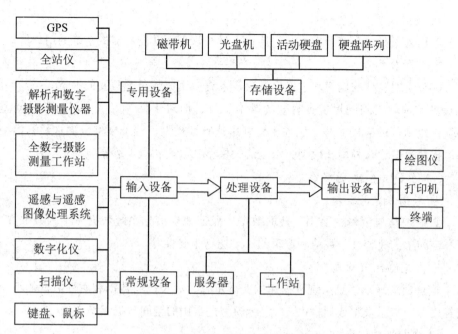

图 4-7 地理信息系统的系统硬件

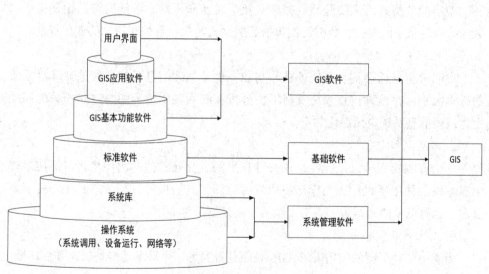

图 4-8 地理信息系统的系统软件

3. 空间数据

空间数据由数据库实体和数据库管理系统组成，用于空间数据的存储、管理、查询、检索和更新等。

4. 应用人员

应用人员是由系统开发人员、使用人员及管理者共同构成的系统的用户群。

5. 应用模型

GIS 应用模型的构建和选择也是决定系统应用成败至关重要的因素。虽然 GIS 为解决各种现实问题提供了有效的基本工具，但对于某一专门应用目的的问题，必须构建专门的应用模型，例如土地利用适宜性模型、选址模型、洪水预测模型、人口扩散模型、森林增长模型、水土流失模型、最优化模型和影响模型等。

（三）GIS 系统的功能

1. 数据采集与编辑

数据采集与编辑主要用于获取数据，保证地理信息系统数据库中的数据在内容和空间上的完整性，数值和逻辑的一致性与正确性等。

2. 数据存储与管理

这是建立地理信息系统数据库的关键步骤，涉及空间数据和属性数据的组织。栅格模型、矢量模型或栅格 / 矢量混合模型是常用的空间数据组织方法。

3. 数据处理和变换

初步的数据处理主要包括数据格式化、转换和概括。数据的格式化是指不同数据结构的数据间变换，数据转换包括数据格式转化、数据比例尺的变化等。

4. 空间分析和统计

空间分析是地理信息系统的核心功能，也是地理信息系统与其他计算机系统的根本区别。在地理信息系统支持下，分析和解决现实世界中与空间相关的问题也是地理信息系统应用深化的重要标志。

5. 产品制作与显示

一个好的地理信息系统应提供一种良好的、交互式的制图环境，以促使地理信息系统的使用者设计和制作出高质量的地图。其表现形式既可以是计算机屏幕显示，也可以是诸如报告、表格、地图等硬复制图件。

6. 二次开发和编程

为满足各种不同的应用需求，GIS 必须具备的另一个基本功能是二次开发环境，包括专用语言开发环境和控件。

GIS 先通过图表等方式获取数据，经过数据编辑和投影变换产生结构化的数据存储于数据库中，再通过查询或检索，最终以图表的形式输出数据。

二、全球定位系统（GPS）

（一）GPS 系统概述

GPS 是英文 Global Positioning System（全球定位系统）的简称。GPS 起始于 1958 年美国军方的一个项目，1964 年投入使用。20 世纪 70 年代，美国国防部研制和维护了中距离圆形轨道卫星导航系统，主要目的是为陆、海、空三大领域提供实时、全天候和全球性的导航服务，并用于情报搜集、核爆监测和应急通信等一些军事目的。经过 20 余年的研究实验，耗资 300 亿美元，到 1994 年，全球覆盖率高达 98% 的 24 颗 GPS 卫星星座已布设完成。

它可以为地球表面绝大部分地区（98%）提供准确的定位、测速和高精度的时间标准。全球定位系统可满足位于全球任何地方或近地空间的军事用户连续精确地确定三维位置、三维运动和时间的需要。该系统包括太空中的 24 颗 GPS 卫星，其中 21 颗为工作卫星，3 颗为备用卫星；地面上 1 个主控站、3 个数据注入站和 5 个监测站及作为用户端的 GPS 接收机。最少只需其中 3 颗卫星，就能迅速确定用户端在地球上所处的经度、纬度及海拔高度；所能搜索连接到的卫星数越多，解码出来的位置就越精确。

GPS 信号分为民用的标准定位服务（Standard Positioning Service，SPS）和军规的精确定位服务（Precise Positioning Service，PPS）两类，其中民用定位精度为 10 米。

（二）GPS 定位系统的组成

GPS 系统包括三大部分：空间部分（GPS 卫星星座）、地面控制部分（地面监控系统）、用户设备部分（GPS 信号接收机）。

1. 空间部分（GPS 卫星星座）

由 21 颗工作卫星和 3 颗在轨备用卫星组成 GPS 卫星星座，记作（21 + 3）GPS 星座。24 颗卫星均匀分布在 6 个轨道平面上，即每个轨道平面上有 4 颗卫星。卫星轨道平面相对于地球赤道面的轨道倾角为 55°，各轨道平面的升交点的赤经相差 60°，一个轨道平面上的卫星比西边相邻轨道平面上的相应卫星升交角距超前 30°。这种布局能够保证在全球任何地点、任何时刻至少可以观测到 4 颗卫星。

在 2 万公里高空的 GPS 卫星，当地球对恒星来说自转一周时，它们绕地球运行两周，即绕地球一周的时间为 12 恒星时。这样，对于地面观测者来说，每天将提前 4 分钟见到同一颗 GPS 卫星。位于地平线以上的卫星颗数随着时间和地点的不同而不同，最少可见到 4 颗，最多可见到 11 颗。在用 GPS 信号导航定位时，为了测算测站的三维坐标，必须观测 4 颗 GPS 卫星，称为定位星座。这 4 颗卫星在观测过程中的几何位置分布对定位精度有一定的影响。对于某地某时，甚至不能测得精确的点位坐标，这种时间段叫作"间隙段"。但这种时间间隙段是很短暂的，并不影响全球绝大多数地方的全天候、高精度、连续实时的导航定位测量。

2. 地面控制部分（地面监控系统）

对于导航定位来说，GPS 卫星是一动态已知点。卫星的位置是依据卫星发射的星历——描述卫星运动及其轨道的参数计算的。每颗 GPS 卫星所播发的星历是由地面监控系统提供的。卫星上的各种设备是否正常工作，以及卫星是否一直沿着预定轨道运行，都要由地面设备进行监测和控制。地面监控系统的另一重要作用是保持各颗卫星处于同一时间标准——GPS 时间系统。这就需要地面站监测各颗卫星的时间，求出钟差，然后由地面注入站发给卫星，卫星再由导航电文发给用户设备。

GPS 地面监控系统由均匀分布在美国本土和三大洋的美军基地上的五个监测站、一个主控站和三个注入站构成。

（1）主控站：位于美国科罗拉多州（Colorado）的法尔孔（Falcon）空军基地。

（2）注入站：阿松森群岛（Ascension），位于大西洋；迭戈加西亚（Diego Garcia），位于印度洋；卡瓦加兰（Kwajalein），位于东太平洋。

（3）监控站：一个与主控站在一起；三个与注入站在一起；另外一个在夏威夷（Hawaii），位于西太平洋。

3. 用户设备部分（GPS 信号接收机）

GPS 信号接收机的任务是捕获按一定卫星高度截止角所选择的待测卫星的信号，并跟踪这些卫星的运行，对所接收到的 GPS 信号进行变换、放大和处理，以便测量出 GPS 信号从卫星到接收机天线的传播时间，解译出 GPS 卫星所发送的导航电文，实时计算出三维位置坐标，甚至三维速度和时间。

GPS 卫星发送的导航定位信号是一种可供无数用户共享的信息资源。对于陆地、海洋和空间的广大用户而言，只要用户拥有能够接收、跟踪、变换和测量 GPS 信号的接收设备，即 GPS 信号接收机，就可以在任意时点用 GPS 信号进行导航定位测量。根据使用目的的不同，用户要求的 GPS 信号接收机也各有差异。

在静态定位中，GPS 信号接收机在捕获和跟踪 GPS 卫星的过程中固定不变，接收机高精度地测量 GPS 信号的传播时间，利用 GPS 卫星在轨的已知位置计算出接收机天线所在位置的三维坐标。

动态定位则是用 GPS 信号接收机测定一个运动物体的运行轨迹。GPS 信号接收机所测定的运动物体叫作载体（如航行中的船舰、空中的飞机、行走的车辆等）。载体上的 GPS 接收机天线在跟踪 GPS 卫星的过程中相对地球运动，接收机用 CPS 信号实时测得运动载体的状态参数（瞬间三维位置和三维速度）。

（三）GPS 定位原理

GPS 的基本定位原理：卫星不间断地发送自身的星历参数和时间信息，用户接收到这些信息后，经过计算求出接收机的三维位置、三维方向以及运动速度和时间信息。

假设卫星在 17 710 米的高度，这是一种高轨道和精密定位的观测方式，以此卫星为圆心画一个圆，而我们正处于球上面。再假设第二颗卫星距离大家 19 320 米，而大家正处于这两颗球所交的圆周上，现在大家再以第三颗卫星做精密定位，假设高度 20 930 米，大家即可进一步缩小范围到两点位置上，但是其中一点为大家所在的位置，也极有可能在太空的某一点，因此，大家舍弃这一参考点选择另一点作为位置参考点。

如果要获得更精确的定位，则必定要测量第四颗卫星，从基本的物理观念上来说，以信号传输的时间乘以速度即是用户和卫星的距离，大家将此测量作为虚拟距离。在 GPS 的测量上，大家测的是无线信号，速度几乎达到光速，时间短得惊人，甚至只要 0.06 秒。时间的测量需要两个不同的时钟：一个时钟装置在卫星上，以记录无线电信号传输的时间；另一个时钟装置在接收器上，用于记录无线电信号接收的时间。虽然卫星传送信号至接收器的时间极短，但时间上并不同步，假设卫星与接收器同时发出声音，大家会听到两种不同的声音，这是因为卫星从 17 710 米远的地方传来，所以会有延迟时间，因此，大家可以延迟接收器的时间，用延迟的时间乘以速度就是接收器到卫星的距离，此为 GPS 的基本定位原理。

GPS 信号接收机要确定当前设备的位置，需要 4 颗 GPS 卫星协助定位，所需要的信息如下：

4 颗卫星的空间位置坐标：根据星载时钟（原子时钟）所记录的时间在卫星星历中查出，每颗 GPS 卫星都实时向全球广播自己的空间位置信息。

4 颗卫星到 GPS 信号接收机的距离：通过记录卫星信号传播到用户所经历的时间（GPS 信号接收机的时间戳—GPS 卫星发出信号时的时间戳），再将其乘以无线电波的速度（即光速）得到（由于大气层中电离层的干扰，这一距离并不是用户和卫星之间的真实距离，而是伪距（PR））。

由于无线电波速度也会受到空中电离层的影响，GPS 卫星广播的自己的位置也可能有误差，GPS 信号接收机使用的时钟与卫星星载时钟不可能总是同步，所以除了用户的三维坐标 X、Y、Z 外，还要引进一颗卫星与 GPS 信号接收机之间的时间差作为计算参数，以校正误差。所以，如果想知道 GPS 信号接收机所处的位置，至少要能接收到 4 颗卫星的信号。

（四）北斗定位系统

北斗卫星导航系统简称北斗系统（BeiDou Navigation Satellite System, BDS），是我国自主建设、独立运行，与世界卫星导航系统兼容共用的全球卫星导航系统，可在全球范围内全天候、全天时为各类用户提供高精度、高可靠的定位、导航、授时服务。

该系统分为"北斗一代"和"北斗二代"，分别由 4 颗"北斗一代"卫星（两颗工作卫星、两颗备用卫星）和 35 颗"北斗二代"定位卫星、地面控制中心为主的地面部分、北斗用户终端 3 个部分组成。北斗定位系统可向用户提供全天候、24 小时的即时定位服务，定位精度可达数十纳秒（ns）的同步精度，其精度与 GPS 相当。

1. 北斗卫星导航系统的"三步走"计划

第一步，即区域性导航系统，已由"北斗一号"卫星定位系统完成，这是我国自主研发，利用地球同步卫星为用户提供全天候、覆盖中国和周边地区的卫星定位系统。中国先后在 2000 年 10 月 31 日、2000 年 12 月 21 日和 2003 年 5 月 25 日发射了 3 颗"北斗"静止轨道试验导航卫星，组成了"北斗"区域卫星导航系统。"北斗一号"卫星在汶川地震发生后发挥了重要作用。

第二步，即在"十二五"前期完成发射 12 颗到 14 颗卫星任务，组成区域性、可以自主导航的定位系统。

第三步，即在 2020 年前，实现 30 多颗北斗导航卫星覆盖全球。"北斗二号"将为中国及周边地区的军民用户提供陆、海、空导航定位服务，促进卫星定位、导航、授时服务功能的应用，为航天用户提供定位和轨道测定手段，满足导航定位信息交换的需要等。

2. 北斗卫星导航系统的五大优势

（1）同时具备定位和通信功能，无须通信系统支持。

（2）覆盖中国及周边国家和地区，24 小时全天候服务，无通信盲区。

（3）特别适合集团用户大范围监控和管理，以及无依托地区数据采集、用户数据传输应用。

（4）独特的中心节点式定位处理和指挥型用户机设计，可同时解决"我在哪里"和"你在哪里"的问题。

（5）自主系统，高强度加密设计，安全、可靠、稳定，适合关键部门使用。

第五节　射频识别技术（RFID）

射频识别即 RFID（Radio Frequency Identification）技术，又称电子标签、无线射频识别，是一种通信技术，可通过无线电信号识别特定目标并读写相关数据，而无须识别系统与特定目标之间建立机械或光学接触。射频识别技术和条码技术相似，由连接在微处理器上的天线构成，里面包含了唯一的产品识别码，当用户激活标志的感应天线时，标志将返回一个识别码。和条码不同的是，射频识别技术可以容纳更多的数据，不需要可见的瞄准线即可读取数据，并准许写入数据。

一、射频识别标志类型

1.被动射频识别标志

大多数射频识别标志是简单的被动标志。这些标志的天线监测阅读器的能量并传送到微处理芯片中，然后让阅读器传送数据。因为射频识别标志的主要目的是产品管理和追踪，所以标志并不需要能量去操作温度传感器或者进行远程的通信。不过 EPC GLOBAIL 标准定义了半被动和主动标志，即 Class Ⅲ 和 Class Ⅳ，各自具有不同的功能。

2.半被动射频识别标志

半被动标志保持休眠状态，被阅读器激发后向阅读器发送数据。半被动识别标志具有较长的电池寿命，且不会有太多的射频频率干扰。另外，数据传输有更大的范围，对半被动标志来说可以达到 10 ~ 30 米，而被动标志则只有 1 ~ 3 米。

3.主动射频识别标志

主动射频识别标志同样有电池，不过跟半被动识别标志不同，它们主动地发送信号，并监听从阅读器传来的响应。一些主动识别标志能够更改程序转变成半被动标志。主动式温度感应射频识别标志能够用来提供更为自动化的冷链监测程序。它可以贴在托盘上或者产品的包装箱上（使用何种方式由成本决定），保存的温度记录在经过阅读器时被下载。阅读器可以放置在冷链运输的开始、结尾以及中间的交接站点。主动式温度感应射频识别标志为冷链温度监测提供了能够 100%保存数据的解决方案。射频识别标志的分类和说明如表 4-1 所示。

表 4-1　射频识别标志的分类和说明

分类	说明
Class 0/Class Ⅰ（第 0,1 类）	Class Ⅰ 为只读的被动识别标志
Class Ⅱ（第 2 类）	Class Ⅱ 被动识别标志，包含贮存或者加密功能
Class Ⅲ（第 3 类）	Class Ⅲ 半被动识别标志。支持宽带通信
Class Ⅳ（第 4 类）	Class Ⅳ 主动识别标志，能够和同频率的标志或者阅读器进行点对点的宽带通信
Class Ⅴ（第 5 类）	Class Ⅴ 实际上是阅读器，能够给第 1、2、3 类标志提供能量并可以和第 4 类标志一样进行无线通信

二、射频识别技术特征

RFID 技术作为一种新型自动识别技术，已逐渐成为企业提高冷链物流管理水平、降低成本、实现企业管理信息化，特别是增强物流企业核心竞争能力不可缺少的技术工具和手段。RFID 技术具有以下特征。

1. 跟踪冷链物流，增加生鲜食品冷链管理的透明度

RFID 技术的核心是标签上的 EPC（产品电子代码），由于 EPC 提供对物理对象的唯一标识，所以利用 EPC 可以实现货物在整个冷链上货物的物流跟踪，而且 RFID 温度标签还可以提供温度的监控，保证了冷链物流中货物的质量安全。应用 RFID 技术后，生鲜食品从生产开始，它在供应链上的整个流动过程都会被及时、准确地跟踪，做到透明化。

2. 简化作业流程，提高生鲜食品物流效率

生鲜食品的自身特点决定对其操作应尽量简化，缩短操作时间。因此在生鲜食品托盘上和包装箱上贴上 RFID 标签，在配送中心出 / 入口处安装阅读器，无须人工操作，且可以满足叉车将货物进行出 / 入仓库移动操作时的信息扫描要求，而且可以远距离动态地一次性识别多个标签。这样大大节省了出 / 入库的作业时间，提高了作业效率。

另外，在顾客最后付款的时候，只需推着选好的商品通过 RFID 阅读器，就可以直接在电脑屏幕上看到自己所消费的金额，而不用再花很长时间等收银员用扫描仪一件一件地扫描商品后再结算支付。其实现产品全方位跟踪，确保产品质量安全，提供可靠获取产品信息的渠道，极大地保护了消费者利益。目前，冷链物

流监控追溯技术应用领域主要用于药监局的药监码工程、商业部的放心肉工程和猪肉追溯系统、医疗植入性器械追溯系统等。

3. 降低企业管理成本，增加市场销售机会

RFID 应用于生鲜食品库存管理，可以减少人工审核工作，且能保证储存货物质量的安全性，降低管理成本。对于零售商来讲，当自动补货系统显示需要补货，就可以立即向上游企业订货，通过切实可行的 RFID 解决方案和 RFID 技术保证所需货物安全、准时到达，这样就不会出现短货或缺货现象，也提高了自身的顾客服务质量，增加了销售机会，提高了收入。

三、射频识别技术的标准

1. RFID 标准概述

由于 RFID 的应用涉及众多行业，因此其相关的标准非常复杂。从类别看，RFID 标准可以分为以下四类：技术标准（如 RFID 技术、IC 卡标准等）；数据内容与编码标准（如编码格式、语法标准等）；性能与一致性标准（如测试规范等）；应用标准（如船运标签、产品包装标准等）。具体来讲，RFID 相关的标准涉及电气特性、通信频率、数据格式和元数据、通信协议、安全、测试与应用等方面。

与 RFID 技术和应用相关的国际标准化机构主要有国际标准化组织（ISO）、国际电工委员会（IEC）、国际电信联盟（1TU）和世界邮联（UPU）。此外其他的区域性标准化机构（如 EPC Global、UID Center、CEN）、国家标准化机构（如 BSI、ANSI、DIN）和产业联盟（如 ATA、AIAG、EIA）等也制定了与 RFID 相关的区域、国家、产业联盟标准，并通过不同的渠道提升为国际标准。

从总体来看，目前 RFID 存在三个主要的技术标准体系：总部设在美国麻省理工学院（MIT）的自动识别中心（Auto-ID Center）、日本的泛在 ID 中心（Ubiquitous ID Center，UID）和 ISO 标准体系。（注："泛在"是无所不在的意思，或称普适。）

2. 主要技术标准体系

（1）EPC Global：是由美国统一代码协会（UCC）和国际物品编码协会（EAN）于 2003 年 9 月共同成立的非营利性组织，其前身是 1999 年 10 月 1 日在美国麻省理工学院成立的非营利性组织自动识别中心。自动识别中心以创建物联网为使命，与众多成员企业共同制定一个统一的开放技术标准。其旗下有沃尔玛集团、英国 Tesco 等 100 多家欧美零售流通企业，同时由 IBM、微软、飞利浦和 Auto -ID Lab 等公司提供技术研究支持，目前 EPC Global 已在我国及加拿大、日本等国家建立

了分支机构，专门负责 EPC 码段在这些国家的分配与管理、EPC 相关技术标准的制定、EPC 相关技术在本国的宣传普及以及推广应用等工作。

EPC Global 物联网体系架构由 EPC 编码、EPC 标签及读写器、EPC 中间件、ONS 服务器和 EPCIS 服务器等部分构成。EPC 赋予物品唯一的电子编码，其位长通常为 64bit 或 96bit，也可扩展为 256bit。对不同的应用规定有不同的编码格式，主要存放企业代码、商品代码和序列号。最新的 Gen2 标准的 EPC 编码可兼容多种编码。

（2）uCode 体系：日本在电子标签方面的发展始于 20 世纪 80 年代中期的实时嵌入式系统 TRON，T-Engine 是其核心的体系架构。在 T-Engine 论坛领导下，泛在 ID 中心于 2003 年 3 月成立，并得到日本政府经产和总务省以及大企业的支持，目前包括微软、索尼、三菱、日立、日电、东芝、夏普、富士通、NTT DoCoMo、KDDI、J-Phone、伊藤忠、大日本印刷、凸版印刷和理光等重量级企业。

泛在 ID 中心的泛在识别技术体系架构由泛在识别码（uCode）、信息系统服务器、泛在通信器和 uCode 解析服务器四个部分构成。

uCode 采用 128bit 记录信息，提供了 340×1036 编码空间，并可以以 128bit 为单元进一步扩展至 256bit、384bit 或 512bit。uCode 能包容现有编码体系的元编码设计，以兼容多种编码，包括 JAN、UPC、ISBN 和 IPv6 地址，甚至电话号码。uCode 标签具有多种形式，包括条码、射频标签、智能卡、有源芯片等。泛在 ID 中心把标签进行分类，设立了 9 个级别的不同认证标准。

信息系统服务器存储并提供与 uCode 相关的各种信息。

泛在通信器主要由 IC 标签、标签读写器和无线广域通信设备等部分构成，用来把读到的 uCode 送至 uCode 解析服务器，并从信息系统服务器获得有关信息。

uCode 解析服务器确定与 uCode 相关的信息存放在哪个信息系统服务器上。uCode 解析服务器的通信协议为 uCodeRP 和 eTP，其中 eTP 是基于 eTron（PKI）的密码认证通信协议。

（3）ISO 标准体系：国际标准化组织（ISO）以及其他国际标准化机构，例如国际电工委员会（IEC）、国际电信联盟（ITU）等，是 RFID 国际标准的主要制定机构。大部分 RFID 标准都是由 ISO（或与 IEC 联合组成）的技术委员会（TC）或分技术委员会（SC）制定的。

3. RFID 频率标准

就 RFID 的频率特性来看，RFID 系统可以简单地分为低频（0kHz ~ 300kHz）、高频（3MHz ~ 30MHz）和超高频（300MHz ~ 960MHz）以及微波系统（2.45GHz ~ 1 000GHz）。

低频系统一般工作在100kHz ~ 500kHz，常见的工作频率有125kHz、134.2kHz；高频系统工作在10MHz ~ 15MHz，常见的高频工作频率为13.56MHz；超高频工作频率为433MHz ~ 960MHz，常见的工作频率为433MHz、869.5MHz和915.3MHz；有些射频识别系统工作在5.8GHz的微波段。

在低频段，常见的应用是航空和航海导航系统、定时信号系统以及军事上的应用。此外，在普通门禁上低频系统也得到了非常广泛的应用。高频应用范围为新闻广播、电信服务、电感射频识别、遥控系统、远距离控制模拟系统、无线电演示设备以及传呼台等，目前国内较大型的应用为二代身份证的应用和学生火车优待证的应用。超高频RFID产品被推荐应用在供应链管理上。但是，超高频技术对于金属等可导媒介完全不能穿透。实践证明，由于高湿物品、金属物品对超高频无线电波的吸收和反射特性，超高频RFID产品对于此类物品的跟踪与识读是完全失败的。微波主要应用于射频识别、遥测发射器与计算机的无线网络。采用双频技术的射频识别系统同时具有低频和高频系统的优点，能够广泛地运用在动物识别、导体材料干扰的环境及潮湿的环境等，例如，托盘、集装箱、水果箱和食品罐头等物流供应链场合、动物识别、人员门禁和运动计时等。

第六节　智能温控及冷链流通技术

一、冷链温控技术

温度控制作为冷链的核心，从原料到成品，任何细小的温度变化都会导致细菌的滋生及食品质量的降低，在食品加工和流通过程中，当异常情况发生时，一般都非常难以正确把握究竟是哪一环节发生了哪些问题，这就要求对冷链系统的全过程进行实时温度管理，不但要建立温度记录，而且还要跟踪温度控制的情况。目前较先进的冷链温控监控技术是在传统的温度监测设备上结合现代的信息技术而形成的。

（一）传统温度监测设备

1.手持温度检测器

手持温度检测器，是在冷链中应用最多的基本设备。它们具有各种各样的形式，包括使用热电耦的无线探测器和新型电子温度计。它们需要手工操作来获得数据，包括将探头插入产品或者手工打开电子温度计。这些设备具有准确、易用、相对便宜、购买方便等特点。

2. 圆图温度记录仪

圆图温度记录仪是在 100 多年前发明的，通常称为帕罗特图。设备记录在图纸上显示数据曲线并定期存档。圆图温度记录仪可以应用于各种各样的设备，是采集和存储数据的简单方法。这种方法的缺点是经常需要人工更换笔纸，设备记录需妥善保存，自动化程度不高，有时会出现机械故障而导致记录不准确。

3. 温湿度记录器

在冷链中使用最广泛的是产品温度记录器。记录器体积较小，由电池提供能量，可以跟随产品记录温度和湿度，具有多种存储容量，可以根据具体需要进行选择。可对记录时间间隔和警报数据临界值进行更改。用户在将产品装载后出发前，将温度记录器装载于运输物品间或者和产品包装在一起。在运输过程中超出温度设置时，警报器会发出警报，并记录警报的时间和温度。

温度记录器的时间和温度数据可以通过数据接口和桌面软件下载到计算机中。还可以用一些网络软件对数据进行处理以适应多种站点的应用。温度记录器的准确度较高，冷藏时误差为 $\pm 0.6℃$；冷冻时误差为 $\pm 1.1℃$。大多数设备使用的不是一次性电池，电池寿命取决于具体使用情况，一般在 1 年左右。一次性产品的电池是不可更换的，这些产品电池寿命较长且记录精度较高，能够适应于一些高端产品（如药品），通常产品使用完毕后，由厂家提供回收服务。

温湿度记录器有多种类型，包括单个构造和具有硬接线的探头设备，一些设备可以利用机械、模拟或者电子手段与控制系统连接。大多数设备利用可以感应温度的热电耦。然后利用各种各样的方式进行存储和显示。有些记录器可直接在本地设备上显示温度，而另外一些则需要将数据传送到远程显示设备。不过这些设备通常有存储数据的功能，并提供计算机程序的数据读取接口。如果必要的话，这些设备可以包含打印设备或者与打印设备相连来打印温度记录。

温湿度记录器有固定式和移动式两种。固定式设备可以安装在各种冷藏设备上，比如冷藏库、冷藏运输车或者冷藏零售柜；移动式设备主要用来追踪一些物品行程，如从供应链的发货到接收地进行全程监测。

（二）现代温控技术

1. RFID 温度标签

RFID 温度标签能够识别温度变化的准确时间，实时收集温度数据，并将数据传输到阅读器进行记录，专用于识别和定位物品，在机械温度监控及冷链运输方面得到广泛的应用。温度 RFID 标签能够在产品身份识别的同时对其所处环境温度进行测量和记录，实时地判断物品在储运过程中环境温度是否超出规定范围，实现品质全过程可追溯。

RFID 标签如同一张电子"身份证"，可以记录货物的所有信息，其中包括货物的实时温度信息。当冷链周转箱出库时，读写器能一次性读取到该批次各冷链保温箱内的所有 RFID 温度标签的信息。使冷链周转箱出入库的信息录入实现自动化，在缩短时间的同时也确保了出入库信息的准确性。当货物量很大时，出入库自动读取信息能够解决物流操作环节的瓶颈问题。

传统温度记录仪是通过有线连接到相关设备并读取相应温度数据，而应用 RFID 温度标签则无须打开冷链周转箱，外面的读写器能通过无线射频自动读取冷链箱内的货物温度记录数据。冷链不会断掉，而且可以随时了解产品在途温度。RFID 温度标签技术实现全程冷链监控，在低温药品的生命周期管理中，冷链的连续数据很重要，为达到冷链商品在库、配送过程的无缝冷链监控目的，对冷链商品在库、出库、运输、交货、回库环节进行温度监控。

RFID 温度标签应用范围：

（1）存放于温箱中。温箱是冷链和热链中最常见和单品数量最大的应用环境，RFID 温度标签的探头通过孔放进温箱内对箱内温度进行实时监控。适用于热链餐饮配送、海鲜食品、血包配送等。系统安装简便，只需将标签探头放入温箱。标签外壳紧贴于温箱外，外引 RF 天线入车厢，便能完成温度数据的采集。

（2）存放于冷库中。为整合冷链一体化智能管理，节省系统成本，冷库温度监控系统，温度传感器的 GPRS ＋温度探头放入冷库内固定，通过固定在冷库外的 GPRS、GSM 模块进行温度数据的传输。针对不正常的升温或降温，通过后台监控报警后，工作人员迅速采取降温或升温措施，从而降低或避免损失。

（3）存放于冷藏车中。RFID 温度标签直接放置在冷藏车车厢内对运输物品进行温度监控。把读写器放在驾驶室，把 RF 天线引入冷厢内，温度标签直接放入冷厢内。寻找合适的位置固定。通过读写器，将冷藏车内的温度变化实时传输给温度控制中心。控制中心负责与智能车载终端的信息交换，各种短信息的分类、记录和转发，与其他相关职能部门的网络互联，以及这些部门之间业务信息的流动；同时对整个网络状况进行监控管理。适用于血液、疫苗、生鲜食品、冷饮、冻肉的配送等。

2. 基于 RFID+GPRS 的冷链温湿度监控技术

基于 RFID+GPRS 的冷链物流温湿度监控技术，通过先进的有源 RFID 技术和无线通信技术进行结合，对产品的品质进行细致的、实时的管理。该系统适用于冷藏车厢内温度数据的采集传输、记录和超限报警。若利用传统温湿度监测手段，只能监测端到端的节点温湿度，但即使节点测量温湿度正常，并不能保证运输过程中的温湿度始终正常，而利用 RFID 技术，可以了解水果在运输过程中是否发生了温湿度变化以及可能由此引起的质量变化。

基于 RFID + GPRS 的冷链物流温湿度监控技术的工作原理：

首先，温湿度标签会被加载到集装箱或目标物品（箱）上，待装运出发后，即持续记录物品所处环境的温湿度。一般有两种应用模式：一种是在每个中间站点或目的地一次性上传温湿度曲线，物流管理平台整合所有上传数据，分环节监控物品质量；另一种是在运输车辆/船舶上设置 GPRS 实时传输设备，物流管理平台能够不间断地对目标物品进行监测。这两种模式的唯一区别在于，后一种即实时模式能够起到抢救部分贵重物品的作用，而不仅仅是像前一种模式只能鉴定物品是否遭到损坏。当然，有源标签是标识某一个包装箱（柜）的，同一个集装箱内的不同包装单位是可以通过安装多个有源标签进行监测的。

在途车辆信息采集：RFID 读写器通过无线方式读取冷藏车厢内 RFID 电子温湿度标签，并通过数据线传输给 GPS 车载终端设备，同时 GPS 车载终端设备通过外置天线接收 GPS 定位卫星的定位信息。

在途车辆信息传输：GPS 车载终端设备在获得温湿度信息和 GPS 定位信息通过 GPRS 无线网络发送到通信数据中心。通信数据中心再通过 APN 专用隧道将加密数据经路由器发送到 GPS 通信网关，最后传输到数据库服务器。

该监测设备也可以配置 GPS 模块，通过 GPS 和 GIS 技术，监控中心可以对集装箱车辆进行地理位置定位和调度。如果温湿度变化超出预先设定的范围，比如 20 ~ 30℃，系统将自动发出预警。如果曲线中间有一段记录明显低于 20℃，此时可以根据此时间查询相应的地点和外在环境，以便于探究相应的温湿度变化原因。

3. 无线温湿度传感器

无线温湿度传感器是集成传感、无线通信、低功耗等技术的无线传感网络产品。无线温湿度传感器选用温湿度一体传感元件，采集环境的温湿度，通过无线方式上传数据，可选 490MHz(兆赫)/2.4GHz(吉赫)，Wi-Fi(无线宽带)通信方式。无线温湿度传感器主要应用于仓储、冷藏、冰柜、恒温恒湿生产车间、办工场所等环境的温湿度监测。

（1）无线温湿度传感器特点。

第一，实时性。可以在线自动监测设备内关键点的温度变化，实时显示。

第二，免布线。采用无线数据传输，内部电池供电，无线温度传感器节点安装简便，不用任何布线。

第三，免维护。系统中所有设备均采用一体化设计，安装后不要任何维护。

第四，安全性。采用无线温度传感器，完全与电气设备隔离，安全、可靠。

第五，方便性。基于 Windows 平台，利用 USB 或接口技术与电脑即插即用。

第六，低功耗。无线温度传感器节点选用先进的无线收发芯片，耗能极低，电池持续工作时间长达 1 年以上。

第七，高效益。节约购买昂贵的测温仪器费用，节约人力，减少设备维护、提高工作效率，实现电力运行自动化。

（2）无线温控传感器功能。

第一，动态记录功能。连续如实地采集和记录监测空间内温度参数情况，以数字和图形、表格方式进行实时显示和记录监测信息。

第二，数据统计分析功能。实时显示或者历史显示房间的各参数曲线变化，可以同时显示多个不同房间的环境参数曲线，便于进行比较分析。可显示参数列表，实时曲线图、实时数据、累计数据、历史等，更加贴近用户需求。

第三，数据存储功能。所有的数据采集后记录到电脑上，按要求记录各采集点温度变化曲线或表格及工作情况，可以保存、备份、归档等。

第四，打印、报表功能。按要求打印各个温变化曲线或表格及工作情况报告。

第五，数据远程自动传送。可以将采集到的温度数据在设定的时间段内发送到指定手机上。

二、智能运输系统（ITS）

ITS（Intelligent Transportation Systems，智能运输系统）是将先进的信息技术、计算机技术、数据通信技术、传感器技术、电子控制技术、自动控制技术、运筹学、人工智能等学科成果综合运用于交通运输、服务控制和车辆制造，加强了车辆、道路和使用者之间的联系，从而形成一种定时、准确、高效的综合运输系统。

ITS 由基础技术平台、整体管理平台和智能交通系统三大模块组成。基础技术平台主要由 GPS、GIS、射频技术、网络系统等构成；管理平台则涵盖道路法规、道路建设等；智能运输系统主要由五个子系统构成，即先进的交通通信系统、先进的管理系统、先进的车辆系统、先进的公共运输系统和商用车辆运营系统。

目前我们对 ITS 的研究和利用主要集中在：提供交通信息服务、提供优化的道路交通管理服务、提供车辆安全控制服务、提供优化的商用车管理服务、提供优化的公交管理服务、提供紧急事件管理服务、提供电子收付费服务、提供交通援助服务、提供灾难解决方案服务、提供交通数据服务。主要用于物流运输优化这一功能上。ITS 的核心就是应用现代通信、信息、控制、电子等技术，如 GPS、GIS、射频技术、网络系统，建立一个高效的物流运输系统。智能物流运输信息系统构成如图 4-9 所示。

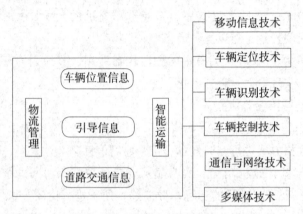

图 4-9　智能物流运输信息系统构成

三、车载信息服务

车载信息服务是一个集成计算机技术和移动通信技术的终端。在冷链中应用的车载信息服务包括冷藏车和拖车的远程通信设备。冷藏车的车载信息服务系统对监视冷藏车中的货物提供了一个完整的解决方案，相对传统的卡车数据记录器或移动数据记录器具有更多的优点。

在每一辆车上安装车载终端，每一辆车随时都可以知道自己应去向何处做什么，没有人工指挥过程。必要时，如有多辆车参与的堆场上架（装船、移箱）作业，每一辆车随时都可以确认自己已清楚指令。

不论是指挥人员还是拖车司机，在计算机上都不需要针对某一车次进行输入操作，最多只需进行确认（堆场机械仍需登记车号）。由于作业需要，具体的场位可能会随时发生变化，当拖车司机了解时，就不需要盲目地跟随堆场机械，而只需停留在合适位置，也可以根据作业需要，从一条作业线改变到另一条作业线，甚至跨越作业线持续作业。

拖车可能会由于特殊原因进行不定长时间的作业，作业顺序不可能按照预定的顺序，系统可以按当前情况，将指令自动分配到空闲和可以作业的拖车上。除了单一的单装单卸，还支持边装边卸，同船不同桥吊混装卸，不同船混装卸，为管理者提供了更大的效率提升和成本降低空间。如果码头自己管理拖车，有降低拖车使用成本需求，则在使用自由模式、系统自动控制的情况下，使减少空车行程成为可能。可以直观地监控每条作业线上的拖车动态（空闲或多余），可以直接通过计算机改变预设模式，甚至交由系统自动调整，最大限度地在保持装卸速度的前提下，减少整体作业时间，或者减少拖车使用量。

第三方车载信息服务系统还可以读取冷藏车的参数。这些参数包括设置点（setpoint）、排风、回风、运行模式、临界报警、温度、时间表、电池电压、剩余燃料和货物感应器。

四、运输需求计划（TRP）

TRP（Transportation Requirement Planning，运输需求计划）是物流运输管理系统中的新技术，该系统能使托运人和承运人共享有关冷链运输作业信息，从而提高易腐货物的周转率。TRP可作为一个单独的系统，也可和ERP（企业资源计划，Enterprise Resource Planning）系统联结在一起。图4-10中的模型说明了TRP系统中各信息系统之间的关系。该系统允许托运人、销售商、客户以及承运人之间的信息进行共享，有利于优化货运过程。该系统还可以利用远程数据库为承运人运费支付系统提供输入信息。

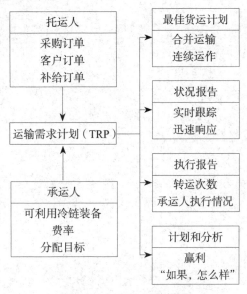

图 4-10　TRP 系统模型

五、卡车控制系统和数据记录

现代的卡车或者拖车的冷冻／冷藏单元装载的计算机控制系统，不但能够优化卡车和冷冻／冷藏单元的燃料消耗，还能根据产品和消费者的需求进行冷冻／冷藏单元的温度控制。在产品的温度管理中，运输者可以预设易腐食品的 10 种运输条件，从而确保货物在运输者或者客户要求的环境下运输。Fresh™ 是另外一种可选的控制系统，它能够在运输过程中对新鲜产品进行质量优化管理。这两种系统都可以与一个高性能的数据采集系统一起使用，记录运输过程中的参数，包括温度、设定点、运行模式和外在事件。

卡车上的数据也可以用来记录温度。在欧洲，运输过程需要满足 EC37/2005 和 EN12830 标准，这些标准要求提供运输过程满足温度控制的证据，并且需要持续记录一年。

欧盟标准 EC37/2005 对所有速冻食品做出了规定，必须符合 EN12830 的要求。EN12830 要求冷藏卡车上必须有单独的数据记录器来记录速冻食品的数据。数据记录器必须是独立的，不能是运输车上面的某个控制设备。

第五章
高科技条件下冷链物流管理的法律与安全监管

第一节　现行冷链物流管理法规

多年来，我国推进和实施冷链物流管理和执法主要依据《农产品质量安全法》《中华人民共和国食品安全法》基本法律，其他涉及农产品安全管理的部门和地方部门制定了一系列相关规章制度。主要包括以下几个层面的技术法规。

一、国家法律

涉及冷链物流管理的国家法律主要包括：《中华人民共和国农业法》《农产品质量安全法》《中华人民共和国食品安全法》等，这些法律也构成了农产品冷链物流管理法律体系的基础。国家法律对农产品冷链物流管理的主要规定和措施如表 5-1 所示。

表 5-1　国家法律对冷链物流管理的主要规定和措施

法律名称	相关规定内容
2006 年《农产品质量安全法》（中华人民共和国主席令第四十九号）	第三条　县级以上人民政府农业行政主管部门负责农产品质量安全的监督管理工作；县级以上人民政府有关部门按照职责分工，负责农产品质量安全的有关工作。
	第二十八条　农产品生产企业、农民专业合作经济组织以及从事农产品收购的单位或者个人销售的农产品，按照规定应当包装或者附加标识的，须经包装或者附加标识后方可销售。包装物或者标识上应当按照规定标明产品的品名、产地、生产者、生产日期、保质期、产品质量等级等内容；使用添加剂的，还应当按照规定标明添加剂的名称。具体办法由国务院农业行政主管部门制定。
	第二十九条　农产品在包装、保鲜、储存、运输中所使用的保鲜剂、防腐剂、添加剂等材料，应当符合国家有关强制性的技术规范。

法律名称	相关规定内容
2009 年《中华人民共和国食品安全法》（中华人民共和国主席令第九号）	供食用的源于农业的初级产品（以下称食用农产品）的质量安全管理，遵守《中华人民共和国农产品质量安全法》的规定。但是，制定有关食用农产品的质量安全标准、公布食用农产品安全有关信息，应当遵守本法的有关规定
2003 年实施，2012 年新修订的《中华人民共和国农业法》（中华人民共和国主席令第七十四号）	第二十六条　农产品的购销实行市场调节。国家对关系国计民生的重要农产品的购销活动实行必要的宏观调控，建立中央和地方分级储备调节制度，完善仓储运输体系，做到保证供应，稳定市场。 　　第二十七条　国家逐步建立统一、开放、竞争、有序的农产品市场体系，制定农产品批发市场发展规划。对农村集体经济组织和农民专业合作经济组织建立农产品批发市场和农产品集贸市场，国家给予扶持。 　　县级以上人民政府工商行政管理部门和其他有关部门按照各自的职责，依法管理农产品批发市场，规范交易秩序，防止地方保护与不正当竞争。 　　第二十八条　国家鼓励和支持发展多种形式的农产品流通活动。支持农民和农民专业合作经济组织按照国家有关规定从事农产品收购、批发、储藏、运输、零售和中介活动。鼓励供销合作社和其他从事农产品购销的农业生产经营组织提供市场信息，开拓农产品流通渠道，为农产品销售服务。 　　县级以上人民政府应当采取措施，督促有关部门保障农产品运输畅通，降低农产品流通成本。有关行政管理部门应当简化手续，方便鲜活农产品的运输，除法律、行政法规另有规定外，不得扣押鲜活农产品的运输工具。 　　第二十九条　国家支持发展农产品加工业和食品工业，增加农产品的附加值。县级以上人民政府应当制定农产品加工业和食品工业发展规划，引导农产品加工企业形成合理的区域布局和规模结构，扶持农民专业合作经济组织和乡镇企业从事农产品加工和综合开发利用。 　　国家建立健全农产品加工制品质量标准，完善检测手段，加强农产品加工过程中的质量安全管理和监督，保障食品安全。 　　第三十条　国家鼓励发展农产品进出口贸易。国家采取加强国际市场研究、提供信息和营销服务等措施，促进农产品出口。 　　为维护农产品产销秩序和公平贸易，建立农产品进口预警制度，当某些进口农产品已经或者可能对国内相关农产品的生产造成重大的不利影响时，国家可以采取必要的措施。

二、国务院条例

国务院条例中涉及冷链物流的主要包括国务院颁布的《中华人民共和国食品安全法实施条例》《乳品质量安全监督管理条例》《认证认可条例》等，也是冷链物流管理主要法律依据。国务院条例对冷链物流管理的主要规定和措施如表5-2所示。

表5-2　国务院条例对冷链物流管理的主要规定和措施

条例名称	相关规定
《中共中央国务院关于进一步加强农村工作提高农业综合生产能力若干政策的意见》（中发〔2005〕1号）	加快建设以冷藏和低温仓储运输为主的农产品冷链系统，对农产品仓储设施建设用地按工业用地对待。鼓励邮政系统开展直接为农民生产生活服务的连锁配送业务。各省、自治区、直辖市要加快开通整车运输鲜活农产品的绿色通道，抓紧落实降低或免交车辆通行费的有关规定，并尽快实现省际互通。积极推进农业标准化。要加强农产品检验检测基础设施建设，提高进出境检验检疫装备和检测技术水平，增强防范和处理外来有害生物入侵的能力。
2008年《乳品质量安全监督管理条例》（中华人民共和国国务院令第536号）	第四条　县级以上地方人民政府对本行政区域内的乳品质量安全监督管理负总责。 县级以上人民政府畜牧兽医主管部门负责奶畜饲养以及鲜活乳生产环节、收购环节的监督管理。县级以上质量监督检验检疫部门负责乳制品生产环节和乳品进出口环节的监督管理。县级以上工商行政管理部门负责乳制品销售环节的监督管理。县级以上食品药品监督部门负责乳制品餐饮服务环节的监督管理。县级以上人民政府卫生主管部门依照职权负责乳品质量安全监督管理的综合协调、组织查处食品安全重大事故。县级以上人民政府其他有关部门在各自职责范围内负责乳品质量安全监督管理的其他工作。 第七条　禁止在鲜活乳生产、收购、储存、运输、销售过程中添加任何物质。 禁止在乳制品生产过程中添加非食品用化学物质或者其他可能危害人体健康的物质。 第九条　有关行业协会应当加强行业自律，推动行业诚信建设，引导、规范奶畜养殖者、鲜活乳收购者、乳制品生产企业和销售者依法生产经营。 第十七条　奶畜养殖者应当遵守国务院畜牧兽医主管部门制定的鲜活乳生产技术规程。直接从事挤奶工作的人员应当持有效的健康证明。 奶畜养殖者对挤奶设施、鲜活乳储存设施等应当及时清洗、消毒，避免对鲜活乳造成污染。 第十八条　鲜活乳应当冷藏。超过2小时未冷藏的鲜活乳，不得销售。

条例名称	相关规定
2009 年《中华人民共和国食品安全法实施条例》（中华人民共和国国务院令第 557 号）	食品生产企业应当建立并执行原料验收、生产过程安全管理、储存管理、设备管理、不合格产品管理等食品安全管理制度，不断完善食品安全保障体系，保证食品安全。 　　第二十七条　食品生产企业应当就下列事项制定并实施控制要求，保证出厂的食品符合食品安全标准： 　　（1）原料采购、原料验收、投料等原料控制； 　　（2）生产工序、设备、储存、包装等，生产关键环节控制； 　　（3）原料检验、半成品检验、成品出厂检验等检验控制； 　　（4）运输、交付控制。 　　食品生产过程中有不符合控制要求情形的，食品生产企业应当立即查明原因并采取整改措施。 　　第二十八条　食品生产企业除依照《食品安全法》第三十六条、第三十七条规定进行进货查验记录和食品出厂检验记录外，还应当如实记录食品生产过程的安全管理情况。记录的保存期限不得少于 2 年。 　　第二十九条　从事食品批发业务的经营企业销售食品，应当如实记录批发食品的名称、规格、数量、生产批号、保质期、购货者名称及联系方式、销售日期等内容，或者保留载有相关信息的销售票据。记录、票据的保存期限不得少于 2 年。 　　第三十条　国家鼓励食品生产经营者采用先进技术手段，记录《食品安全法》和本条例要求记录的事项。
《国务院关于深化流通体制改革加快流通产业发展的意见》（国发〔2012〕39 号）	统筹农产品集散地、销地、产地批发市场建设，构建农产品产销一体化流通链条，积极推广农超对接、农批对接、农校对接以及农产品展销中心、直销店等产销衔接方式，在大中城市探索采用流动售卖车。 　　支持建设和改造一批具有公益性质的农产品批发市场、农贸市场、菜市场、社区菜店、农副产品平价商店以及重要商品储备设施、大型物流配送中心、农产品冷链物流设施等，发挥公益性流通设施在满足消费需求、保障市场稳定、提高应急能力中的重要作用。 　　加强对关系国计民生、生命安全等商品的流通准入管理，形成覆盖准入、监管、退出的全程管理机制。充分利用社会检测资源，建立涉及人身健康与安全的商品检验制度。建立健全肉类、水产品、蔬菜、水果、酒类、中药材、农资等商品流通追溯体系。加大流通领域商品质量监督检查力度，改进监管手段和检验检测技术条件。 　　落实好鲜活农产品运输"绿色通道"政策，确保所有整车合法装载运输鲜活农产品车辆全部免缴车辆通行费，结合实际完善适用品种范围。切实规范农产品市场收费、零售商供应商交易收费等流通领域收费行为。

续　表

条例名称	相关规定
2007年《国务院关于加强食品等产品安全监督管理的特别规定》（国务院令第503号）	产品集中交易市场的开办企业、产品经营柜台出租企业、产品展销会的举办企业，应当审查入场销售者的经营资格，明确入场销售者的产品安全管理责任，定期对入场销售者的经营环境、条件、内部安全管理制度和经营产品是否符合法定要求进行检查，发现销售不符合法定要求产品或者其他违法行为的，应当及时制止并立即报告所在地工商行政管理部门。 　　进口产品应当符合我国国家技术规范的强制性要求以及我国与出口国（地区）签订的协议规定的检验要求。 　　质检、药品监督管理部门依据生产经营者的诚信度和质量管理水平以及进口产品风险评估的结果，对进口产品实施分类管理，并对进口产品的收货人实施备案管理。进口产品的收货人应当如实记录进口产品流向。记录保存期限不得少于2年。 　　质检、药品监督管理部门发现不符合法定要求产品时，可以将不符合法定要求产品的进货人、报检人、代理人列入不良记录名单。进口产品的进货人、销售者弄虚作假的，由质检、药品监督管理部门依据各自职责，没收违法所得和产品，并处货值金额3倍的罚款；构成犯罪的，依法追究刑事责任。进口产品的报检人、代理人弄虚作假的，取消报检资格，并处货值金额等值的罚款。
《国务院办公厅关于加强鲜活农产品流通体系建设的意见》（国办发〔2011〕59号）	①加强流通规划指导，促进市场合理布局。制定全国农产品批发市场发展指导文件，明确指导思想、发展目标、主要任务和政策措施。地方各级人民政府要依据城市总体规划和城市商业网点规划，制订并完善本地区农产品批发市场、农贸市场、菜市场等鲜活农产品网点发展规划，逐步形成布局合理、功能完善、竞争有序的鲜活农产品市场网络。 　　②加快培育流通主体，提高流通组织化程度。推动鲜活农产品经销商实现公司化、规模化、品牌化发展。鼓励流通企业跨地区兼并重组和投资合作，提高产业集中度。扶持培育一批大型鲜活农产品流通企业、农业产业化龙头企业、运输企业和农民专业合作社及其他农业合作经济组织，促其做大做强，提高竞争力。 　　③加强流通基础设施建设，提升流通现代化水平。加强鲜活农产品产地预冷、预选分级、加工配送、冷藏冷冻、冷链运输、包装仓储、电子结算、检验检测和安全监控等设施建设。引导各类投资主体投资建设和改造农产品批发市场和农贸市场、菜市场、社区菜店、鲜活超市、平价商店等鲜活农产品零售网点。发展电子商务，扩大网上交易规模。鼓励农产品批发市场引入拍卖等现代交易模式。加快农产品流通科技研发和推广应用。

续　表

条例名称	相关规定
《国务院办公厅关于加强鲜活农产品流通体系建设的意见》（国办发〔2011〕59号）	④大力推进产销衔接，减少流通环节。积极推动农超对接、农校对接、农批对接等多种形式的产销衔接，鼓励批发市场、大型连锁超市等流通企业，学校、酒店、大企业等最终用户与农业生产基地、农民专业合作社、农业产业化龙头企业建立长期稳定的产销关系，降低对接门槛和流通成本，扩大对接规模。多措并举，支持农业生产基地、农业产业化龙头企业、农民专业合作社在礼区菜市场直供直销，推动在人口集中的社区有序设立周末菜市场及早、晚市等鲜活农产品零售网点。 ⑤强化信息体系建设，引导生产和消费。加强部门协作，健全覆盖生产、流通、消费的农产品信息网络，及时发布蔬菜等鲜活农产品供求、质量、价格等信息，完善市场监测、预警和信息发布机制。联通主要城市大型农产品批发市场实时交易系统，加强大中城市鲜活农产品市场监测预警体系建设。 ⑥完善储备调运制度，提高应急调控能力。建立健全重要农产品储备制度。完善农产品跨区调运、调剂机制。城市人民政府要根据消费需求和季节变化，合理确定耐储蔬菜的动态库存数量，保障应急供给，防止价格大起大落。 ⑦加强质量监管，严把市场准入关口。加快鲜活农产品质量安全追溯体系建设，进一步落实索证索票和购销台账制度，强化质量安全管理。建立鲜活农产品经常性检测制度，实现抽检标准、程序、结果"三公开"，对不符合质量安全标准的鲜活农产品依法进行无害化处理或者监督销毁。
《国务院办公厅关于促进物流业健康发展政策措施的意见》（国办发〔2011〕38号）	要把农产品物流业发展放在优先位置，加大政策扶持力度，加快建立畅通高效、安全便利的农产品物流体系，着力解决农产品物流经营规模小、环节多、成本高、损耗大的问题。大力发展农超对接、农校对接、农企对接等产地到销地的直接配送方式，支持发展农民专业合作组织，加强主产区大型农产品集散中心建设，促进大型连锁超市、学校、酒店、大企业等最终用户与农民专业合作礼、生产基地建立长期稳定的产销关系。发挥供销社和邮政等物流体系在农村的网络优势，积极开展"农资下乡"配送和农产品进城配送服务。抓紧开展农产品增值税抵扣政策调整试点，妥善解决农产品进项税抵扣中存在的问题，鼓励大型企业从事农产品物流业，提高农产品物流业的规模效益。加大农产品冷链物流基础设施建设投入，加快建立主要品种和重点地区的冷链物流体系，对开展鲜活农产品业务的冷库用电实行与业同价。推动农产品包装和标识的标准化，完善农产品质量安全可追溯制度。继续严格执行并完善鲜活农产品"绿色通道"政策，进一步加强管理，完善技术手段，提高车辆检测水平和通行效率。进一步落实鲜活农产品配送车辆24小时进城通行和便利停靠政策。

三、部门规章

《食品质量安全市场准入审查通则（2004 版）》《农产品包装和标识管理办法》《流通领域食品安全管理办法》等，对冷链物流管理也都有相应的规定。部门规章对农产品冷链物流管理的主要规定和措施如表 5-3 所示。

表 5-3　部门规章对农产品冷链物流管理的主要规定和措施

部门规章名称	相关规定
关于印发《食品质量安全市场准入审查通则（2004 版）》的通知（国质检监〔2004〕558 号）	①储运要求。企业库房的条件应当与相关食品的储存要求及生产规模相适应，成品库原则上应当专库专用。食品运输用的车辆、工具必须清洁卫生，不得将成品与污染物同车运输。有冷藏（冻）运输要求的食品，食品生产企业应具备冷藏（冻）运输车辆及工具。 ②质量管理要求。企业应当根据有关法律法规要求，建立健全企业质量管理制度。实施从原材料到最终产品的全过程质量管理，严格岗位质量责任，加强质量考核。
2006 年《农产品包装和标识管理办法》（中华人民共和国农业部令第 70 号）	第九条　包装农产品的材料和使用的保鲜剂、防腐剂、添加剂等物质必须符合国家强制性技术规范要求。包装农产品应当防止机械损伤和二次污染。 第十条　农产品生产企业、农民专业合作经济组织以及从事农产品收购的单位或者个人包装销售的农产品，应当在包装物上标注或者附加标识标明品名、产地、生产者或者销售者名称、生产日期。
《流通领域食品安全管理办法》（中华人民共和国商务部令 2007 年第 1 号）	市场现场制作食品、散装食品及鲜活食品销售应当具备保障食品安全的设施设备和条件，远离污染源，并符合国家有关食品安全标准。
《商务部关于加快我国流通领域现代物流发展的指导意见》（商改发〔2008〕53 号）	加强食品安全法规和标准体系建设，实行农产品加工、包装、储藏、运输、销售等环节的标准化管理，建立健全流通领域食品检疫检测体系，对农产品从农田到餐桌实行全程监控，构筑居民"放心菜"的物流保障体系。深化"万村千乡市场下程"，支持农产品物流配送中心建设，提高农村商业网点配送率，促进农产品物流健康发展。 加强我国鲜活食品冷链物流的整体规划，制定有利于冷链物流发展的相关法规、标准和制度，建立冷链物流业绩评价指标、冷链物流环境的监控办法等，满足冷链物流不断发展的需求。加强基础设施的建设，鼓励和支持多家企业联合建立鲜活配送中心，推动产地配送中心的建设；鼓励第三方物流企业强化低温冷链系统建设，实现冷链物流配送的专业化、规模化、组织化。

续　表

部门规章名称	相关规定
《商务部关于加快我国流通领域现代物流发展的指导意见》（商改发〔2008〕53号）	积极推广和应用冷链物流技术，开发适应不同农产品生理特点的宽温度带冷藏运输技术，开发和应用适应多品种、小批量、高频率的物流配送技术，提高鲜活产品配送和分销能力，降低鲜活产品的配送成本。研究开发系列品种齐全的冷藏车，不断完善冷藏物流设备，开辟绿色通道，逐步建立高效率、无污染、低成本的物流体系。建立和健全鲜活产品冷链物流质量体系，实施危害分析和关键点控制（HACCP），确保鲜活产品卫生和安全。
《商务部、农业部关于开展农超对接试点工作的通知》（商建发〔2008〕487号）	①加大鲜活农产品现代流通设施投入。 ②增强鲜活农产品加工配送能力。 ③提高鲜活农产品经营信息化水平。 ④培育农民专业合作社自有品牌。 ⑤调整连锁超市商品经营结构。 ⑥建立农超对接渠道。
2009年《流通环节食品安全监督管理办法》（国家工商行政管理总局令第43号）	第十三条　食品经营者采购食品，应当查验供货者的许可证、营业执照和食品合格的证明文件。食品经营企业应当建立食品进货查验记录制度，如实记录食品的名称、规格、数量、生产批号、保质期、供货者名称及联系方式、进货日期等内容。鼓励其他食品经营者按照前款规定建立进货查验记录制度。实行统一配送经营方式的食品经营企业，可以由企业总部统一查验供货者的许可证、营业执照和食品合格的证明文件，进行食品进货查验记录，可将有关资料复印件留存所属相关经营企业备查，也可以采用信息化技术，联网备查。 第十六条　鼓励食品经营者采用先进技术手段，记录法律法规及本办法要求记录的事项。 第十七条　食品经营者储存、运输和装卸食品的容器、工具和设备应当安全、无害，保持清洁，防止食品污染，并符合保证食品安全所需的温度等特殊要求，不得将食品与有毒、有害物品一同运输。 第十八条　食品经营者对储存、销售的食品应当定期进行检查，查验食品的生产日期和保质期，及时清理变质、超过保质期及其他不符合食品安全标准的食品，主动将其退出市场，并做好相关记录。 第十九条　食品经营者储存散装食品，应当在储存位置标明食品的名称、生产日期、保质期、生产者名称及联系方式等内容。 　食品经营者销售散装食品，应当在散装食品的容器、外包装上标明食品的名称、生产日期、保质期、生产经营者名称及联系方式等内容。 　食品经营者销售鲜活食品和熟食制品，应当符合食品安全所需要的温度、空间隔离等特殊要求，防止交叉污染。

续 表

部门规章名称	相关规定
《财政部办公厅、商务部办公厅关于开展农产品现代流通试点的通知》（财办建〔2010〕65号）	2010年财政部、商务部决定在河北、辽宁、浙江、山东、河南、湖北、海南、重庆、新疆9个省开展农产品现代流通综合试点，并在大连、上海、南京、无锡、杭州、宁波、青岛、重庆、昆明、成都10个城市开展肉菜流通追溯系统建设试点。
《关于农产品现代流通综合试点指导意见的通知》（商建字〔2010〕278号）	①支持农产品批发市场改造升级，完善功能。加强冷链物流、加工配送中心建设，配置农产品预选、分级、包装、配送等设施设备，建设改造冷库等仓储设施；加强对交易厅、棚的改造，配置电动拖车或叉车等设备；开发和完善信息网络、电子结算系统，建设农产品电子商务交易平台，提高农产品网络交易水平；推行分级、包装等农产品流通标准，提升质量安全管理水平。 ②支持农贸市场提档升级。按照市场建设标准（参照《商务部办公厅关于印发"双百市场工程"农贸市场建设标准和验收规范的通知》（商建字〔2009〕88号））对农贸市场进行建设改造。 ③支持大型连锁超市与从事鲜活农产品生产的农民专业合作社或农业产业化龙头企业开展农超对接。支持农超对接双方建设和改造冷藏保鲜设施、配置冷藏运输工具、检验检测设备等；支持农民专业合作社、农业产业化龙头企业开展产品质量认证，培育农产品品牌；支持大型连锁超市建设改造冷链物流配送中心。优先支持大型连锁超市与农民专业合作社对接。 ④支持探索和创新农产品流通模式。对有利于减少流通环节、降低流通成本、提高流通效率；有利于产销衔接、提高农产品商品化率，促进农民增收；有利于稳定农产品价格、保障农产品流通安全，维护消费者权益的创新农产品流通模式给予支持。
《商务部关于做好新时期蔬菜流通工作的指导意见》（商运发〔2010〕437号）	培育蔬菜冷链物流体系。引导大型流通企业建设冷链物流加工配送中心，加强蔬菜预冷设施、冷藏设施建设，推广节能环保的冷藏运输车辆及配套设备，逐步形成覆盖蔬菜从采摘到零售全过程的冷链系统，降低损耗，延长销售期。
《关于全面推进农超对接工作的指导意见》（商建发〔2011〕43号）	各地商务、农业主管部门要深入研究政策措施，积极争取扩大财政扶持力度，支持超市加快冷链系统、物流配送中心等流通基础设施建设，支持合作社建设冷藏保鲜设施、配置冷藏运输工具、检验检测设备等。要积极与有关部门沟通，协调各方面关系，争取税收、信贷、用地、用水、用电等方面优惠政策，并在资质认证、项目审批、技术指导等方面提供支持。

第二节 冷链物流安全监管体系的建置方案

伴随着近年来我国冷链物流的快速发展以及人们安全风险意识的提高和对食品安全的重视，冷链物流中的冷链商品的安全问题受到了社会各界的广泛关注和重视。冷链物流中食品安全的控制、冷冻食品温度变化的检测、信息的及时反馈以及妥善处理也逐渐成了关注的焦点。我国的冷链物流信息处理还处在初级阶段，没有一套完善的冷链物流的管理信息系统，缺少有力的监管措施和力度，冷链上的各个环节不能及时地得到来自其他环节的信息反馈，给我国冷链物流的规范和质量控制带来了诸多的不便和风险。冷链物流涉及的环节、厂商等众多，情况复杂，给冷链物流风险的界定和数据的追踪带来了很大的困难，所以要真正地提高我国冷链物流的水平，真正做到有源可查、有据可依，必须依靠信息化的手段，在每个关键的阶段对冷链中可能存在的风险进行智能预测和评估，真正做到对冷链物流安全风险的事前控制，减少冷链物流整个过程当中的浪费，降低或者转移可能发生的安全风险。

一、冷链物流安全和风险管理概述

安全性作为食品最主要的特性之一，世界卫生组织（WHO）将其解释为"对食品按照其原定用途进行制作和（或）食用时不会使消费者受害的一种担保"。随着科学技术的不断进步和研究手段的提高，在一些曾认为绝对安全、无污染的食品中也发现有某些有毒有害物质，而许多被认为有毒的化学物质，实际上在环境和食品中都被发现以极微量的形式广泛存在，并在一定范围内对人体健康有益。

因此，食品安全性又分为绝对安全性与相对安全性两种不同的概念。绝对安全性是指确保不可能因食用某种食品而危及人体健康或造成伤害的一种承诺，也就是食品应绝对没有风险；相对安全性被定义为一种食物或成分在采取合理食用方式和正常食量的情况下不会导致对健康损害的实际确定性。由于客观上人类的任何一种饮食消费甚至其他行为总是存在某些风险，绝对安全性或零风险是很难达到的，安全食品并不是没有风险的食品，而是在提供最丰富营养和最佳品质的同时，力求把可能存在的任何风险降至最低。

食品物流安全是指食品在生产、加工、贮藏、运输、配送以及直至抵达消费者的全过程中不使消费者受到损害的一种担保。食品物流安全定义与一般物流安全定义有三个不同点：充分考虑了最终消费者的利益；涉及了食品的生产和消费过程；食品在物流过程中的安全范畴较广。

因此，食品冷链物流安全定义为在食品冷链物流过程中不使消费者健康受到损害的一种担保，其有以下含义：

其一，食品物流过程中必须有冷链提供技术支撑，由于冷链的不完善或操作等原因，可能会导致食品不符合卫生要求；

其二，研究的范围限于冷链物流过程中的食品品质安全，设备安全、人员安全、信息安全不在研究范围之内；

其三，强调以消费者的健康作为食品冷链是否安全的评价标准，而不是设备是否正常运作。

另外，按照物流服务对象的角度，还可以将物流安全分为一般货物物流安全和特殊货物物流安全，这里的特殊货物包括易燃、易爆、易腐和有毒货物。显然，易腐食品物流属于特殊货物物流范畴。易腐食品物流与一般物流存在着本质的区别：它更加注重物流过程中的食品本身的安全水平；大部分易腐食品需要冷链平台支撑；易腐食品物流作业环节比一般物流复杂；易腐食品本身的特性决定了它比一般物流对时效性要求更高。

从物流的基本作业环节不同，可以将易腐食品物流安全分为贮存安全、运输安全、包装加工安全三类。从作业环境的角度分类，易腐食品物流安全包括易腐食品"软安全"和"硬安全"两类。"软安全"包括信息安全、操作人员安全、设施设备标准的匹配程度、操作规程的完善程度；"硬安全"主要是指设施设备安全，包括载运工具安全、冷库安全和装卸搬运机械安全等。从物流服务辐射范围角度，可以分为区域内和跨区域易腐食品物流安全两类。从易腐食品物流服务的形态看，可以分为易腐食品供应物流和销售物流安全两类。从物流组织主体类型角度，可以分为易腐食品自营物流安全和外包物流安全两类。从易腐食品物流作业环节角度，物流安全可以分为运输、装卸、配送、包装加工、仓储作业安全等子安全系统。

"风险"是与"安全"相对应的概念，是指由于客观存在的各种因素和人们对于事物及其规律认识的不确定性，非期望后果发生的潜在可能性。风险主要有不确定性、客观性、复杂性和可测性等特征。当风险因素累积到一定的程度，遇到适宜的条件，就可能引发风险事故。风险事故导致损失的可能和控制风险事故的程度决定风险结果的大小。这种具有不确定性的损失即为风险，当风险成为现实，损失即成为事实。风险的存在，不等于事实的损失，是可能的损失。食品安全和食品风险管理是相辅相成的。对于食品生产和流通企业而言，安全管理的重点就在于管理和控制风险，而食品风险管理在控制风险的同时也保障了食品安全。易腐货物对于流通时间和条件要求很高，而国内物流业还处于粗放式发展阶段，冷链物流体系非常落后，这就导致物流风险很高。

二、食品冷链物流的安全管控体系

食品安全体系包括食品安全管理体系和食品安全保证（控制）体系。其中，食品安全管理体系包括食品安全管理机构、安全法律法规体系、执法监督体系、标准体系、质量认证体系、追溯制度、包装标识制度、食品安全社会信用体系、市场准入体系等。食品安全保证（控制）体系包括 GMP、SSOP、HACCP、ISO 9000 和安全监测检验体系等。

（一）食品冷链物流安全管理体系

1.食品安全管理机构

国际食品安全管理机构为食品法典委员会（CAC），其职责是负责制定推荐性的食品标准和规范，协调各国的食品标准，指导各国建立食品安全体系。目前食品法典委员会有 164 个成员国，覆盖全世界 98% 的人口。我国于 1986 年正式加入食品法典委员会。根据《国务院关于进一步加强食品安全工作的决定》（国发〔2004〕23 号，以下简称《决定》），我国的食品安全管理按照一个监管环节由一个部门监管的原则，采取分段监管为主、品种监管为辅的方式。农业部门负责初级农产品生产环节的监管；质检部门负责食品生产加工环节的监管；工商部门负责食品流通环节监管；卫生部门负责餐饮业和食堂等消费环节的监管；食品药品监管部门负责对食品安全的综合监督、组织协调和依法组织查处重大事故。

《决定》还规定了我国食品安全信用体系的基本框架和运行机制：农业部门发布有关初级农产品农药残留、兽药残留等检测信息，质检、工商、卫生和食品药品监管 4 个部门联合发布市场食品质量监督检查信息，食品药品监管部门负责收集汇总、及时传递、分析整理，定期向社会发布食品安全综合信息。

2.食品安全法规

我国主要的食品安全法规包括：《食品卫生法》《农产品质量安全法》《食品卫生行政处罚办法》《卫生行政处罚程序》《食品卫生监督程序》《学生集体用餐卫生监督办法》《海关法》《进出口商品检验法实施条例》《进出境动植物检疫法》《进出境动植物检疫法实施条例》《国境卫生检疫法》《国境卫生检疫法实施细则》《出口食品厂、库最低卫生要求》《进口食品卫生监督检验工作规程》《食品添加剂卫生管理办法》《保健食品管理办法》《新资源食品卫生管理办法》《有机（天然）食品标志管理章程（试行）》《绿色食品产地环境质量标准》《绿色食品产地环境质量评价》《绿色食品　农药使用准则》《绿色食品　食品添加剂使用准则》《AA 级绿色食品认证准则》《农业转基因生物安全管理条例》《食品标签通用标准》《特殊营养食品标签》等。

不过，目前我国的食品安全管理法规仍存在立法滞后、政出多门、有法不依、执法不严、突击执法等问题。

3. 食品安全标准

我国的食品安全标准按级别分为：国家标准、行业标准、地方标准、企业标准。从法律级别上讲，国家标准高于行业标准，行业标准高于地方标准，地方标准高于企业标准。从标准的内容来讲，一些企业标准的技术要求往往严于地方标准、行业标准和国家标准。

食品标准包括食品质量标准、食品卫生标准、食品企业卫生规范、食品包装材料及容器标准、食品添加剂和食品标签标准、食品工业基础标准。其中食品卫生标准包括食品原料与产品卫生标准、食品添加剂使用卫生标准、营养强化剂使用卫生标准、食品容器与包装材料卫生标准、食品中农药最大残留限量卫生标准、食品中霉菌和霉菌毒素限量卫生标准、食品中环境污染物限量卫生标准、食品中激素及抗生素的限量卫生标准、食品卫生检验方法等。

另外，我国鼓励采用国际标准，将国际标准的内容，经过分析研究，不同程度地转化为我国的国家标准、行业标准、地方标准和企业标准。采用方式有等同采用、修改采用和非等效采用。等同采用即在技术内容和文本结构上完全相同或包含少量编辑性修改；修改采用允许存在技术性差异，并对差异做出明确标识和解释，允许改变文本结构；非等效采用即在技术内容和文本结构上不同，也不标识它们之间的差异。

4. 食品认证制度

根据《中华人民共和国工业产品生产许可证管理条例》，国家对生产乳制品、肉制品、饮料、米、面、食用油、酒类等直接关系人体健康的加工食品的企业实行生产许可证制度。任何企业未取得生产许可证不得生产列入目录的产品，任何单位和个人不得销售或者在经营活动中使用未取得生产许可证的列入目录的产品。

国家市场监督管理总局为了全面负责食品生产加工领域食品质量安全的监督管理，从源头确保食品质量安全，制定了"食品质量安全市场准入制度（QS 认证制度）"。根据制度规定，生产纳入食品质量安全市场准入制度管理的食品（如小麦、大米、植物油、乳制品、肉制品、饮料、调味品、冷冻食品、速冻食品等）

的企业，必须获得食品质量安全准入资格，并将 QS 标志置于产品外包装上。

5.食品安全追溯制度

食品安全追溯制度是建立一个覆盖食品从初级产品到最终消费者的信息库，在发现食品质量问题时，可以快速查询到问题食品的来源，缩小问题食品的范围，减少损失；并根据信息，识别出发生问题的根本原因，实行产品召回或撤销，及时有效地解决问题，追究责任。通过食品安全追溯制度，可以提高食品冷链的透明化程度，增强食品冷链不同利益方之间的合作和沟通，保障食品安全。当今，物联网技术的兴起为食品安全追溯提供了更广泛、更先进的平台。

（二）食品冷链物流安全保证体系

食品生产和加工领域的质量安全控制已有成熟的理论与技术，并形成较为完善的管理体系，这些管理体系和控制技术包括 GMP、SSOP、HACCP、ISO 9000，以及绿色食品、有机食品以及 QS 认证等。从理论上来说，这些安全控制理论和管理体系同样适用于食品冷链物流领域。但在食品冷链物流过程中，由于涉及的环节较多，一条完整冷链往往跨越多个产业、多个企业、多个管理部门，造成上述质量安全控制的方法与技术在食品冷链物流中的应用更加复杂。因此，食品冷链物流的管理和技术人员更加有必要掌握这些原理和技术，并将其应用于具体的食品物流安全管理。

1. GMP

GMP（Good Manufacturing Practice，良好作业规范）是一种特别注重在生产过程中实施对产品质量与卫生安全的自主性管理制度，也是一套适用于制药、食品等行业的强制性标准。它要求企业从原料、人员、设施设备、生产过程、包装运输、质量控制等方面按国家有关法规达到卫生质量要求，形成一套可操作的作业规范，帮助企业改善企业卫生环境、及时发现生产过程中存在的问题，并加以改善。

食品 GMP 是指食品生产企业应具备良好的生产设备、合理的生产过程、完善的质量管理和严格的检测系统，确保最终产品的质量（包括食品安全卫生）符合法规要求。食品 GMP 所规定的内容，是食品加工企业必须达到的最基本的条件。目前除美国已立法强制实施食品 GMP 以外，其他如日本、加拿大、新加坡、德国、澳洲、中国台湾地区等均采取鼓励方式推动企业自动自发实施。

食品 GMP 的特点是一套由表及里、由浅入深、点面结合的食品安全管理的系统模式和方法。在其严格规范下，可以降低食品生产过程中人为的错误、防止食品在生产过程中遭到污染或品质劣变、建立健全的自主性品质保证体系。因此在食品行业实施 GMP 具有重大的经济和社会意义。

食品 GMP 管理体系的管理重点有 4 个方面，简称 4M，分别是人员（Man），即要由适合的人员来生产与管理；原料（Material），即要选用良好的原材料；设备（Machine），即要采用合适的厂房和机器设备；方法（Method），即要采用适当的工艺来生产食品。

食品 GMP 的实施要求包括以下内容：生产加工每个操作环节布局合理；生产加工的硬件设施装备先进科学；操作流程连续化、自动化、密闭化；包装、贮存、配送系统运行优质安全；生产环节卫生、营养、质量等控制系统完备；卫生、营养、质量检测体系健全；员工操作规程管理制度严格；产品质量的可追踪监管。

2. SSOP

SSOP（Sanitation Standard Operating Procedure，卫生标准操作程序）是食品加工厂为了保证达到 GMP 所规定要求，确保加工过程中消除不良的因素，使其加工的食品符合卫生要求而制定的，用于指导食品生产加工过程中如何实施清洗、消毒和卫生保持的操作规定。SSOP 是由食品加工企业帮助完成在食品生产中维护 GMP 的全面目标而使用的程序。在某些情况下，SSOP 可以减少在 HACCP 计划中关键控制点的数量。实际上危害是通过 SSOP 和 HACCP 关键控制点的组合来控制的。

一般来说，涉及食品本身或某一工艺、步骤的危害是由 HACCP 来控制，而涉及工作环境或人员等有关的危害通常是由 SSOP 来控制。在有些情况下，并不需要针对每个食品冷链物流操作都制订一个特定的 HACCP 计划，这是由于危害分析显示没有显著危害，不过所有的冷链运营商都必须对卫生状况和操作进行监测。建立和维护一个良好的"卫生计划"是实施 HACCP 计划的基础和前提。如果没有对食品生产和流通环境的卫生控制，仍将会导致食品的不安全。无论是从人类健康的角度来看，还是从食品国际贸易要求来看，都需要食品的生产经营者建立一个良好的卫生条件。通过实行卫生计划，企业可以对大多数食品安全问题和相关的卫生问题实施最强有力的控制。事实上，对于导致产品不安全或不合法的污染源，卫生计划就是控制它的预防措施。

我国食品生产和流通企业都制定有各种卫生规章制度，对食品生产和物流环境、加工的卫生、人员的健康进行控制。为确保食品在卫生状态下生产和流通，充分保证达到 GMP 的要求，企业应针对产品或生产场所制定并且实施一个书面的 SSOP 或类似的文件。实施过程中还必须有检查、监控，如果实施不力还要进行记录和纠正。这些卫生方面的要求适用于所有种类的食品零售商、批发商、生产加工和物流企业，贯穿食品物流的全过程，其关键在于实施和监控。

3. HACCP

HACCP（Hazard Analysis Critical Control Point，危害分析关键控制点）是一种简便、合理而专业性又很强的先进的食品安全质量控制体系，设计这类体系是为了保证食品生产系统中任何可能出现危害或有危害的地方得到控制，以防止危害公众健康的问题发生。HACCP 是一个预防体系，但不是零风险。

HACCP 体系最早出现在 20 世纪 60 年代，美国的 Pillsbury 公司在为美国太空计划提供食品期间，率先应用 HACCP 概念。他们认为，以往对产品的质量和卫生状况的监督均是以最终产品抽样检验为主，当产品抽验不合格时，已经失去了改正的机会；即使抽验合格，由于抽样检验方法本身的局限，也不能保证产品 100% 合格。确保安全的唯一方法，是开发一个预防性体系，防止生产过程中危害的发生。

HACCP 包括 7 个方面的内容：进行危害分析；确定关键控制点；确定各关键控制点的关键限值；建立各关键控制点的监控程序；建立当监控表明某个关键点失控时应采取的纠偏行为；建立证明 HACCP 等有效运行的验证程序；建立有关以上原则和应用方面各项程序与记录的档案。HACCP 相关术语解释如表 5-4 所示。

表 5-4　相关术语定义及解释

编号	定义	解释
1	关键控制点（CCP）	食品安全危害能被控制的，能预防、消除或降低到可以接受水平的一个点、步骤或过程
2	控制点（CP）	能控制生物、物理的或化学的因素的任何点、步骤或过程
3	关键限值（CL）	与关键控制点相联系的预防性措施必须符合的标准
4	CCP 判断树	用一系列问题来确定一个控制点是否 CCP
5	操作限值（OL）	比关键限值更为严格的，由操作者使用来减少偏离的风险标准
6	纠偏行动	当关键控制点从一个关键限值偏离时采取的行动
7	HACCP 计划	在 HACCP 原理基础上编制的文件，描述必须遵守的程序，来确保某一特定加工或程序的控制
8	危害	可能引起食品不安全的生物、化学或物理的因素
9	显著危害	可能发生的不可接受的健康风险

续　表

编号	定义	解释
10	监控	进行一个有计划的连续的观察或测量来评价 CCP 是否在控制之下，并为将来验证时做出准确的记录

HACCP、GMP、SSOP 在食品质量与安全控制中所起的作用各不相同，所控制对象和处理方法也有所不同，如表 5-5 所示。

表 5-5　HACCP 与 SSOP、GMP 的比较

项目	GMP	SSOP	HACCP
控制对象	通用卫生要求，通常包括厂房、设施、设备、人员、加工工艺、原辅料、卫生管理等	关键卫生要求，一般涉及整个加工设施或一个区域，因产品而异，其8项内容可增减	特定的加工工艺步骤
涉及危害	食品加工过程可能存在的大部分危害	与食品加工环境和人身有关的危害	与产品本身或加工工艺步骤有关的显著危害，SSOP、GMP 无法消除
方法	静态，通过产品检验判定是否符合要求	动态，包括确定对象、监控、纠偏、记录、验证	动态，包括确定 HACCP、监控、纠偏、记录、验证

但是 HACCP、GMP、SSOP 三者并不是孤立的，它们是相辅相成的，其中 GMP、SSOP 是 HACCP 实施的基础，如图 5-1 所示。

HACCP 体系已经被世界范围内许多组织，例如联合国的食品法典委员会、欧盟以及加拿大、澳大利亚、新西兰、日本等国所认可。目前，HACCP 正在我国食品全行业推广，包括生产商、加工商、运输、贮存及分销等方面。对大多数 HACCP 成功的使用者来说，它可用于从农场到餐桌的任何环节。在农场上，可以采用多种措施使农产品免受污染。例如，监测好种子、保持好农场卫生、对养殖的动物做好免疫工作等。在食品加工环节，做好加工过程中的卫生工作。当食品离开工厂时，还应做好运输、贮存和分发等方面的控制工作。在销售环节里，确保合适的卫生设施和进行冷藏。最后，在餐馆、食品服务机构和家庭厨房等地方也应做好食品的贮藏、加工和烹饪的工作，确保食品安全。

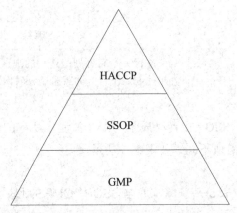

图 5-1　GMP、SSOP、HACCP 之间的关系

事实上，在食品物流的终端，消费者甚至可以在家中实施 HACCP 体系。通过适当的贮存、处理、烹调和清洁程序，在从去商店购买肉和家禽等食品到将这些东西摆上餐桌的整个过程中，实施多个保障食品安全的步骤。例如，对肉和家禽进行合适的冷藏，将生肉和家禽与熟食隔离开，保证肉类煮熟，冷藏和烹饪的残留物不得有细菌滋生等。

4. ISO 22000

国际标准化组织（ISO）已发布了最新国际标准——ISO 22000：2005。ISO 22000 是在食品部门专家的参与下开发的，联合国粮农组织与世界卫生组织联合成立的食品规范委员会也参与了工作，它在一个单一的文件中融合了 HACCP 的原则，包含了全球各类食品零售商关键标准的要求。此举将使全世界的组织更加容易地以统一的方法执行关于食品卫生的 HACCP 体系，不会因国家或涉及的食品不同而不同。

食品通过食物供应链到达消费者手中可能连接了许多不同类型的组织，可能跨越了许多国家，一个有缺陷的连接就可能导致危害健康的不安全的食品，如果发生这样的事，对消费者可能产生很严重的危害，对食品链供应者的损失也是相当大的，由于食品安全危害可以在任何阶段进入食物链，全过程的适当的控制是必需的，保证食品安全是食物供应链中所有参与者的共同责任，需要他们共同努力。

ISO 22000 的目的是让食物供应链中的各类组织执行食品安全管理体系，其范围从饲料生产者、初级生产者、食品制造商、运输和仓储工作者、转包商到零售商和食品服务环节以及相关的组织，如设备、包装材料生产者、清洗行、添加剂和配料生产者。ISO 22000 受到全世界广泛的支持，它符合了系统地控制食物供应链中的安全问题的要求，提供了一个在世界范围内唯一的解决方案。此外，ISO 22000 可以认证，响应了食品供应商日益增长的认证需求，同时，该标准在没有符合性认证的情况下也可以贯彻。

（三）HACCP 在易腐货物冷链安全控制中的应用

某食品供应和配送物流流程如图 5-2 所示。食品供应和配送加工中心根据 HACCP 原则，首先分析食品物流的流程，找出控制关键点（CCP），然后采取适当方法和措施控制关键点，并建立监控档案和确立纠正措施。一个基于 HACCP 体系的温度控制系统如表 5-6 所示。

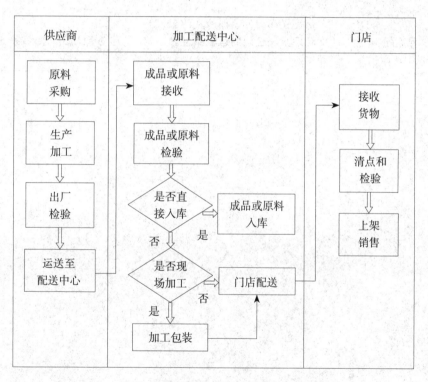

图 5-2　食品供应和配送物流流程

表 5-6　基于 HACCP 体系的温度控制系统

关键控制点	控制内容	控制手段
食品原辅料运送	原料运输中的温度管理	移动卡式温度录入器

续　表

关键控制点	控制内容	控制手段
到货验收	到货数量、重量、质量检查冷冻/冷藏食品温度检查	触摸屏/PDA 录入手持温度计录入
预处理	室内温湿度管理	温湿度计连续检测记录空调保持温度、湿度
冷冻/冷藏保存	各仓库的温度管理保存时间检查保质期限检查、记录	库内温度连续检测、记录入/出库时间及保质期限触摸屏/PDA 录入
保温配送	配送车保温、保冷室的温度管理至配送地的运输温度管理	移动卡式温度录入器

第六章
高科技条件下中国冷链物流产业面临的挑战

第一节 医药冷链物流管理的启发

一、药品冷链物流定义

冷藏药品是指对储藏、运输条件有冷处或冷冻等温度要求的药品,具有批量小、批次多、安全条件要求苛刻的特点。由于冷藏药品对温度具有敏感性,从生产企业成品库到使用前的整个储存、流通过程都必须处于规定的温度环境(控温系统)下。

因此,冷藏药品在生产企业、经营企业、物流企业和使用单位等相关企业间采用专用设施,使冷藏药品从生产企业成品库到使用单位药品库的温度始终控制在规定范围内的物流过程,即被称为药品冷链物流。

二、药品冷链物流服务对象

我国药品流通过程中涉及冷链问题的有两大领域:一是药品在制药企业、批发药企、零售药店、医院终端四大环节的冷链管理;二是药品在第三方物流过程中的冷链管理问题。

可见,药品冷链物流包含冷藏药品的低温生产、低温运输与配送、低温储存、低温销售四个环节。因此在药厂生产药品后,就已经开始进入冷链流程,经仓储节点、流通渠道运到销售终端,最后销售给消费者。

三、药品冷链物流的运作条件

冷藏药品对储藏、运输条件有冷处（2 ~ 10℃）或冷冻（-10 ~ -25℃）等温度的要求。冷库内温度自动监测布点应经过验证,符合药品冷藏要求。对冷藏药品应进行 24 小时连续、自动地温度记录和监控，温度记录间隔时间设置不得超过 30 分钟。自动温度记录设备的温度监测数据可读取存档，记录至少保存 3 年。

冷藏车在运输途中要使用自动监测、自动调控、自动记录及报警装置，对运输过程中的温度进行实时监测并记录，温度记录时间间隔设置不超过 10 分钟，数据可读取。温度记录应当随药品移交收货方。采用保温箱运输时，根据保温箱的性能验证结果，在保温箱支持的、符合药品储藏条件的保温时间内送达。

应按规定对自动温度记录、温度自动监控及报警装置等设备进行校验，保持准确完好。温度报警装置应能在临界状态下报警，应有专人及时处置，并做好温度超标报警情况的记录。

四、我国医药冷链物流发展状况

1. 市场供需状况

冷链药品的需求量与供给量呈正相关关系，从客观上映射了冷链药品的需求状况。一般而言，买卖双方是决定商品需求的主体因素，为了更好地分析冷链药品的需求，分别选择销售量和消费者的购买力作为研究的切入点。

我国医药冷链物流起步晚，发展缓慢，总体市场状况不容乐观，由于国家高度重视，我国医药冷链物流的从业行业逐步增多，冷库建设也取得了一定的成绩。生物生化类医药行业涌现出了一批区域性的龙头企业：比如华北地区的国药控股，北医股份等；华东地区的国药控股上海公司，上海医药；华南地区的广州医药，一致药业等。这些企业在医药冷链物流的管理上思想先进，设施设备完善，运作顺畅，大部分已经实现了自动化、网络化、信息化的高端物流要求，并且带动了行业内其他企业的发展。

我国已成为全球第三大医药市场，生物生化制药行业也保持了较高的增幅，产值大幅度提升。在国家大力推进健康发展计划的背景下，生物医药领域存在着巨大的市场需求。行业的增长势必带动医药产业销售量的增加，相应地也会提升冷链物流需求。居民用于医药产品的消费性支出增多，购买力增强，医药终端市场的规模日趋庞大，这将为药品流通业带来更大的市场需求，医药冷链物流也随之进入快速增长时期。

2. 发展中存在的问题

（1）标准落实不到位。医药冷链行业在标准方面有很多不完善的地方，其中最棘手的问题就是标准落实不到位。目前在医药产品运输配送过程中尚有无资质的小型企业没有通过全程冷链，物流成本低导致产品价格较低；正规企业按照国家标准保证每一环节都通过冷链完成，最终导致医药产品在价格方面缺乏竞争力。消费者普遍的消费心理偏向于价格便宜的产品，这对于全程冷链操作的规范企业来说是不公平的竞争。国家出台的标准在实施层面上遇到阻碍，没有完全落实到位；企业不完全按照国家标准执行，自律性差，冷链物流行业发展举步维艰。

（2）基础设施落后。我国医药公司运输药品普遍采用小批量、多批次，难以形成一定的规模开展集运，医药冷链物流面临的最大问题是运输难、配送难。特别是在不发达的二线城市，物流市场落后，具备冷藏品运输条件的物流企业寥寥无几，很多医药企业被迫规定冷藏药品不得托运。我国的冷链设施不完善，冷链物流装备不足：铁路方面，冷藏车仅占总量的3%左右；公路方面，我国的保温车辆约有2.5万辆，而美国拥有20多万辆。专业基础设施的落后阻碍了医药冷链物流业发展。

（3）信息化程度滞后。基于供应链理念，我国医药冷链物流从供应链顶层到底层涉及医药制造商、医药供应商、医药分销商、医药零售商等，这些物流节点没有实现完全联网，难以实现信息共享，无法对药品温度进行实时监控。受技术限制，多数物流公司采用在出货和进货时进行温度测定的方式，这种人工确认温度的方法不能实现温控数据的连续性和准确性，难以保证药品质量。医药经营企业只有提高信息化程度才能保证医药产品全程的温度监测和控制。

（4）监管体系落实不到位。在医药冷链物流过程中，大部分企业不能够很好地落实尚存在的与冷链物流相关的行业标准。很大一部分行业标准用来作为形象工程，在实操过程中不能发挥监管作用，出现问题各环节人员相互推诿，原因可归结为物流各环节责任归属不明确。所以很多企业抱着侥幸的心理，为了节省开支，只要在监管不到的环节，在运输过程中不遵循运输规范，没有完全按照标准进行运输，盈利第一而药品质量第二，导致了医药产品质量得不到保证。

（5）专业人才匮乏。近年来中国物流产业蓬勃发展，国内企业对物流人才的需求量也逐年增加，但是与之相应的物流人才教育培训却跟不上产业发展的步伐，全国各地物流人才缺口很大。至于物流领域的新兴产业——冷链物流，人才缺口则更加严重。由于医药冷藏品具有高时效、高价值、容易变质的特性，这就要求员工具有较强的物流专业水平，要既懂物流又懂医药，但是就目前而言，全国并没有一所高校开设这样的专业。即便有些学校开设了物流专业，但由于物流行业具有实操性很强的特征，而这些学校的教育方式跟企业实践相结合的太少，到最后学生只能学到较高的理论水平，但往往实践能力比较差，很难胜任企业所交给的岗位任务。

五、我国医药冷链物流管理启示

医药物流的高附加值、高标准、高要求，决定了其监管的异常严格，整个供应链环节都需全程冷链，这需要多方发力。具体来说如下。

1.完善医药冷链物流相关标准和监管制度

从国外已有经验来看，医药冷链运输的发展依赖于法律规范的保障、政府立"法"管理、行业立"章"规范、企业立"秩"自律。冷链物流是一个对资金、管理和技术要求都很高的产业，一个国家的冷藏药品冷链保障体系的建设，需要政府、行业组织和企业通力合作。针对冷藏药品冷链物流行业标准严重缺失的现状，我国应尽快制定与国际标准衔接的药品冷链物流标准，实现从生产到使用的全程监控体系，并建立有效的监管机制，严密监测疫苗等冷藏药品在冷链各环节中的运行状况。在相关标准中应该明确医药冷链运输过程中的运输条件要求，以及相关设备的要求，同时应该明确规定各个流程负责人，把责任落实到个人，这样当有问题发生时，可以避免相关人员互相推诿，同时把责任落实到个人，还可以加强每个人的责任心，自己确切负责的地方一定会努力做好。

2.完善医药产品冷链物流技术和信息跟踪体系

为了提高我国的冷藏医药产品冷链物流管理水平，应建立有统一标准数据的计算机管理信息系统和电子交换系统，全面动态监控各种冷藏车和冷库，及时了解库存产品的保质期和库龄。这就迫切需要国家相关部门牵头建设一套全程集成化、无缝质量安全控制体系的追溯体系。要充分利用审批药品集中采购的平台信息资源，构建全国药品信息平台，向社会公开药品的价格、用量、质量、流通等信息，接受社会监督，建立信息共享和法规追溯机制，我们也期待医药物流信息化的进程能够加快。建立物流、生产、销售企业之间的信息交换平台，采用 RFID 射频识别和条形码相结合的自动识别方案，追溯供应链中各环节的有关信息，准确识别发生医药产品安全问题的原因，及时实行医药产品的召回。医药物流企业应逐步加大物流网络建设、信息装备自动化技术的引进和开发，以及符合新版 GSP 要求的医药物流中心的升级改造，优化医药物流服务流程，建立面向全产业链的一体化供应链系统，实现医药物流的全面冷链管理。冷链涉及多个环节，任何一个环节断链都意味着整个冷链的失败，只有实现全程冷链物流无缝化和一体化，才是一个完整的冷链物流供应链体系。

3.鼓励和扶持第三方医药冷链物流企业发展

政府应采取以下措施来鼓励和引导发展第三方医药冷链物流企业。

（1）政企合作。积极鼓励第三方医药冷链物流企业开拓药品冷藏业务，政府聘请专家提供医药冷链业务指导以及人员培训，同时将医药冷链物流发展状况作为一项重要的考评指标用于物流企业等级评比。

（2）财政支持。政府应对第三方医药冷链物流企业在冷藏药品库建设、保温设施设备购买等硬件建设方面提供低息贷款和资金补助政策，对第三方医药冷链物流企业提供如三年的免税政策，以此来降低第三方医药冷链物流企业发展的资金壁垒和政策规制。另外，政府应给予优惠资金和政策扶持，激励并引导医药物流行业协会的发展，以增强行业协会的纽带桥梁作用。

（3）鼓励民间资本投资第三方医药冷链物流企业。政府应降低医药冷链物流企业的准入门槛，一方面鼓励已经具有一定规模的物流企业发展医药冷链物流网络业务，向专业化、规模化发展，组建独立的医药冷链物流公司，政府给予优惠的政策支持；另一方面鼓励规模大的第三方医药冷链物流公司实施行业内的并购、整合，以实现优胜劣汰，促进第三方医药冷链物流行业的规范化和最优化发展。

（4）就冷链物流业务基础资源来讲，存在结构性矛盾，但更缺乏的是资源整合和运作效率。如果能够将全国相关资源，如冷链物流公司、信息化机构、生产企业等进行合理的整合，形成集调度、仓储、运输、结算于一体的信息化指挥控制平台，则有机会创建更强的专业化赢利模式。依赖现代信息化技术，建立第四方医药冷链物流平台，则有机会全面承接冷链产品从车间下线到患者使用前的物流业务。

4.完善医药冷链物流硬件配套设施的建设

要实现我国医药冷链物流整体服务水平的提升，高标准的医药冷链物流硬件配套设施建设必不可少，但与欧美发达国家医药冷链物流配套硬件设施相比，我国的差距还是很大的。因此，我国应在如下方面展开专业化的医药冷链物流硬件配套设施的完善工作。

（1）冷藏箱（车）温控技术设备方面。由于医药冷链物流运输中冷藏箱（车）一般难以实现满载，在运输实践中可采用同车多温控制技术，即在一辆车上同时设立冷藏药品、冷冻药品以及常温药品和医药器械等多个温控区域，实现不同温度要求的产品可同车运输，提升满载效率。

（2）节能环保的冷藏物流技术方面。医药冷链物流行业应加快推进新型节能环保冷藏技术的普及推广工作，积极引进先进的医药冷链节能设备，以适应医药冷链绿色物流发展的需要。

（3）改造和更新现有的冷链运输和仓储设备，发展适应小批量、多品种的小编组机冷车，满足医药市场对多品种、小批量货源运送的需要。在冷藏药品冷链物流技术方面，加快先进技术引进工作。通过先进的技术，对医药产品冷藏、运输等进行实时监控和管理。

（4）加快冷链设施设备的研发。专业化的医药冷链物流需要高标准的设施设备支撑，为了提高我国医药冷链物流的整体水平，必须完善配套的设施设备。在城市的道路体系中，要建立应急医药冷链物流的专用通道，服务于造血干细胞的移植、器官的移植、灾后药品的输送等。专用通道与城市的普通通道相结合，避免拥堵造成的运输延迟。依靠不断改进的道路系统，有计划地实现"门到门"医药冷链物流的全程服务。

5.加强医药冷链物流人才创新培养

医药冷链物流是一个多学科、跨行业、多部门的有机结合体，其物流管理涉及药品运输、仓储与配送等环节的高效运作，因此，既懂医药又懂物流的高素质复合型人才是我国医药冷链物流发展所急需的。要促进冷链运输的快速发展，适应国际冷链物流市场竞争的需要，必须重视培养高素质的物流管理人才。为此，我国各高校应积极开设医药冷链物流专业课程，实施本科及硕士等多层次学位教育，为医药冷链物流培养高级专业人才和管理人才；同时，在社会领域要加大医药冷链物流行业职业资格认证和培训工作，提升我国医药冷链物流从业人员的整体素质，满足我国医药冷链市场对于人才的需求。

总之，在保障医药产品质量安全的前提下，构建医药冷链物流管理的服务平台，形成我国的医药产品冷链物流管理体系，建立一个能满足医药生产企业、医药经营企业、医疗机构临床需要的一体化冷链物流管理模式和服务平台，是未来的发展大方向。

第二节　农产品冷链物流产业面临的关键性问题

2008年9月，全国物流标准化技术委员会冷链物流分技术委员进行了一次大规模的调查，调查主要针对我国冷链物流行业发展的现状，以及行业内企业对于信息服务和冷链物流的监管。调查结果显示，目前我国冷链物流行业存在的主要问题是缺乏冷链物流意识，成本价格比不合理，服务标准、从业标准缺失，油耗成本、人力成本偏高，公共信息平台少，空载配货率低，物流企业缺乏严格的自我约束等。

同样的，中国农产品冷链物流产业也面临着一系列的问题，如缺乏农产品冷链物流意识，服务标准、从业标准缺失，成本价格比不合理，公共信息平台建设缺乏等。

一、农产品冷链物流产业发展过程中的体制问题

中国农产品冷链物流产业缺乏有效的监管机制。农产品冷链涵盖了从田间种植到商超销售的冷链全过程，中间环节众多，给监管造成了一定的困难。而且更为重要的是，生产环节和流通环节的监管机构不同，各自有一套监管体系，却没有一套完整的农产品冷链全链监督机构，这对于农产品冷链的全链管理十分不利。多部门如农业、质检、卫生、工商、税务等的共同监管使得各个监管机构对自身的权力界定不够清晰，在出现问题的时候互相推卸责任，发生事故后不能及时处理，导致二次事故的发生。

农民将生鲜农产品从田间采摘下来之后，是否采取冷链措施，采取何种冷链措施，完全由农民自己决定。根据产品自身的特点，有些农产品需要预冷后才能进入冷库或冷藏车运输，但是实际的情况是，农民缺乏预冷设施，这一环节往往被忽略。与此同时，一些农产品冷链加工企业为了降低成本也将预冷环节省略，这不仅造成了产品本身的品质损失，也为产品加工后的储存埋下了隐患。因此，在这一环节，迫切需要政府机构的介入，从源头上对农产品冷链进行全面的监管。

1. 农产品冷链物流的加工环节

这一环节主要靠食品卫生机构进行相关的监管，但是食品卫生机构只对加工环境和加工后的产品品质进行监管，而对于加工过程没有实质性的监管措施，只要加工车间符合卫生要求，加工后的产品无质量问题，食品卫生机构的监管责任就完成了。但是，从冷链的角度来看，从农产品进入加工车间到加工全过程，再到产成品包装入库，全过程的温度控制也非常重要，而这一环节恰恰没有一个官方机构进行管理，不能不说，这是一个严重的漏洞。

2. 农产品冷链物流的流通环节

由于农产品冷链物流流通环节众多，涉及多个行业、多个部门，因此监管也相对困难。目前在农产品冷链流通环节，基本上不存在政府监管，只有企业内部的自我监管。缺乏政府监管会导致很多问题，如冷链运输车辆不开启冷冻设施导致农产品变质，商超的冷冻冷藏设施老化导致农产品品质损害等。

从现实的情况可以看到，中国目前没有一个专门的机构对农产品冷链物流市场进行监管，而是由交通部、商务部和农业农村部等部委的相关部门取而代之。

事实上，由于农产品冷链是一个由众多环节组成的冷冻冷藏供应链，因此，政府监管也应从供应链的角度入手，对农产品冷链的全过程进行监管，这就有必要建立一个专门的机构，对从田间到商超的所有农产品冷链物流环节进行过程控制和监管，从而更好地保证商品的品质。

二、农产品冷链物流产业基础设施网络体系建设问题

农产品冷链物流产业基础设施网络体系建设问题从本质上说就是产业的布局问题。目前的情况是，我国农产品冷链物流产业基础设施建设不够平衡，网络体系尚未完善，农产品冷链物流基础设施建设缺乏整体规划和相互协调，同时，现有基础设施落后，新的基础设施建设从方向上缺乏平衡，影响了农产品冷链物流产业的发展。

（一）农产品冷链物流产业基础设施网络体系地区性不平衡问题

从地域分布来看，我国农产品冷链物流基础设施呈现东部地区和中部地区分布相对密集而西部地区相对稀疏，南部地区分布密集而北部地区相对稀疏的状况。当然这种状况是由我国经济发展的特殊情况所决定的，东中部地区和南部地区的经济发展迅速，人民生活水平提高较快，对于冷链农产品的需求旺盛，因而冷链物流基础设施发展较快，而西部地区和北部地区则相对发展迟缓。

这一特殊情况导致我国农产品冷链物流基础设施网络体系的发展出现了严重的地域性不平衡问题。资源的倾斜导致北部、西部地区的冷链农产品价格相对较高，消费者很少享受到优质冷链农产品，而东中部地区和南部地区的消费者已经习惯了用相对较低的价格购买冷链农产品，一旦由于成本的原因导致冷链农产品涨价，消费者就会以不再购买相威胁，进而导致冷链基础设施运作效率低或者基础设施闲置，造成较大的资源浪费。同时，激烈的市场竞争也导致了冷链基础设施闲置的问题，这主要是因为冷链设施运行的成本相对较高，在冷链农产品价格上的加成也相对较高，导致农产品的竞争力减弱。

（二）农产品冷链物流基础设施发展方向不均衡问题

农产品冷链物流相关设施的投资巨大，资金实力不强的企业很难涉足其中，但是由于目前第三方冷链物流企业的服务费相对较高，因此对企业的吸引力很大，在这样的情况下，一些企业就对冷链基础设施进行了分析，冷库的投资巨大，收效缓慢，一旦退出，沉没成本高；而冷冻冷藏车辆的购置费用相对来说较低，企业能够负担，投资的回收期也比较短，因此很多企业选择投资购买冷冻冷藏车辆进行相关的运输服务。资金投向的倾斜导致了冷链设施设备发展的不均衡，冷库

偏少，冷冻冷藏车辆相对较多，使农产品的冷冻储存相对困难，同时企业更加倾向于建设附加值高的冷库，如水产肉类冷库；投资回报率高的冷库，如城市经营型冷库等。现有的冷库中，大部分只限于肉类、水产品的冷冻储藏，果蔬农产品冷库相对较少，而多功能加工型冷库就更加缺乏。冷链运输车辆虽然相对较多，但是与发达国家相比，数量明显不足，一样亟待发展。

（三）现有农产品冷链物流基础设施陈旧落后，不能满足市场的发展需要

与西方发达国家相比，我国的农产品冷链物流设施相对落后，很多冷库是20世纪八九十年代的产物。制冷设施陈旧导致冷库的温度控制相对困难，而且陈旧的设备经常会出现故障，导致冷库不冷的情况出现，设备的维修如果不及时，势必造成商品的损失。冷链运输过程中，我国有约80%的生鲜农产品是通过开棚设计的普通卡车进行运输，目前有保温车辆约4万辆，仅为加拿大的1/3，德国的1/4，冷藏保温汽车占中国货运汽车总量的0.3%，冷链货运量占总运量的20%，而加拿大的数字分别为2.5%～2.8%和60%～80%。铁路冷藏车自从废弃了加冰冷藏车后，冷链运力也大为降低，目前仅有6 970辆，其中大部分是机械制冷的速冻车，相对先进的冷藏保温车很少，冷藏货运量仅占铁路货运总量的1%。

从农产品冷链流通环节上来看，大型的农产品批发市场、大型区域性生鲜农产品配送中心冷链设施的老化与缺乏也是一个重要问题。这些环节作为重要的节点设施，起到了承上启下的关键性作用，目前的农产品批发市场只有个别的有小型冷库向经销商提供租赁服务，大部分经销商自己购置冰柜等基本冷冻冷藏设施，因而经营规模受到了一定的限制。

从冷链第三方物流的发展状况来看，很多由原来的储运企业发展而来的第三方冷链物流企业设施设备陈旧，运营效率低下，新兴的农产品冷链物流企业考虑到冷链物流设施设备投资巨大，少有自行投资建设冷库、购买冷冻冷藏设施的情况，基本上都会采取外租的形式，而租赁的设施设备又大多数是老化陈旧的设施。近段时间，通过吸引外资的形式，很多大型的冷冻冷藏企业建立，国外雄厚的资本注入我国农产品冷链物流产业，相信在不久的将来，设施设备陈旧老化的问题可以逐步得到的改善。

三、农产品冷链物流产业装备与技术问题

中国农产品冷链物流产业的发展与产业技术装备的升级息息相关。一个产业的发展如果没有强大的技术装备的支撑，它的发展就是缺乏保障的。产业发展促使技术装备升级换代，技术装备的升级换代又进一步促进了产业的发展。我国农

产品冷链物流产业存在的一个大问题就是装备、技术落后问题。

（一）农产品冷链物流产业装备落后问题

农产品冷链物流装备主要包括冷链加工、冷冻储藏、冷链运输与销售过程中涉及的所有专用设施设备。农产品冷链物流运营过程中涉及的办公设施设备因具有通用性，不包含在研究范围内。

从冷链加工的装备情况来看，目前我国没有针对冷链要求的专业加工设备，基本上除了水产品的速冻设备之外，畜肉类、禽类加工没有使用专业的冷链设备，整个加工过程中没有对温度的控制。从冷链储藏设备来看，我国的冷库大部分是20世纪八九十年代建设的，规模小、冷冻能力差，仅限于水产品和肉类的冷冻和冷藏，不能满足现代农产品冷链的需求，同时，冷冻设备虽然能够正常运转，但是对温度的控制能力差，经常出现故障，维修时间过长导致对冷链失去控制等。从冷链运输的装备情况来看，农产品冷链物流运输主要是铁路运输和公路运输，而且随着经济的发展，公路运输越来越成为运输的主要力量。但是目前农产品冷链运输车辆数量很少，全国总共有4万辆左右，不及货运车辆总数的10%，而且这其中还包括运输药品的冷冻冷藏车辆、运输速冻食品的冷冻冷藏车辆等。密封式或厢式货车还不到货运车辆的30%，大量的货运车辆是开篷式常温运输车。可见，冷冻冷藏车辆缺乏是产业面临的一个重大问题。同时，大量的常温运输车辆用在了冷链运输中，只有大约20%的农产品采用了冷冻冷藏运输的形式，其余80%都采用了常温车运输，这造成农产品的品质无法保证。铁路冷链运输目前的情况是冷冻冷藏车数量在逐步减少，冷冻集装箱的数量在稳步增加，由于集装箱具有密封性好、装卸灵活等特点，将成为铁路运输和水路运输的主要冷链运输方式。销售环节是与消费者接触的最终环节，这一环节也是设施设备相对较好的一个环节，目前存在的主要问题是设施设备的数量相对较少，不能满足终端销售需求。

（二）农产品冷链物流产业技术落后问题

设施设备落后可以靠大量的资金投入直接从国外引进，但技术的发展本质上不是靠引进、靠大量资金投入可以解决的，很多先进的技术引进之后，由于缺乏专业人员，使用不当，造成了设备的闲置，因此冷链技术的发展是我们面临的一个重要问题。

1. 制冷保鲜技术

目前主要的保鲜技术是通过温度的调节，抑制农产品的呼吸作用，进而达到保鲜目的，这种传统的方法主要缺点在于能耗大、温度控制困难、冷库的分区问题等。世界各国都在积极发展新的保鲜技术，如栅栏技术、生物酶技术、可食用性包装膜技术、超高压储藏技术等，这些技术能够在保留食品原有营养成分的同时，保持甚至加强其风味，所需处理时间较短、储存期较长，与冷冻冷藏技术相比具有明显的优越性，这也是我国农产品冷链物流产业技术发展的方向。

2. 温度追溯技术

由于我国对农产品全程冷链温控还没有足够的认识，冷链温度追溯技术相对落后。目前西方发达国家流行的温度追溯技术主要包括 RFID 技术、遥感技术、全球卫星定位等，这些技术在我国也有应用，但是极少应用于农产品冷链物流产业。目前我国农产品冷链物流温度的实时监控基本上没有形成，食品温度的追溯系统更是无从谈起，即便有些出口农产品要求有温度监控记录，也存在普遍的造假现象，这对于我国农产品进入国际市场参与竞争十分不利。

农产品冷链物流产业技术装备落后的更深层次原因在于成本问题。根据威廉姆森提出的交易费用理论，资产专用性是指人力或实物资产在多大程度上被锁定而投入特定贸易关系，也就是在不牺牲生产价值的条件下，资产可用于不同用途和可供不同使用者利用的程度。也就是说，专用性资产一旦形成就会被锁定在某种特定的形态上，如果要改作其他用途，其价值就会迅速降低，甚至一文不值。生鲜农产品冷链物流设施就具有鲜明的资产专用性，且该种资产投资巨大，一旦出现收益不稳定的情况，企业将面临极大的经营风险，因此，企业对于冷链物流设施设备的投资非常谨慎，或者回避投资，这就直接导致了产业装备与技术的落后。

四、农产品冷链物流产业法律、法规和标准化体系建设问题

（一）农产品冷链物流产业法律、法规不能满足产业发展的需要

随着经济的发展和生活水平的提高，消费者越来越重视食品安全问题，政府也针对食品安全问题出台了一系列的法律、法规。1982 年，《食品卫生法》颁布；2006 年，《农产品质量安全法》出台；2009 年，《中华人民共和国食品安全法》出台。这些法律的出台，对于农产品冷链物流的发展起到了重要的促进作用。但是，我们同时也要看到，仅仅有这些还是不够的，中国农产品冷链物流市场庞大，涉及的环节众多，仅仅用一两部法律、法规进行约束是不可能达到理想状态的，更何况现存的法律、法规颁布时间久远，导致法规已经不符合目前的现实情况，同时存在较多的漏洞，政府在对农产品冷链物流进行监管的问题上缺乏法律、制度依据，因此使得很多不良商家有机可乘。

（二）农产品冷链物流产业标准化体系建设亟待加强

除了法律、法规的缺失之外，中国农产品冷链物流产业还存在标准化体系建

设落后的问题。近年来各级政府机构在生鲜农产品流通标准方面做了大量的工作，出台了农产品质量标准近 3 000 个，但是与农产品物流和流通有关系的仅有 100 多个，对于具体的农产品冷链物流流通温度等问题一直没有相关的标准出台。目前的许多标准还是 20 世纪八九十年代制定的，十几年来少有修订，已经不符合目前的实际需要，而且与国际接轨的标准就更少。既然农产品冷链物流没有统一的标准，很多企业就可以按照自己的标准进行相关的运输、储存与销售，很多时候，产品的品质得不到良好的保证，而相关机构由于没有合适的法律、法规也无法进行处罚。我国农产品冷链物流各环节的设施设备操作标准没有统一，冷链全程的温度控制标准没有确定，各类农产品的冷链控制温度区间也没有具体的安排，这就导致鲜活农产品在运输、储存、销售的过程中，不能按照统一的操作标准进行运作，企业和企业之间也很难实现运作的有效衔接。

目前只有少数地区，如上海，出台了《食品冷链物流技术与管理规范》等类似的冷链物流技术规范，对食品冷链的温度、储存环境等问题进行了规范，绝大部分地区和企业没有对农产品保存的温度、湿度、保存期等进行规定，冷库、冷藏车、商场冷柜的能耗也缺乏强制性国家标准，这必然导致我国农产品冷链物流运行效率低下、损耗增加、成本居高不下、内在品质无法保证。可见，有针对性的农产品冷链物流法律、法规与标准化体系建设是至关重要的，为了农产品冷链物流市场的健康和可持续发展，健全冷链物流运作法律、法规以及完善农产品冷链物流标准化体系势在必行。

五、农产品冷链物流产业信息化问题

信息化是经济发展的必然趋势，农产品冷链物流产业经历了几十年的发展，信息化程度有了一定的提高。尤其是在网络平台建设方面取得了一定的成绩，但是，相对于这个庞大的产业来说，目前的信息化水平还是远远不够的，与西方发达国家相比，我们的信息化水平还是很低的，需要在未来不断地提高。

（一）农产品冷链物流信息共享平台亟待建设

目前现存的农产品冷链物流企业中，商品信息、客户信息、订单信息等的处理已经采用了现代处理手段，企业内部建立了数据库，对信息进行实时处理已经不是问题，而且，很多企业为了实现与外部的信息沟通，还建立了自己的网站，从内部信息处理来看，基本上可以满足企业的需要。但是，目前的问题在于每一个企业都是单独建立自己的网络系统，相互之间没有网络接口，企业之间在字段、信息内容和类型上都不同，这就使得企业和企业之间的相互沟通成为一个非常现

实的问题，没有信息的沟通，资源的共享和设备的共享就非常困难，高效率的农产品冷链物流更是无从谈起。现实的情况是，有些企业设备闲置，而有些企业的设备又不够用而需要重新购置，如果它们之间有非常顺畅的信息沟通，那么闲置的资源可以得到有效利用，企业的资金也可以用在最需要的地方。

也就是说，现在的企业信息化问题已经不是企业内部的网络建设问题，而是企业之间的信息平台建设问题。正是由于企业之间相互没有沟通，导致了企业"信息孤岛"的形成，进而形成资源的浪费。从企业成本节约的角度来看，使用大型的网络信息平台也可以让企业的相关信息成本降低，从而提高经济效益。

（二）农产品冷链物流信息追溯统一协调系统尚未形成

农产品经过田间采收、预冷、加工、储存、运输、销售等环节最终到达消费者手中，任何一个环节出现问题都会导致产品品质缺陷，因此，农产品冷链物流的可追溯监督控制系统是非常重要的。目前由于我国农产品冷链物流的管理还存在体制方面的问题，没有一个机构对全链进行统一的协调管理，因此农产品冷链物流信息追溯系统基本没有形成，各个企业仅仅出于责任划分的考虑，对自己企业内的相关环节进行信息控制，这就使得整个冷链有些部分可追溯，而有些部分不可追溯，一旦出现食品安全问题，无法分辨责任的情况就会发生。同时，建设冷链信息可追溯系统也要耗费大量的人力、物力和资金，对于企业来讲所得到的效益却未可知，因此企业或者市场很难提供这样一套系统。由于这套系统是一个普惠系统，接近公共品的性质，因此应该由政府或行业协会来提供，在目前行业协会发展缓慢的情况下，政府应该适时介入。

（三）农产品冷链物流企业内部信息网络建设亟待加强

虽然我国信息化的发展已经有相当长的一段时间，但是，企业的信息化现状还是不尽如人意。很多企业的信息化流于形式，仅仅在财务等要求必须实现信息化的部门进行了相关建设，在企业的生产、加工、储存和运输环节都没有很好的发展，因此，从微观角度来讲，企业内部的信息化也是需要继续发展的。如果企业内部没有一个很好的相对成熟的信息化网络，那么，作为一个微观单位，企业信息网就无法与宏观的信息平台对接，也就无法实现信息网络大平台的构想。目前，我国正在积极投资建设信息平台，大平台建设意味着小平台的配套要跟上，才能使大平台有所作为，因此企业内部的信息网络建设也需要加强。

从另外一个角度来讲，我国农产品冷链物流企业现有的信息网络相对落后，不能应用现代科学技术对企业信息进行管理，GPS 技术、RFID 技术、传感技术在企业中的应用还不广泛，这些支撑性技术若不发展，企业信息平台也只能是低技术水平运行，很难与国家信息平台接轨。

（四）农产品冷链物流信息化标准不统一

农产品冷链物流企业信息系统的完善为国家信息平台的建立提供了基础保证，但是，前提是企业信息系统可以并入国家信息平台运行，如果企业的信息化标准不统一，每个企业收集的信息不同，信息的类型、大小、输入/输出方式不同，这样的信息系统也很难与国家的大平台接轨。而这正是目前我国冷链物流企业信息系统建设的一个重要问题，就是每个企业都按照自己的需要，建设自己的系统，从自身方便出发，设计自己的信息收集和录入方式，企业和企业之间完全不同，因此要想将企业的信息系统并入国家网络是非常困难的。从根本上来讲，这就是我国农产品冷链物流信息化标准不统一的问题，如果有统一的标准，各个企业的信息系统就可以互通，企业信息系统就可以成为国家信息系统的二级系统，进行相关的查询会非常方便。同时，农产品冷链本身的特点决定了农产品冷链物流企业信息传输的间隔更短，即时传输的要求更高，信息的类型和数量要求也很高，这恰恰是目前企业冷链物流信息系统的一大缺陷，这方面的工作还需要有关部门进一步推进。

六、农产品冷链物流产业成本控制问题

中国农产品冷链物流之所以发展缓慢，很大一部分原因出在成本控制上。一旦使用冷藏车辆进行运输，运输成本将大幅上升，相应分摊到单位农产品的成本也将大幅提高，进而导致冷链农产品销售价格的提高。价格的提高势必导致需求的降低，面对激烈的市场竞争，很多企业选择放弃冷链，但是，放弃冷链就意味着放弃了农产品的质量，因此解决农产品冷链物流的成本控制问题，在很大程度上不仅仅是降低成本的问题，而是在保证质量的前提下降低成本的问题。

目前在我国，农产品冷链物流成本控制的问题主要在于以下四个方面：

第一，没有形成完整的冷链物流成本计算科目体系。从目前企业会计核算的情况来看，我国财务会计制度没有对物流成本核算对象、核算范围进行规定。因此企业只能按照自己的理解来大致计算物流成本，而不能进行准确地计算和控制。物流成本散落在企业生产经营的各个环节，要将它们归拢并提炼出来相对困难。通常情况下，企业在计算成本时，只把支付给运输部门和仓储部门的费用列入物流成本，但这些成本只占企业物流总费用中很小的一部分，物流基础设施的建设费用，库房使用费，工人进行包装、装卸等的工资都没有列入物流成本。可见企业向外支付的

物流费用仅仅是冰山的一角，企业内部消耗的物流成本是非常巨大的。

第二，冷链物流成本局部控制导致的问题。由于冷链物流成本控制存在的困难很多，因此企业采取了化整为零的办法，对冷链环节进行局部的控制。冷链物流是一个系统性的概念，将冷链分裂开来进行局部控制的弊端很多。首先，采用局部控制的方法不能从整体上把握冷链物流的总成本，企业局部冷链物流成本的最优化并不意味着总成本的最优化，如果各部门只从自己的角度出发考虑成本的下降，最后的结果很可能是总成本不降反升；其次，对冷链物流成本的局部控制导致企业领导者只能看到局部成本的组成，不能了解企业的总成本情况以及相关成本与总成本之间的关系，使得企业管理者降低了冷链物流成本重要性的认识；最后，冷链物流成本的局部控制很可能导致部门间的互相推诿和责任不明，给企业的正常管理带来困难。

第三，经济发展的不稳定性导致成本控制困难。近年来中国经济发展迅猛，但同时也存在着相当多的不稳定因素，例如企业人力资源成本提高，工业原材料价格上涨，燃油等资源类产品价格的变动，以及国家一些政策法规的出台，都会导致冷链成本的变化，在这样的环境下，对冷链物流成本的预测相对困难，要将冷链总成本控制在一个预定的范围内也是不现实的。

第四，农产品冷链流通环节信息不对称，导致冷藏车辆的空驶运输、冷冻冷藏仓库的闲置，导致了冷链成本的提升，同时由于我国农产品冷链物流企业规模小、经营能力有限，不能达到经济规模，成本相对较高也是必然的，此外商超相对分散，也增加了流通环节的成本。

七、农产品冷链物流产业质量控制问题

农产品冷链物流产业的质量控制包括农产品从生产环节到冷链销售环节的全产业链质量控制，具体来说，假设农产品在采摘后的品质是良好的，那么农产品的预冷环节、冷链储存环节、冷链加工及流通加工环节、冷冻冷藏运输环节、冷冻销售环节等各个环节的质量控制就成就了最终产品的良好品质。在这样的情况下，单独对某一个环节进行质量控制远远不够，需要从供应链的角度进行全链控制。与此同时，从质量控制的对象来说，也包括两个部分：一部分是对农产品本身的质量控制；另一部分是对加工、运输与销售活动的过程控制。

（一）对农产品本身的质量控制

从对农产品本身的质量控制来看，目前存在的主要问题包括环境污染给农产品带来的内在品质的伤害，为了尽早销售而缩短农产品生产期而导致的农产品质

量问题，农药、化肥的不当使用带来的农产品品质问题等，这些问题虽然与冷链物流过程本身没有直接的关系，但是如果农产品本身的品质存在问题，那么即使冷链物流过程完整无断链，消费者所购买的商品也是存在质量缺陷的，食用后也可能会带来食品安全问题。从另外一个角度来讲，对本身有质量问题的农产品进行全程冷链的保证，也是一种资源的浪费。

（二）对农产品冷链流通过程的质量控制

从对农产品冷链流通过程的质量控制来看，农产品冷链物流流通环节众多，涉及多个企业、多种活动，目前企业各自对相关冷链流通活动进行质量控制，标准不一、质量各异，企业之间、各个环节之间很难协调一致。从农产品冷链本身的供应链特性出发，链条上任何一个节点的缺失都会导致整个农产品冷链的失效，因此现实情况是，冷链的上游没有做好相关的质量控制，导致下游的冷链质量控制失效，或者上游的质量控制做好了，下游的质量控制又产生缺失，完整的、有控制的冷链少之又少。商超里看起来质量很好的冷冻食品没有人知道经历了几次冷冻和解冻的过程，只有消费者买回家进行加工时才能看到，而此时质量问题已经是无可挽回了。

随着冷链技术的发展，目前很多质量控制技术在我国也有应用，如 HAC-CP 质量控制体系的应用，SQF 2000 认证体系的应用等，但是对于这些质量控制体系的应用情况很不乐观，企业为了节省成本，仅仅制定相关的质量控制文件，而不进行具体实施的例子比比皆是，同时，由于具体实施质量控制的人员素质有差异，导致质量控制体系流于形式，不能从根本上解决农产品冷链物流质量控制的问题。

八、农产品冷链物流产业低碳发展问题

"低碳经济"（Low Carbon Economy）一词最早于 2003 年出现在英国能源白皮书——《我们能源的未来：创建低碳经济》，书中提出，"低碳经济是通过更少的自然资源消耗和更少的环境污染，获得更多的经济产出，也为发展、应用和输出先进技术创造了机会。"可以看出，低碳经济是一种低能耗、低污染、低排放，同时高能效、高效率、高效益的经济发展模式。

低碳经济一般从生产、流通、分配和消费四个环节来体现，也就是低碳生产、低碳流通、低碳分配和低碳消费，在市场经济条件下，通过对制度的合理安排和对政策的重新整理，运用能源节约技术、可再生能源技术和温室气体减排技术来降低碳排放，从而建立低碳发展模式。

我国农产品冷链物流产业的低碳发展过程中，存在着众多的问题，其中很重

要的是低碳意识的传播问题，如果没有良好的低碳发展意识，产业的发展将受到极大的限制，当然产业的低碳发展也受到从产品生产开始一直到销售全过程的低碳问题，这也是我国农产品冷链物流产业低碳发展中存在的主要问题。

1. 农产品生产中存在的问题

从农产品冷链物流的源头开始，农产品的生产就存在相当大的问题。一直以来，我们采用的是高能耗的农业发展道路，"石油农业"的发展成就了表面的繁荣，一旦资源枯竭，农业的高速发展将无法维持下去，因此目前的农业繁荣的基础是非常脆弱的，大量能源的耗费提高了农产品价格，降低了农产品的竞争力；与此同时，大量无机能源的投入使得环境污染加剧，农产品的品质受到严重的影响。

2. 农产品冷链加工和储藏过程中存在的问题

在农产品冷链加工和储藏环节，主要应用的是电能，而不消耗化石能源，但是目前的电能很大一部分来自煤电，一样需要消耗化石能源，并且在电能的应用上，存在着过度用电、滥用电能的问题。此外，在农产品加工环节，存在着一定的浪费现象，稍微有些瑕疵的农产品不是被降级处理或销售而是直接抛弃的情况也时有存在。储藏环节的冷库存在空置现象，而且空置期间不关闭或调整制冷设施的制冷温度，造成较大的能源浪费，这些都是低碳发展问题的表现。

3. 农产品冷链流通中存在的问题

农产品冷链物流产业中存在的低碳发展问题集中反映在流通环节，虽然与工业相比，流通中的碳排放相对比例较低，但是近年来流通业碳排放总量却不断上升。尤其是在农产品冷链物流产业中，流通环节的碳排放更是不断放大，原因在于近年来随着对冷链农产品的需求不断增加，对于冷库等基础设施的建设相对密集，由此导致了能源的大量消耗，与此同时，冷冻冷藏保温车数量的迅猛增长也加大了燃油的需求量，结合目前的实际情况，少有冷冻冷藏车辆采用清洁能源进行运营，因此对环境造成的污染日益加大。在农产品冷链销售环节，商超零售终端购置了大量的冷冻冷藏开架售货柜，这对于冷链农产品而言当然很重要，但是这些设备存在大量的制冷损失，从低碳的角度来看也是不经济的。

九、农产品冷链物流产业与国际接轨的问题

农产品冷链物流不仅在国内是事关消费安全的大问题，从国际的角度来看，也关系到我国出口创汇的问题。改革开放至今，我们一直致力于加入国际经济发展组织，参与世界竞争，2000年，我们终于加入了世界贸易组织，从此与世界各国站在了同一起跑线上进行竞争，但是起点公平并不意味着禀赋公平，我们还有

很多相关的标准没有国际化，农产品冷链物流产业与国际接轨还有很多问题悬而未决。

（一）农产品冷链设施设备与国际接轨的问题

我国农产品冷链物流基础设施严重落后是不争的事实，设备的落后使得我们在对农产品进行处理的过程中就不能做到精确。例如，三文鱼的冷冻温度要求达到 –13℃，一般的设备是达不到这样的低温的，很多鲜花类产品对温度的要求非常敏感，温度范围只能在 ±2℃以内，这样的精确程度也很难达到，因此农产品冷链与国际接轨的问题首先就是设施设备与国际接轨的问题。

国外先进的设施设备价格昂贵，没有国家财政的支持，单靠个别企业的投资发展是无法实现的，因此农产品冷链物流产业在设施设备上与国际接轨需要更多的政府支持，鼓励高新技术和设备的引进、消化和吸收，催生新技术的发展。

（二）农产品冷链物流运作过程与国际接轨的问题

可以说，农产品冷链运作过程与国际接轨存在诸多困难，首先，中国的农业经济模式与西方国家有本质差别，中国的农业发展一直以来 都是小农经济占主导地位，一家一户的农业生产导致产品相对分散，而国外的农业生产是规模生产，农场主拥有大片的土地，可以进行规模经济生产，甚至可以进行大规模的加工和销售，而中国的农户除了采收之外，能针对农产品进行的加工少之又少，其加工能力、物流能力都非常有限。因此可以看到，中国农产品冷链物流产业的运作流程与国际接轨缺乏制度基础。虽然中国的农村也存在租地进行大规模生产的例子，但这毕竟是少数，耕种土地面积也小，不具有代表性，与国际运作流程接轨恐怕还需要时间。

（三）农产品冷链物流标准与国际标准接轨的问题

如果说设施设备的接轨和流程的接轨都相对容易的话，那么标准体系的接轨就是很困难的。从农产品的生产标准、冷链运输的标准、储存的标准以及销售终端的条件标准上都是非常困难的。国外对于农产品生产过程中农药残留标准，对于农产品糖分、水分含量以及其他物质的含量都有非常明确的标准规定，相比之下，我国在这方面就没有具体的标准。此外，在农产品的冷链运输过程中，国外对于运输车辆的具体要求，对于运输过程中的温度控制要求以及不同农产品所规定的不同运输温度都非常具体，但是同样，这在中国也没有具体的标准可循。我国可以参照国外的标准制定一套适合我国国情的标准，由于国外的标准是根据国外农产品的相关品质情况制定的，与中国还有差别，生搬硬套有可能会导致不符合实际情况的成本提高。

十、农产品冷链物流产业的第三方发展问题

经济的发展使社会分工日益细密，第三方物流的出现是社会分工的必然结果。农产品冷链物流产业出现第三方冷链物流企业的时间还不算长，但是随着第三方物流的迅速发展，第三方冷链物流也有一定的发展，只是发展严重滞后，影响了农产品的在途质量，产生的损耗更是提高了冷链成本和价格。调查显示，目前有大概40%的企业认为自营冷链物流可以很好地控制产品质量，保持操作的灵活性，因而愿意采取自营冷链物流的运作方式，但是有60%以上的厂商希望能够借助第三方冷链物流来降低企业的运作成本、提高企业专业化程度、减轻资金压力，因此，发展第三方冷链是产业的必然选择。但是从目前农产品冷链物流企业的发展现状看，存在着规模小、利润低、网络覆盖面小、技术水平不高等诸多问题。

1. 第三方冷链物流企业规模小，技术水平不高

中国的农产品生产方式是分散的农业生产，规模小、冷链物流难度大，我国农产品冷链物流又处在发展的初期，都是生产加工企业自行组织冷链流通，冷链仓储和冷链运输功能都由企业自行负责，但是由于冷链设施设备投资巨大，企业在能力有限的情况下，只能向外寻求相关资源，因此随着社会分工的深入，越来越多的第三方物流涌现出来，第三方冷链也开始发展。从国外的情况来看，由于农产品的生产规模较大，催生了很多大型的第三方冷链物流企业，同时由于国家补贴的存在，使得这些企业可以使用最先进的技术。但是从我国的发展状况来看，由于冷链物流需要投入大量的资金，能够进入第三方冷链物流的企业相对较少，只有资金相对雄厚的企业集团，为了自身发展的需要才会考虑建设自己的冷链企业，而且基本目标是为了满足自身需要，因此规模相对较小，技术水平不高。此外，虽然消费者对于冷链的要求越来越高，但是由于缺乏相关的标准，冷链企业采用高技术的冷链设施设备和一般设备所获得的效果从外观上很难分辨，加之高新技术设备成本高昂，市场的逆选择使得大部分企业都会采用低水平设备。

2. 第三方冷链物流企业分布不平衡

与农产品冷链物流产业布局类似，中国农产品冷链物流企业也呈现出地域分布不平衡的状况，而这种地域分布不平衡主要是由经济发展状况导致的。经济发达地区，消费者收入水平较高，冷链意识较强，相对的该地区的第三方冷链物流发展状况也比较好，如上海，农产品冷链流通率位居全国之首。但是在广大西部地区，在人们的收入水平相对较低的情况下，对于农产品的冷链要求较低，当地农产品冷链物流企业发展也比较缓慢。

除了地域分布的不平衡外，规模的分布也呈现不平衡的状况。规模较大、覆盖能力较强的第三方冷链物流企业大部分分布在经济发达地区，西部不发达地区较少或基本没有，在这些地区，主要是一些小规模的第三方冷链物流企业，由于市场相对较小，它们的发展规模也受到了一定的限制。

3. 第三方冷链物流企业服务单一，无法满足产业发展需要

第三方农产品冷链的发展受到经济发展水平的制约，规模小、技术含量低，与此同时，能够提供的服务也相对单一。目前的第三方冷链物流企业基本只能提供运输和仓储服务这些传统的项目，对于流通加工、信息服务、全冷链控制等现代服务项目还缺乏服务能力，这样的情况实际上给第三方冷链物流企业的利润增长和企业发展带来了很大的阻力。基本的服务是大家都能够提供的，如何通过新型服务提高企业服务的附加值，大幅度增加利润，这是目前第三方冷链物流企业需要着重考虑的。

从产业发展的角度来看，第三方冷链物流企业提供的服务质量和服务数量对于农产品冷链物流产业的发展至关重要，如果第三方冷链物流企业停滞不前，那么整个产业的发展也会受到阻碍。如果我们的生鲜农产品产量不断加大，但是运输和仓储设施却没有增长，相关服务水平没有跟上，那么面对我们的将是农产品质量无法保证，食品消费安全问题频繁发生，致使整个产业受到威胁。

十一、农产品冷链物流产业缺乏相关专业技术人才

农产品冷链物流的发展需要专业人才的支撑，目前我国农产品冷链物流产业主要缺乏三种人才：一种是专业的操作人才，也就是基层工人；一种是专业的运营人才，也就是企业的管理人员；还有一种是监督人才，也就是国家对产业运行的监督管理人才。在目前的产业发展中，几乎随处可见的现象就是企业工作人员懒散拖沓、粗心大意，管理人员缺乏全局观念，不能对全冷链进行协调工作，监督机构没有专业人员进行专业监督，因此要保证农产品冷链物流产业的持续协调发展，必须重视产业人才培养问题。

1. 农产品冷链物流产业缺乏专业操作人才

专业的操作人员指的是从事农产品加工、包装、分级、运输、装卸搬运等具体工作的相关人员。这些人员从事的是基层工作，同时也是事关农产品质量的关键性工作。目前的状况是，基层操作人员文化素质较低，进入企业后，企业出于成本的考虑，不对工人进行专业培训，或者仅对工人进行简单的培训，就开始工作，这样的工作人员只能从事相对简单的操作工作，而且错误率高，易对农产品

造成品质伤害。很多农产品品质的问题都是由基层操作人员引起的。

　　企业倾向于招募受教育较少的员工，主要是因为人力资源成本较低，而且方向性较弱，但是这样的员工会给企业带来发展上的瓶颈，实际上企业在员工培训上所耗费的成本会远远高于用工成本。但是企业往往不愿意为员工提供培训，原因在于一旦员工接受专业训练并有一定的工作经验后，就倾向于寻找工资更高、待遇更好的工作机会，人员的流动性也决定了企业不可能进行长期的重复性的培训工作。

　　2. 农产品冷链物流产业缺乏专业运营人才

　　专业运营人才指的是在公司内部的中高层管理人员。企业会采取两种途径选拔管理人员：一种是对向外招聘；另一种就是企业内部直接提拔。外部招聘的成本较高，且外聘人员对企业的熟悉需要时间，不能马上投入正常工作，因此企业更多地倾向于内部的选拔。从基层选拔的管理人员对基层工作相对熟悉，但是如果要负责企业的运营，就需要食品学、冷冻工艺学、制冷机械技术、供应链管理等多方面的专业知识，现实的状况是内部选拔人员往往不具备相关的知识和能力，实际上也需要企业进行专业培训，但是企业往往认为选拔出来的管理人员不需要培训就可以直接工作，经验的缺乏和管理能力的缺失使企业面临损失的危险。所以，一方面企业应该积极开展不同层次的培训；另一方面，行业协会和国家教育机构也应该有针对性地培养相关运营管理人才。

　　3. 农产品冷链物流产业缺乏专业监督管理人才

　　从政府的角度来讲，为了保证农产品冷链物流的正常运行，必须有专门的机构对产业发展进行指导、监督和控制，对冷链进行全程的监控，以保证农产品的质量安全。但是目前我国没有一个统一的机构对农产品冷链物流产业进行监督和管理，而是将管理权分散到农业、工商、质监等部门，而这些部门的工作人员仅仅对自己负责的相关业务比较熟悉，对冷链物流本身的特点缺乏了解和认知，因此也仅限于一般性管理，没有能力进行专业性的管理。从这一点来说，在国家公务人员的任用和培养上，也是需要改进和优化的。

第三节 果蔬冷链系统的安全风险识别

一、果蔬冷链系统安全风险识别

果蔬冷链系统安全风险识别是指分析果蔬冷链的相关环节、参与主体及系统所处环境,辨别影响果蔬冷链安全风险的因素,确定其来源及相互关联。

果蔬冷链系统安全风险具有以下特征:

(1)供应链安全风险具有传递性。果蔬冷链安全风险存在于从生产资料供应商传递到消费者的全过程,贯穿整个供应链。安全风险往往通过非预期的安全事故或质量问题暴露出来,风险在传递过程中会发生变化,出现安全问题的环节并不一定是风险的源头,供应链的节点越复杂,安全风险的形态也会越复杂。

(2)供应链安全风险具有潜伏性。果蔬农产品的安全风险有一定潜伏期,在具备相应环境条件时,就可能爆发安全事故,其表现为非预期的质量事故、安全问题,产品失效或产品功能无法实现。

(3)供应链安全风险主要表现为果蔬农产品质量与安全不能满足消费者的需求。消费者对产品量的需求非常明确,但对果蔬农产品的质量与安全认知不那么直接,如果不能控制食品安全,会导致顾客对食品安全产生怀疑,信任度下降。

果蔬冷链系统安全风险识别是应用风险相关理论与方法,结合实践经验、信息资料等,对安全风险进行判定与分析的过程。其识别过程从收集相关信息开始,借助于风险识别技术方法,分析识别果蔬冷链安全风险,根据风险分析形成风险来源、成因、形势等文字材料。

二、果蔬冷链系统安全风险来源及因素分析

风险管理与控制的主体对一般常见的风险可根据经验与常识进行识别和判断,根据一定的技术与方法来识别分析不易发觉的潜在风险。风险识别方法主要有德尔菲法、情景分析法、环境分析法、统计分析法等。

果蔬冷链系统安全风险是指果蔬冷链各环节所面临的对果蔬农产品造成损失的风险总和。从果蔬冷链安全风险的影响因素出发,可以将影响供应链安全的风险因素分为环境因素、设备与技术因素、人为因素和组织因素。

1．果蔬种植环节的安全风险来源与因素分析

（1）环境因素。① 自然灾害：水灾、冰灾、地震、旱灾等自然灾害影响果蔬农产品生产，甚至造成毁灭性的损失。② 环境污染：水质污染、土地污染、大气污染等造成果蔬植物出现有毒、有害物质。③ 政府因素：法律、法规是否完善，法律的执行力、政府的监管力度均会影响果蔬农产品的质量安全。④ 消费者认知：消费者对果蔬农产品安全要求及质量的认知水平将会督促种植户安全种植。

（2）设备与技术因素。① 农资设备：植物在培育、生长、收获等过程中所需的各项机械设备，如植保、控温、灌溉、收割等相关农资设备。设备是否完好直接影响种子的培育、植物的生长及果实的质量。② 肥料：植物生长所需的各类氮磷钾肥、有机肥等。肥料的正确使用直接影响植物的安全。③ 农药：植物生长经常遭受虫害、病害，会使用到各类杀虫农药与添加剂，各类农药及添加剂的使用需根据相应标准与规范进行，否则直接影响到果蔬农产品的品质安全。④ 生产方式：标准化生产与科学的种植方式是影响植物高品质高产量生长的重要因素。⑤ 生产技术合理性：种植技术因素是影响果蔬农产品质量与安全的直接因素。

（3）人为因素。① 人为操作失误：生产中农药及添加剂、种子培育等操作中人为失误，直接影响果蔬农产品的质量安全。② 人员素质：技术人员的生产技术能力水平、安全风险意识是影响种植安全的重要因素。

（4）组织因素。① 管理人员素质：种植基地管理人员的质量安全及法律意识、管理水平对农产品的生产质量与安全造成影响。② 合同执行：果蔬种植户与生产资料供应商、果蔬农产品收购商、超市等供应链主体签订购销合同有利于种植的供应与销售，如合同执行不力则会给农户、基地或销售商造成损失。③ 信息管理：种植户对市场信息、技术信息的摄取能力直接影响到种植的效率与安全，信息不对称、获取不力将导致同行竞争力下降，或由于商品积压而造成损失。

2．果蔬冷藏运输的安全风险来源与因素分析

（1）环境因素。① 自然灾害：运输途中地震、冰灾、水灾等自然灾害，会造成交通不畅及货物安全受威胁，甚至是毁灭性的损失。② 政府因素：运输相关法律、法规，政府对运输过程的卫生监管力度会影响果蔬农产品运输安全；绿色通道等政策因素有利于果蔬农产品安全高效运输。

（2）设备与技术因素。① 运输工具故障：运输车辆途中的故障，将影响果蔬农产品按计划运输，影响果蔬农产品的正常供应。② 控温设备故障：果蔬农产品冷藏运输过程中温度和湿度达不到要求时容易出现低温伤害、腐败变质等问题，直接影响农产品的质量安全，进而造成损失。③ 装载及运输技术问题：装载果蔬

农产品应注意合理堆码、避免货物混装、保持货堆间空气流通，运输过程中减少对果蔬的震动强度，以保持新鲜果蔬品质与安全。④信息技术应用：运输商对果蔬农产品供应信息的获取，以及在运输过程中的动态跟踪、GPS等技术的应用，能保障果蔬农产品安全高效运输。

（3）人为因素。①运输人员素质：驾驶人员的安全意识、操作经验以及异常情况处理能力均是影响正常运输的重要因素。②人为操作失误：运输途中对设备的误操作，直接造成运输效率与果蔬农产品的质量安全问题。

（4）组织因素。①运输过程控制：运输商要对所运输的农产品进行控制和管理，最大限度地维护和保证果蔬运输所需要的条件，减少损失。②管理人员素质：运输管理人员的管理水平、安全意识、经验知识是运输过程安全管理的重要影响因素。③合同执行：运输执行合同有利于明确双方的责权利，有利于保证果蔬农产品安全及时送达。

3. 果蔬配送加工的安全风险来源与因素分析

（1）环境因素。①环境污染：果蔬农产品在配送加工过程中的空气污染（尘、渣等）、水源污染对果蔬农产品染菌程度有一定的影响。②政府监管：政府对果蔬农产品农药残留、生物细菌的检测与监管的力度是影响果蔬农产品质量的重要因素。③消费者认知：最终消费者对产品加工过程的认知与关注，可督促企业采取降低果蔬农产品安全风险的措施。④政策法规：国家对果蔬农产品的加工、流通的行业标准，相应的法律、法规完善程度直接影响果蔬农产品的质量与安全。

（2）设备与技术因素。①相关设备：果蔬预冷、冷藏、搬运等过程中出现设备故障，将造成果蔬农产品产生变质的安全风险。②车间要求：果蔬农产品加工车间应符合国家相关规定，防止加工配送过程中的污染问题。③检测消毒设备：检测、消毒设备如出现故障，直接影响果蔬农产品的质量，带来安全隐患。④加工技术问题：预冷、加工技术及设备利用技术问题影响果蔬农产品质量安全。

（3）人为因素。①污物处理不当：污物处理不当造成果蔬农产品受污染，质量安全受到影响。②操作人员素质：加工操作人员的安全意识、技术水平、道德素质等都会影响整个加工及流通过程的安全。

（4）组织因素。①卫生检测：果蔬农产品采收后，需对其进行产品质量卫生抽样检测，杜绝不合格产品流入市场，造成安全隐患。②合同执行：果蔬农产品加工企业与相关供应商和销售商签订合同并履行合同，否则会给果蔬供应与销售带来较大风险。③管理人员素质：果蔬农产品配送、加工过程的质量安全很大程度上取决于管理人员的管理理念、管理水平及安全意识。④过程跟踪：果蔬农产品配送加工过程较为复杂，涉及的环节较多，需要控制质量的关键点较多，需要全过程跟踪记录，监控各环节，以便及时采取相应措施，降低安全风险。

4. 果蔬冷库储藏的安全风险来源与因素分析

（1）环境因素。① 灾害因素：冷库所在地发生水灾、火灾、地震等，严重影响农产品的安全。② 政府因素：相关法律、法规的制定与执行，政府的监控力度均是重要影响因素。③ 消费者认知：消费者对冷藏过程的认知与了解影响冷藏安全控制。

（2）设备与技术因素。① 制冷控温设备问题：设备完好情况直接影响储藏的果蔬农产品的质量安全。② 冷库设备设施卫生：冷藏冷冻设施设备如未进行严格消毒，将可能造成贮藏品受到微生物或化学污染，加大安全风险。③ 冷库操作技术：影响果蔬农产品品质安全的冷库操作技术有堆码技术、湿度温度控制技术、变温储藏技术、换气技术等。

（3）人为因素。① 仓库人员素质：仓库相关技术人员的安全意识、冷库操作知识与经验均会影响果蔬冷藏过程中的安全。② 操作失误：在冷藏操作过程中控温、控湿、调气、消毒等出现人为失误造成果蔬农产品质量安全问题。

（4）组织因素。① 冷库管理人员素质：冷库管理人员的管理理念、管理水平和经验知识，是冷藏过程安全管理的重要影响因素。② 合同执行：冷库经营商与委托商签订合同，明确各方权利义务，有助于果蔬农产品质量控制。③ 信息追踪：冷库经营商对果蔬农产品供给、储藏、出库整个过程的质量进行跟踪记录，全程监控产品质量，保障农产品冷藏环节的质量安全。④ 异常情况处理：由于冷藏过程中随时有可能出现异常情况，如设备故障、产品污染，应学习如何正确处理以降低损失。

5. 果蔬冷柜销售环节的安全风险来源与因素分析

（1）环境因素。① 政府因素：政府相关法规及政府的监管力度均对销售商规范操作产生影响。② 自然灾害：在销售环节遇到冰灾、火灾、水灾等自然灾害会严重影响果蔬的及时销售，也可能导致毁灭性的损失。③ 消费者认知：作为果蔬农产品销售环节的直接参与者，消费者对农产品质量的认知与关注程度直接影响销售商是否采取有利于降低安全风险的措施。

（2）设备与技术因素。① 冷藏设备故障：销售环节的冷藏设备或制冷设备出现故障，影响果蔬的正常储存，增加其安全风险。② 分割设施故障：果蔬在分割包装过程中因分割设施故障导致果蔬被污染等。③ 检测消毒设备故障：检测设备若出现故障，会降低检测结果的可靠性，带来产品监控的失真等问题。④ 控温技术：销售过程中果蔬农产品经历冷藏、搬运、分割包装、陈列等环节，各环节的温湿度都有相应的要求，技术不当会造成果蔬受微生物或化学污染。⑤ 检测技术：检测方法与技术是否可靠，决定检测结果是否准确有效，合理合规的检测方法有利于产品质量保证。

（3）人为因素。① 销售操作人员的素质：销售环节较多，操作人员的卫生安全意识、操作经验、相关知识直接影响到果蔬的安全风险。② 人为失误：在销售环节有意不按食品卫生标准规范操作、消毒不当等会造成果蔬农产品安全问题。

（4）组织因素。① 品质检测：对新入场果蔬农产品销售商需要进行品质抽检，从源头控制所销售果蔬的品质安全。② 过程控制：销售过程中对与果蔬接触的设备、设施、器具均需消毒处理，并进行销售全程安全性跟踪，包括包装材料的安全、销售安全期的管理等。③ 合同执行：为保证安全稳定的货源，销售商通常需要与果蔬供应商签订供应合同。合同执行可以减少因供货不足而滥竽充数的风险。④ 信息追踪：销售商对果蔬农产品采购、冷藏、出售整个过程的质量进行跟踪记录，全程监控产品质量，保障农产品冷藏环节的质量安全。⑤ 管理人员素质：销售管理层的安全意识、管理水平及异常情况处理能力都会影响果蔬农产品销售过程中的质量安全。

第四节　水产品冷链物流存在的问题

一、水产品冷链物流服务对象

水产品种类可大致分为鲜活水产品和干制水产品。水产品流通过程中，除活鱼运输外，要用物理或化学方法延缓或抑制其腐败变质，保持它的新鲜状态和品质。

水产品冷链物流是由多个环节组合而成的，从生产第一线开始，到船上保鲜、码头起卸、挑选加工、冻结入库、运输中转、市场销售都涉及冷链保障。确保各个环节中产品的质量安全就成了水产品冷链物流系统的核心。

二、水产品冷链物流需求分析

由于我国冷链物流起步较晚，远未形成完整的水产品冷链物流体系。目前约80% 的水产品基本上还处在没有冷链保证的情况下运输销售的，冷链水产品的品质保障薄弱，水产品流通腐损率达 15%，腐烂率非常高，经济损失严重。

三、水产品冷链物流发展瓶颈

1.冷链物流基础设施建设水平不高

近几年我国冷链物流行业得到了长足发展，但仍需继续努力。冷链基础设施比较落后，运输设备和储藏设备供给不足。2017年冷藏冷冻库总容量约11 937万立方米，纵向对比，比上年增长14%；但横向比对，与其他国家相比仍有一定的距离。同时，我国冷链基础设施结构也不合理，冷冻库居多，冷藏库比重低，储存性从生鲜电商方面考虑，用于保鲜的冷藏库少，冷冻库较多，储存型冷库多，流通型冷库少。

2.水产品冷链企业各自为政

水产品冷链物流涉及生产加工、运输、仓储以及销售多个环节。每一个环节都会对水产品的品质产生影响，而目前各节点企业信息化程度不一，在冷链物流管理过程中，无法进行高效的信息沟通，也就无法实现信息共享。没有畅通的沟通渠道，各节点企业只关注到自身的利益，而忽略了冷链系统的整体利益，必然出现某一环节效率提升而另一环节损失利益，无法实现整体利益的提高。总体而言，我国的水产品冷链企业分布不均，规模不大，没有普及引入先进技术，没有建设高水平的信息化系统，所以要实现水产品冷链物流系统化、智能化、信息化还需要节点企业不断前行。

3.水产品质量问题频发

水产品中的水和活性酶含量较高，在流通过程中容易发生质量问题。如"福寿螺""明胶虾""福尔马林浸泡的鱿鱼"等。出现这些问题的原因主要有以下几个：① 生产加工企业为延长腐变时间，又不愿意花过高的成本，在水产品中加入违法添加剂或者不按规定操作、管理。② 运输、储存过程中物流企业不按标准操作来执行，很多需要低温环境的水产品都是在常温下储运的。③ 相关部门对水产品防疫检疫工作相对滞后，监管涉及部门众多，职责重叠交叉，容易出现监管盲区。

4.冷链物流知识鲜为人知、冷链人才极其短缺

冷链物流在我国发展时间不长，冷链物流知识鲜为人知。水产品的装卸、搬运、储存、运输、配送各个环节都需要进行温度控制，否则食品安全得不到保障。如果在冷链的任意一个环节出现了问题，产品的质量必将受到影响，不能保证最好的口感，或者出现变质变味。众多消费者对这样的冷链知识并不了解，当进行水产品挑选时，大家更倾向于选择价格更低的水产品，而忽略了冷链物流相对于

常温物流温度要求更高，成本高、风险大。消费者的选择，必将影响冷链节点企业的操作方法和管理模式。

冷链物流在我国起步晚，冷链专业人才短缺。全国只有极少数高等院校开设了冷链物流专业，甚至是冷链物流相关课程，这就使得企业难以找到专业的冷链人才，在冷链物流管理过程中缺乏专业知识的支撑。

四、我国水产品物流发展策略

1. 加快冷链物流基础设施建设步伐

提高水产品冷链物流质量和效率的基础和保障是良好的冷链基础设施。从仓储方面来讲，其一要提高冷库的数量和质量，根据不同水产品对温度的不同要求，建设高温冷库（±5℃）、中温冷库（-10 ~ -5℃）、低温冷库（-20 ~ -10℃）、冻结冷库（-23℃以下），满足各种水产品的需求。其二要均衡各个地区冷库的数量。结合各个地区经济发展特点，优化冷库的建设布局。就人均冷库容量来看，相对而言华东、华北、东北较高，而西南、西北人均容量低。就冷链物流企业分布来看，也是华东、华南较高，但西南、西北相关企业寥寥无几。从运输配送方面来讲，其一要增加冷冻车、冷藏车的数量。其二要充分利用高速运输工具，如飞机、高铁，积极发展公路、铁路、航空等无缝衔接的交通运输网络，减少水产品在途运输时间。

2. 加快水产品冷链物流相关法律、法规及标准建设

要不断完善水产品冷链物流法律、法规。如果在水产品冷链管理上没有统一的作业标准，那么大部分水产品必然不能保证控制在冷链温度之下。2015年7月1日我国出台了《水产品冷链物流服务规范》，有了规范和标准，才能更好地进行管理。但标准建设不是一朝一夕的事情，需要不断地完善，才能适应市场的需求。只有建立了能够覆盖水产品冷链全程的标准，并在各个环节依据相关法律、法规进行有效的监管，才能实现各环节之间的有效衔接，保障水产品冷链物流"不断链"。

3. 加快信息化建设进程

结合无线射频识别技术、地理信息系统、全球定位系统、条码、电子标签，实现对水产品的实时追踪，并能对水产品追根溯源，这样能更好地保证水产品的质量。构建现代化的水产品物流共享信息平台，使各冷链节点企业沟通更有效，交流更迅速，可以实现资源整合，优化配置。

4.加快水产品物流技术研究应用

先进的水产品冷链物流技术能促进水产品冷链物流业的发展。水产品需要保证一定的温度，而在冷链物流过程中，利用WSN（无线传感器网络）技术，观察者可以很好地掌控温度状况。又如，在运输过程中，采用相应的物流技术结合运输方式的特点，可以保证水产品到消费者手中时良好的口感和肉质，还能够实现水产品活体运输、无水运输等。

5.加快水产品冷链物流人才的培养

冷链物流人才，在整个冷链物流过程中，能够从事操作、管理研究等工作，保持冷链物品在规定的低温状态下，减少物品的损耗、确保冷链物品的安全和质量。从事水产品冷链物流的专业人才，需要对冷链设备有一定的知识，比如对冷冻机、压缩机进行设施维护；同时还要掌握物流专业知识，具有供应链管理能力；最后，要对水产品的属性有深入的了解。

目前，企业需要冷链仓储管理人才、冷链操作人才以及高级冷链规划型人才。各大高校应当重视冷链物流人才专业的设置，构建冷链物流教学体系。而各个企业也应当与学校积极合作，校企共育冷链物流人才。

近年来，相关部门越来越重视冷链物流发展，消费者对水产品的数量需求和质量需求在上升，对于水产品冷链物流来说这是挑战，更是机遇，只有抓住机会，结合相关部门、企业、学校多方共同努力打造一个良好的发展环境，才能促进水产品冷链物流发展。

第七章
高科技条件下冷链物流运输方式的选择与优化

第一节　冷链物流运输方式的选择

冷冻冷藏运输指将易腐、易变质食品在低温下从一个地方完好地输送到另一个地方的恒温控制技术，是冷冻冷藏链条中必不可少的一个环节，由冷冻冷藏运输设备来完成。随着人们生活水平的不断提高，冷冻冷藏运输需求日益增大。由于食品种类繁多，消费形态丰富，不同食品的加工、流通等需要不同的温度带与冷藏链。冷冻冷藏货物依据运输对温度的要求可以分为以下四类：保鲜类物品，主要包括蔬菜、鲜花、水果、保鲜疫苗、鲜活水产品、电子元器件等，一般对温度要求在 2 ~ 8℃；冷鲜类物品，主要包括排酸肉品、江海鲜产品、豆制品、疫苗制品、巧克力等，一般对温度要求在 0 ~ –5℃；冷冻类物品，主要包括速冻食品、速冻海鲜江鲜产品、冻肉制品等，一般对温度要求在 –10 ~ –18℃；深冷冻物品，主要包括高级冰激凌、高危险品、高级面包活菌酵母面团等，一般对温度要求在 –20 ~ –45℃。

一、冷藏陆地运输

（一）卡车

这里一般是指一体式的卡车，其制冷箱体是固定在底盘上的。也可以是多功能面包车，车厢后部与驾驶室分开并且进行绝热处理以保持货物温度。卡车的制冷系统分为两个大类：非独立式（车驱动）和独立式（自驱动）。非独立式使用卡车的发动机来驱动制冷机组的压缩机或者驱动发电机，然后通过发电机来驱动制冷机组的压缩机。独立式则有自带的发动机，通常是柴油发动机，以此来独立地驱动制冷系统，而无须借助车辆的发动机动力。

（二）厢式挂车或拖车

拖头牵引的制冷拖车是另外一种运输方式。与安装在卡车上的独立式机组相似，安装在拖车车厢上的拖车机组尺寸更大，适合于需要更大制冷量的拖车厢体。拖车的制冷机组安装在箱体的前端，调节的空气通过拖车厢内顶部的风槽将冷空气送到车厢的各个部位并最终在压差的作用下回到制冷机组。跟卡车机组一样，拖车机组中的顶部送风系统通常不能对货物进行快速降温，因此承运人要确保在装货前将货物预冷到货物所需的合适温度。

（三）铁路冷藏集装箱

拖车以及标准的冷藏集装箱都可以被用作铁路冷藏运输。一种特殊的拖车，被设计成能与火车底盘相匹配，也可通过铁路运输，然后采用标准的公路拖头将拖车拖至最终目的地，这些拖车采用与公路应用一样的制冷机组，经常采用空气悬挂系统。

（四）铁路冷藏车厢

铁路冷藏火车车厢一般采用集成的自带动力制冷机组。其送风系统和拖车的送风系统类似，制冷系统将冷空气送到车厢的顶部，冷空气流经货物，从车厢底部返回。与集装箱类似，只要货物的堆放合理，满足气流布局要求，一般都可以长距离运输。通常用来运输不易腐蚀的货物，如柑橘、洋葱和胡萝卜等。一般车厢都要求有很好的气密性，满足气调的要求。铁路运输方式具有大容量的特点，一般最多可运输 113 立方米、45 吨的货物。

二、冷藏运输水运

水上冷藏运输主要有两大类：一类是冷藏集装箱；另一类是冷藏船。

（一）冷藏集装箱

冷藏集装箱依靠电力驱动压缩机，其电力由船上的发电机或者便携式发电机提供。当集装箱到达码头之后，被转运到底盘上，这些底盘一般都会装有发电机组。这样，装在底盘上的冷藏集装箱就可以像拖车一样，由拖头牵引，通过陆路继续运输。

（二）冷藏船

冷藏船的货舱为冷藏舱，常隔成若干个舱室。每个舱室是一个独立的封闭的装货空间。舱壁、舱门均为气密，并覆盖有泡沫塑料、铝板聚合物等隔热材料，使相邻舱室互不导热，以满足不同货物对温度的不同要求。冷藏舱的上下层甲板之间或甲板和舱底之间的高度较其他货船小，以防货物堆积过高而压坏下层货物。

冷藏船上有制冷装置，包括制冷机组和各种管路。制冷机组一般由制冷压缩机、驱动电动机和冷凝器组成。

三、冷藏运输空运

尽管成本高，温控效果也不尽如人意，运输公司还是会选择航空冷藏运输作为一种快速的运输手段，通常用来运输附加值较高，需要长距离运输或者出口的易腐货品，如鲜切花及某些热带水果等。

当采用空运时，为适合飞机某些位置的特殊形状，需将货品装入集装器（ULD，也称为航空集装箱）。一般的冷藏集装器采用干冰作为冷媒，但干冰作为冷媒具有一定的局限性，如控温精度不高，没有加热功能，需要特殊的加冰基站等。

随着信息技术的日臻成熟及产业链的延伸和拓展，经济高速发展对冷藏运输提出了更高的要求，冷链物流已被列为国家重点扶持项目。在多方带动下，冷链物流已处于快速发展期，但冷冻冷藏运输存在技术落后、基础设施薄弱等诸多不足：冷冻冷藏质量监控、车间环境温度和洁净度控制、卫生管理和包装技术与国际标准仍有较大的差距；与此同时，冷藏仓储基础设施滞后，现代化的冷冻冷藏车严重不足，而目前运营中的冷藏运输设施陈旧，大多是机械式的速冻车皮，制冷技术和工艺落后，缺乏规范式的保鲜冷藏运输车厢和温度控制设施。

四、冷藏车辆的选择

冷藏车辆由专用汽车底盘的行走部分、隔热保温厢体（一般由聚氨酯材料、玻璃钢组成，彩钢板，不锈钢等）、制冷机组、车厢内温度记录仪等部件组成，对于特殊要求的车辆，如肉钩车，可加装肉钩、拦腰、铝合金导轨、通风槽等选装件。冷藏车按底盘承载能力可以分为微型冷藏车、小型冷藏车、中型冷藏车、大型冷藏车；按车厢形式可分为面包式冷藏车、厢式冷藏车、半挂冷藏车。冷藏车辆具有以下几个特点：密封性，冷藏车的货柜需要保证严格密封以减少与外界的热量交换，保证冷藏柜内保持较低温度；制冷性，加装的制冷设备与货柜连通并提供源源不断的制冷，保证货柜的温度在货物允许的范围内；轻便性，一般用冷藏车运输的货物都是不能长时间保存的物品，虽然有制冷设备，仍需较快送达目的地；隔热性，冷藏车的货柜类似集装箱，但由隔热效果较好的材料制成，减少了热量交换。冷藏车辆的选择主要考虑底盘、保温厢体和制冷机组成等。

（一）冷藏车底盘的选择

综观货物的吨位、路况等，需考虑底盘的结构和承载能力、节油性、排放标准等。和选择普通货车底盘相比，冷藏车还需要重点考虑底盘的稳定性，冷藏车运输的货物一般都是不能长时间存放的物品，即使有制冷设备，仍需较快送达目的地。同时，冷藏货物对运输环境的要求更高，如果路上出现故障，导致货物变质，损失将会非常大。

（二）冷藏车厢体的选择

冷藏车的厢体不同于普通的厢式货车，它需要有很好的密封性能和隔热保温效果，这样才能保证冷藏货物处在一个稳定的温度环境中。冷藏车厢设计主要是气密性能和保温性能，通常冷藏车采用三层结构，内外蒙皮采用复合材料，如玻璃钢板、彩钢板、铝合金等材质。内板材质应根据运输货物不同而采取不同材质，最贵的内材板应该是不锈钢板。中间夹层为保温材料，主要采用聚氨酯泡沫材料。四侧用高强度胶将玻璃钢板与聚氨酯泡沫材料黏合在一起，形成一种封闭性板块。

除了材料，货厢的厚度也决定了保温效果的好坏，即货厢保温层越厚，保温效果越好。不过，货厢内部的空间会减少，货物装载量会减少，用户需根据自己的实际需要选择合适的厚度。

（三）冷藏车冷冻机组的选择

在冷藏车三大组成部分中，冷冻机组是最为重要的一环。因为货厢空间较小，在控制温度上技术要求也更高。

1.根据冷藏车厢体大小来选择

可选用独立机组或非独立机组。一般而言，6米以上厢体适于选择独立机组，可根据厢体的长短来确定独立机组的大小；低于6米以下的厢体宜选用非独立机组，这里厢温均指能达到-20℃。

2.根据冷藏车所运货品温度要求来选择

可选用深冷机组或保鲜机组。就价格而言，深冷机组要贵，保鲜机组相对便宜。但通常便宜的保鲜机组本身不具备除霜功能。

3.根据冷藏车配送的要求来选择

如冷藏车用于城市逐点配送冰激淋，则应选择蓄冷式的制冷机组或独立机组，只有长途或市内间隔较远的逐点配送，才适合用风机式制冷机组。

五、冷藏车辆的维护保养

冷藏车的使用年限，与其日常保养、维护密不可分。正确操作和使用冷藏车，是保证温控货物品质的关键，也是保证制冷设备能够正常工作的关键。

1.正确的操作

正确的操作可以保证货物在完好的状态下保存及运送。只有正确地使用和操作冷藏车，才能保证货物的完好运送和保存。因为冷藏车是专门针对温度敏感的产品所使用的，因而温度的保证是冷藏车的关键。如果使用或操作不当，将会导致货物不能在完好的状态下保存或运送。

2.预防性保养

预防性保养可使维修及营运费用减低。在正常使用过程中，对车辆及制冷机的保养与维护是必不可少的。只有按时对设备进行正确的维护和保养，才能保证设备的正常使用和延长设备的使用寿命。个别品牌的冷冻机组（如美国冷王）为了适应环保的需求，采用合成机油或半合成机油来替代普通机油，从而延长了发动机的保养时间，通常每2 000小时做一次保养，减少废旧机油的排放。因此，科学地维护和保养，不仅可以保证设备的完好，还可以降低营运成本，如表7-1所示。

表7-1　冷藏车部件维护保养

部件	维护保养说明
底盘发动机	按照行驶里程进行维护和保养
冷冻机组	按照发动机工作小时进行维护和保养
制冷机组	一般500～700小时进行一次维护和保养，需要更换机油滤芯、燃油滤芯、空气滤芯；并注意检查皮带的松紧度、制冷系统有无泄漏等

3.合适的包装

合适的包装对于保护货物至关重要。在运输过程中，对冷冻货物应使用不通风包装箱，对生鲜货物则使用侧壁通风的包装箱，包装箱必须是抗压的。由于冷冻货物是不允许有风从表面吹过的，因为风吹过冷冻货物表面，会使货物中的水分损失，从而导致货物质量下降。鉴于生鲜物品储运过程中仍然处在呼吸状态，需保证这类货物有很好的通风和换气，以防货物腐坏变质。

4.温控器的设定

将温控器设定在所需温度上，预冷车厢1.5小时以排走滞留在车厢内的热量；装货时将冷冻机组关闭，迅速装货。在装货时，须先对车厢进行预冷或预热。车辆停放在露天场所，通常车厢温度就是外界环境温度。若所运送的货物温度不是环境温度，货物装进车厢，环境温度会影响运送货物的温度，从而导致运送货物的品质发生变化。因此装货前必须预冷车厢到所需要的温度。但是，在装货时（卸货一样）必须关闭制冷机组，否则打开车厢门时，由于冷冻机组蒸发器的风扇是在工作，风扇的正面是正压，而其背面是负压，此时冷气从车厢上部吹出，而下部会将外面的热空气快速吸进来，导致车厢内温度快速上升；但关机后再装卸货物，由于风机处于停止工作状态，空气流动停止，车厢内外风压一致，则外部热空气传递进入车厢内的速度相对减缓。

5.货物储运的温度

货物必须预冷到所需的温度，装货时检查货物温度；冷冻机组是用来保持货物的温度，而非用以降低货物温度的。在装货时，必须先测量所装货物的温度。如果制冷机组的设定点温度高于或低于货物温度，车厢内的货物温度都很难达到运输所需要的温度。货物的储存温度与运输温度必须一致，如果货物温度经常变化，水分就会流失，就会导致货物发生品质变化，从而导致货物的货架期缩短。同时，冷藏车的制冷机组不是降低货物温度的，而是维持货物温度的。当外界的冷（热）源通过辐射、传导、对流到厢体内时，会被制冷机组吹出的冷气带走，隔绝热源进入货物，以维持货物温度。

6.较好的通风

即使机组容量超过实际所需，空气流通不足也会是导致物品变质的主要原因；货物周围任何的阻塞都可能导致——"热点"。一辆合格的冷藏车，车厢六面应有较好的通风，确保货物六面没有任何阻塞；良好的空气流通，可以保证货物在合适的温度要求下运输。冷冻机组吹出的冷（热）气体将外界进入车厢的冷（热）源与货物隔绝开来，从而保护了货物。如果某一位置发生阻塞，该部分的冷（热）源就会直接进入物品，导致货物温度发生变化。

7.地板与装货要求

货物必须堆放在双面托板上；保鲜货托板上不能包塑料膜，因为塑料膜会阻挡循环冷气流通至货物；不可阻塞货物下的地板。一般而言，冷藏车地板采用带通风的铝导轨地板；但是部分不带铝导轨的冷藏车采用的则是平面防滑地板。第三方运输企业或用于奶制品的企业运输车多采用平面防滑地板以适合多种产品的运输，便于清洗地面。但装货时必须注意，一定要用双面托板来装货，以保证地面冷空气的流通。严禁将货物直接堆放在平面的地板上。

8.货顶与车顶的距离

不要在蒸发器出口位置堆放货物，否则会阻碍冷气流；货物上方的阻塞会导致冷气流短路。在货物顶部和车顶之间保持最小 225 毫米的距离。装货时，不要将货物堆得太高，确保装货高度不高于出风口的平面高度。若出风口前面被货物挡住或离货物太近，不但会影响货物的储运温度，还会影响冷冻机组的正常工作。由于出风口被货物堵塞，冷气（热气）不能正常在车厢内循环，因而使货物局部温度升高。另外，由于冷冻机组的除霜设计有些是采用空气感应除霜，当货物与出风口太近，机组蒸发器内的盘管会快速结霜（冰），空气感应开关随即动作，机组会迅速进入除霜状态；当盘管温度回升至 9℃（设计温度）左右，除霜立即结束。于是机组就会循环往复地出现上述操作，从而导致厢体内温度降不下来。

9. 车厢地面的洁净

车厢内部必须保持洁净；地面不应留有包装纸和纸屑；碎屑会阻碍空气流动或被蒸发器吸入。使用冷藏车时，应该保持车厢地面的洁净。由于蒸发器风扇的作用，空气会在车厢内循环，导致地面的碎屑或脏东西被蒸发器风机吸入。长时间的作用会使大量的杂质吸入蒸发器盘管内，盘管会被杂质包围，导致盘管的热交换率下降，从而影响制冷机组的制冷效果。因此冷藏车使用几年后制冷效果大不如前，除本身故障原因外，还可能是盘管太脏所致。因此保证车厢地面的洁净是保证制冷机组正常工作的关键。

10. 其他维护保养措施

搬运得当；车门打开时应关闭冷冻机；尽可能缩短车门打开的时间；装卸货物时尽可能使用条形门帘。用隔板来分开干货（空栏筐）和易腐物品。为保证车厢内货物温度，对于市内配送车辆，建议使用条形门帘，以保证快速卸货时（不关闭冷冻机组），车厢内的冷气不会快速散失出去；不同温度的货物严禁存放在同一车厢空间内，应该用隔板分开摆放，因此混装不同温度的货物，会影响物品的温度，导致货品质量受到影响。

第二节　冷链物流运输的优化

一、冷链物流运输成本优化

1. 冷链物流运输成本存在的问题

（1）冷链物流运输体系不完善：我国的冷链物流运输体系没有标准的内容和完整的体系可供参阅。现有文本参差不齐且相差多年，文本的更新不同步，因此很难有一个全面、新意、具体的标准可以参照。迄今为止，冷链物流行业标准不仅现有标准本身存在很多不规范之处，标准制定者也存在知识储备和经验不足的情况。该行业标准是由相关企业来制定的，在标准的内容上不免失去公正客观性，导致标准体系建设不完善。

（2）冷链物流运输车辆选择不合理：食品在冷链物流的运输环节中的温度控制则是保证食品鲜活的一个重要方面，需要确保食品在物流运输环节中处于一个恒温的状态，这就需要专业的食品冷链运输车。而在我国往往因为运输车辆的选择不合理，导致冷链物流运输成本增加。冷藏运输车辆的选择是冷链运输首先考虑的问题。市场上冷藏车辆种类繁多，选择什么形式的车辆适合本企业的运作模式，是购置车辆首先要考虑的问题。冷藏车辆吨位大小会影响到运营成本并限制车辆的选择安排。车辆的运营成本由车辆折旧、燃油费、修理费、人工费、路桥费、保险和养路费等组成。一般情况下，车辆运输货物的单位越大则运输成本越低，但是选择车辆大小、温度调控能力还受运输食品特性、道路限制、订单批量等的影响。

（3）冷链物流运输的设施设备滞后：目前我国冷链物流的设备缺乏，部分设备已经相当陈旧。在冷链物流基础设备更新这一块我国亟须加强从而达到广大消费者的需求。冷库建设上，我国现在冷库总容量相对市场需求而言差距仍然较大，而且各类冷库的建设选址和结构并不合理，大型冷库建设较多，批发零售待使用的冷库建设相对较少。肉类冷库建设较多，果蔬冷库建设设施设备落后；冷库建设和冷库的设施设备都存在一定的问题，一方面产地冷库建设专业化程度不够，而且冷库的设施设备较滞后，不能根据食品要求进行温度调控。具体表现在现代化、专业化冷库数量偏少，冷藏库、低温加工配送中心等建设和设施设备的投入不足，低水平重复建设现象较为突出，很大一部分冷库利用率不高。

（4）冷链物流运输环节过多：运输中包含环节过多，影响运输成本的因素有多个方面，而运输成本在诸多因素中是物流成本直接进行控制的因素，如果说到严格控制物流成本，首先我们要进行运输成本的控制。要从运输成本的本质上寻找问题，一般有以下几种方法：运输环节的增减是运输成本的决定性因素，对物流成本的影响最大。而运输环节的控制涉及诸多因素，其中仓库的布局和运输路线的选择影响最大。

2.对策与建议

（1）建立冷链物流标准化体系：随着经济的发展以及消费者生活水平的提高，我国冷链物流的需求也在极速增长，但是冷链物流规范发展的速度却没有赶上需求的脚步，冷链物流信息的技术水平与国外相比也相对落后。因此，我们必须加强对公众的宣传，公众冷链物流意识薄弱，导致冷链市场规模有限；我们也应该积极对冷链物流的公众宣传，改变政府、管理部门对冷链物流的重视程度，引导企业向正规冷链物流方向发展。除了加强消费者对冷链物流的认知度，还要让消费者分清有无冷链情况下食品的品质差异，完善冷链物流标准化体系。

（2）适当选择冷链物流运输车辆：为了有效提高运输效率和食品品质，选择多温度运输车辆。实现不同温度区域的控制可以采用双温车来满足产品鲜活要求。

（3）加强基础设施设备的更新：冷链物流的发展是一项链式工程。各类大型批发市场、大型流通企业与第三方物流企业应该以自建冷链配送或接受外包冷链配送为纽带将生鲜食品产地、加工地和零售门店销售有效连接起来，在发展冷链物流配送模式的同时，加强相互合作，逐步建立安全、鲜活的食品供应链，建立冷链物流发展的商业模式和创新系统。政府部门也应该大力支持，并对冷链物流设施设备更新、运输关键环节、骨干企业的发展给予各方面的政策扶持。

（4）减少冷链物流运输环节：以鲜奶运输为例：鲜奶的品质要求苛刻，必须在特殊条件下实现保质运输，从产地加工、装卸搬运、恒温冷藏、运输到各个零售店之间还要进行时间控制，由于生产商具有完整的鲜奶储存和温度控制管理系统，因此，需与生产商合作或第三方冷链物流承运商直接合作完成配送来保证鲜奶运输过程中的品质，同时也减少了运输的环节，降低了运输成本。随着与客户建立起的合作关系逐渐稳固，以及运输经验的不断累积，使得更加科学、最优的冷链物流配送路线自然形成。

二、冷链运输装备的节能优化

冷链运输装备不论任何类型，总是由围护结构、制冷系统等组成。随着全球变暖的日益加剧，能源的日趋紧张，冷链物流，尤其是冷藏运输节能问题愈发重要。通过调查发现，就世界范围而言，冷藏运输装备使用最为广泛的是冷藏集装箱，以下将以冷藏集装箱为例，对其制造工艺结构进行分析。

（一）冷链运输装备结构

1.冷藏集装箱整体结构

冷藏集装箱属于集装箱的一种，其基本结构应满足 ISO 668 和 ISO 3874 等国际标准，但由于兼有制冷和保温的特点，在结构上和普通干货集装箱有许多不同之处。带有制冷装置的冷藏集装箱的箱内温度通常可以维持在 –25 ~ 25℃之间的任一设定值，除了可以控制和调节箱内温度外，冷藏集装箱还可以加上气调装置（Controlled Atmosphere System & Modified Atmosphere System）、除湿和加湿装置（Dehumidifier & Humidifier），另外还可以加上臭氧（O_3）发生装置，以便更好地在运输过程中保障货物品质。带有气调装置的冷藏箱对气密性有更高要求，一般不允许超过1立方米/时，用于贮运蔬菜和水果的箱内最佳湿度为75%～95%（RH）。所有这些功能要求应首先从结构中予以保证。一般冷藏集装箱箱体的总体结构如图7-1所示。

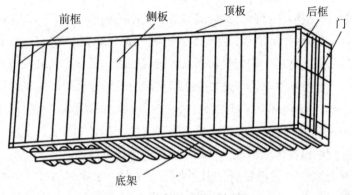

图7-1　冷藏集装箱箱体整体结构

　　按集装箱的惯例，从箱门向里看，把冷藏集装箱箱体分为底架、侧板、顶板、前框、后框、门六大部件。这六大部件都有不同的功能，其合理的组合就组成了一个冷藏集装箱箱体，再加上一个制冷装置就形成了一个完整的冷藏集装箱。在此，对这六大部件做比较详细的论述。

　　2.底架

　　不锈钢冷藏集装箱的底架由上部的T形铝地板，下部的波纹副地板，两侧的下侧梁下部以及中间的发泡层构成。考虑到实际操作需要，底架还包括了鹅颈槽（12米冷藏箱），叉车槽（6米冷藏箱），以及疏水装置。

　　T形断面的地板为冷风提供了通道，由于T形铝质地板用材少、强度高，因而被普遍采用。为改善气流和提高冷效，在T形地板的腹板处亦可开通风孔，6米冷藏箱（20′冷藏箱）由于箱内长度较小，箱内气流情况较好，因此有时在T形地板的腹板处亦不开通风孔。但12米冷藏箱（40′冷藏箱）由于箱内长度较长，箱内气流情况相对较差，因此在T形地板的腹板处一般都开通风孔。ATO-DLO（荷兰农业技术研究所）要求T形的高度不小于30毫米，过低会影响冷气循环，但也不宜过高，否则会减少箱容积。一般20′冷藏箱的T形地板高度为40毫米，40′

冷藏箱的 T 形地板高度为 63.5 毫米，另外还可以根据箱主要求，设置一定数量的固货点，要求每个固货点设施能承受 5 千牛拉力。

T 形地板下面，副地板上面可设置木枕（或塑料条）进行承载力的传递，其发泡密度可由箱主确定。如 OOCL 箱由于其发泡密度较低，只有 40 千克 / 立方米，因而其底部都加有木枕，以增加箱底的刚性。目前大部分冷箱设计无木枕（或塑料条），而是通过适当提高隔热层泡沫密度来增加承载能力。当冷箱设计为无木枕或无塑料条时，也可在 T 形地板下加几根 U 形的铝型材来进一步防止 T 形地板和泡体之间的分层。无论哪种设计，都应满足地板强度的要求。

波纹副地板一般由 MGSS（铁素体不锈钢）或 CORTEN 钢（一种最常用于集装箱的优质耐候高强度钢）折弯成梯形状的波纹而成。折弯后的波纹地板具有很大的强度和刚度，已经基本取代了过去冷藏箱常用的平副地板加底横架的传统形式。

下侧梁下部一般由 MGSS 或 CORTEN 钢折弯成 L 形而成。波纹副地板就焊在 L 形的下侧架下部上，在总装时，底架上的下侧梁下部和侧板上的下侧梁上部焊在一起，并同前后框相连，就形成了冷藏集装箱的整体结构。

中间的聚氨酯硬质发泡材料，由多元醇预先同一定比例的 R141b 发泡剂相混合，在发泡机的枪头内与一定比例异氰酸酯充分混合，注入 T 形地板和波纹底架形成的空腔内，发泡固化而成。因为用于地板的聚氨酯硬质发泡材料采用了很高的密度（65 千克 / 立方米以上），所以具有很高的强度和刚度，能够承受冷藏集装箱在各种情况下对地板的要求。也有一种冷藏集装箱在空腔的中间沿底架放 10 条左右塑料条，把空腔等距离分隔开来，再把中间小腔分别用发泡材料充满。由于塑料条等承受比较大的力。因此对发泡材料的强度要求就低些，此时发泡材料的密度比较低，为 40 千克 / 立方米左右。

如果是 12 米箱，底架前端部应有鹅颈槽，鹅颈槽可由 4 ~ 4.5 毫米厚 CORTEN 钢材料制成，也可由 MGSS 不锈铁制成。6 米箱则不具有鹅颈槽，只是有一对叉车槽，材料由 6.0 毫米厚 CORTEN 钢或 MGSS 不锈铁制成。

冷藏集装箱两端的最低部位都必须各设有两只疏水器，它只供排出积水，但不允许空气流出去，过去一般采用鸭嘴形橡胶阀。当凝结水高达阀体的 1/3 ~ 1/2 容积时，靠重力使橡胶阀打开排水，然后靠其弹力自行关闭。但是鸭嘴形橡胶阀有两个固有缺点：一是在冷藏集装箱使用过程中塞子一旦塞住，就不能打开，或者打开了就不能塞住。也就是说不能实现"自动"；其次在进行气调运输时，如果把塞子打开，在气调压力为 75 毫米水柱时，鸭嘴阀将常开漏气。如果把塞子塞住，就没有疏水功能。

　　冷藏集装箱对疏水装置有很严格的要求，要求在箱内从 0 ～ 75 毫米水柱压力时，疏水装置能自动打开，没有水时自动关闭。并且，当外界有水欲通过疏水器反流（溢入）箱内时，疏水器应能自动关闭，以防脏水污染箱内货物。目前，仅有几种浮球式的疏水器能完全满足冷藏集装箱对疏水装置的全部要求。冷藏箱的底架结构如图 7-2 所示，底架技术要求如表 7-2 所示。

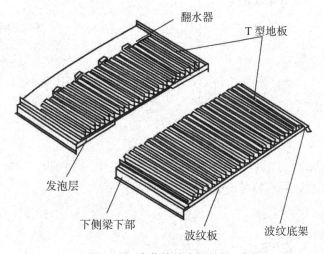

图 7-2　冷藏箱的底架结构

表 7-2　集装箱底架

项目	材料	尺寸	功能
T 形地板	铝	高度 40 毫米（20'），63.5 毫米（40'）	为冷风提供了通道、改善气流和提高冷效
波纹副地板	MGSS 或 CORTEN 钢	厚度 1.2 ～ 1.6 毫米	—
下侧梁下部	MGSS 或 CORTEN 钢	厚度 4.5 毫米	—
中间发泡材料	聚氨酯硬质发泡	—	具有很高的强度和刚度，能够承受冷藏集装箱在各种情况下对地板的要求

项目	材料	尺寸	功能
叉车槽（20′） 鹅颈槽（40′）	CORTEN 或 MGSS（20′） CORTEN 或 MSGG（40′）	厚度 6.0 毫米（20′） 厚度 4 ~ 4.5 毫米 （40′）	—
疏水装置	—	—	要求在箱内从 0 ~ 75 毫米水柱压力时，疏水装置能自动打开，没有水时自动关闭；并且能防止污水反向流入

3. 侧板

冷藏集装箱的左右侧板由上侧梁、下侧梁上部、外侧板、内侧板、中间的发泡层及侧柱组成。冷藏箱的侧板如图 7-3 所示。

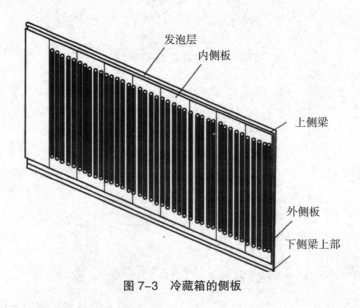

图 7-3　冷藏箱的侧板

上侧梁，由 CORTEN 钢或 MGSS 折弯而成。下侧梁上部，由 CORTEN 钢或 MGSS 折弯而成。外侧板由 MGSS 不锈铁或 SUS304 不锈钢板经压制波纹拼接而成后，同样由 MGSS 不锈铁或 SUS304 不锈钢压制成 Ω 形的侧柱，通过碰焊或双面胶带连在外侧板上，以增加侧板的刚性，并能防止分层的扩散。带有侧柱的侧板同上侧梁，下侧梁上部焊成一体。内侧板由 SUS304 不锈钢压波拼接而成。这些压波就构成了冷藏集装箱侧面冷风从下到上的风道。在外侧板（连上下侧梁）和内侧板之间的空腔内发泡，就形成整个侧板，发泡材料的密度同箱型有关。侧板技术要求如表 7-3 所示。

表 7-3　集装箱侧板

项目	材料	尺寸
上侧梁	CORTEN 钢或 MGSS	厚度 4.0 毫米
下侧梁上部	CORTEN 钢或 MGSS	厚度 4.0 毫米
外侧板	MGSS 不锈铁或 SUS304 不锈钢板	厚度 0.8 ~ 1.0 毫米
内侧板	SUS304 不锈钢	厚度 0.7 毫米
中间发泡层	—	发泡密度 65 千克 / 立方米（6 米箱） 55 千克 / 立方米（12 米箱） 厚度为 60 毫米左右
侧柱	MGSS 不锈铁或 SUS304 不锈钢	—

4. 顶板

顶板由外顶板、内顶板、中间的发泡层和加强筋构成。外顶板由不锈铁或 SUS304 不锈钢拼焊而成。内顶板可以由整张预涂铝板或 SUS304 拼焊而成。为了进一步加强顶板和防止分层，在内外顶板之间可放置一些 Ω 形金属加强筋或塑料加强筋。在外顶板和内顶板之间充以发泡层即成了顶板。顶板的厚度一般为 80 ~ 90 厘米，详见图 7-4 和表 7-4。

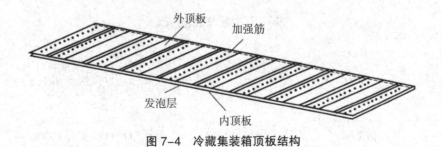

图 7-4　冷藏集装箱顶板结构

表 7-4　集装箱顶板

项目	材料	尺寸	功能
外顶板	MGSS 或 SUS304 不锈钢板	厚度 0.8 ~ 1.0 毫米	压有外凸的横向波，以利泄水和防止分层
内顶板	0.9 毫米厚预涂铝板或 0.7 毫米 SUS304	—	压有三角形的小横波，可以防止热胀冷缩对分层的影响
中间发泡层	—	密度 40 ~ 45 千克 / 立方米	—
加强筋	Ω 形金属加强筋或塑料加强筋	—	进一步加强顶板和防止分层

5. 前框

前框由前角柱、角件和前上梁、前下梁构成。在前角柱两端焊上材质为 SCW-49 的角件，再同前上梁、前下梁焊接而形成前框。由于前框为箱体和制冷装置的结合部，其结合部尺寸必须同制冷装置相配合。同制冷装置的连接可分为"开式连接"（连接件不嵌入发泡层）及"闭式连接"（连接件嵌入发泡层）。如采用"开式连接"，则前框上只需开孔，连接由防松螺母、螺栓完成。如采用"闭式连接"，前框上需焊有 30 只螺母，装上制冷装置后，再用螺栓、防松垫圈连接而成。目前世界上 90% 以上的冷藏集装箱均采用"闭式连接"。但不论何种方法，均应能够承担运输过程出现的各种外力。并且，在制冷装置长期运转形成振动下，螺栓不应松动。在前端框架处除设置与冷机的连接孔之外，有时还设有发电机挂孔及其连接件，其位置尺寸按 ISO 1496-2 要求。冷藏集装箱前框结构如图 7-5 所示，冷藏集装箱前框参数详见表 7-5。

表 7-5　冷藏集装箱前框

项目	材料
前角柱	4.5 ~ 6 毫米 CORTEN 钢或 MGSS
角件	SCW-49
前上梁	4 ~ 4.5 毫米 CORTEN 钢或 MGSS
前下梁	4 ~ 4.5 毫米 CORTEN 钢或 MGSS

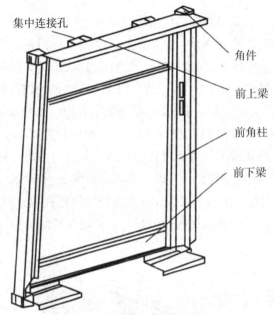

图 7-5　冷藏集装箱前框结构

6.后框

后框也可称为门框，为箱开门之处，也是货物的进出之处。因此，后框的开口应尽可能大。后框由后角柱、角件、门楣、门槛组成。内后角柱和外后角柱先拼焊后再在两端焊上角件。在门楣、门槛上焊上锁座及相关零件后，再焊在上述角件上，形成整个后框。每根角柱上开了 4 ~ 5 个铰链座，门通过门铰链、铰链销、后框角柱的铰链座实现较链连接，每扇门的开度可到 260° 以上，常用后框参数如表 7-6 所示。

表 7-6　冷藏集装箱后框

项目	材料	项目	材料
后角柱	8 毫米 CORTEN 钢或 MGSS 不锈铁（内后角柱） 6 毫米 CORTEN 钢或 MGSS 不锈铁（外后角柱）	角件	SCW-49
		门楣	4 ~ 4.5 毫米 CORTEN 钢或 MGSS 不锈铁
		门槛	6 毫米 CORTEN 钢或 MGSS 不锈铁

7. 门

冷藏集装箱的门也是具有隔热作用的，厚度大约为60毫米，同普通集装箱相比，冷藏集装箱门显得厚重得多。其门的结构主要由外门板、内门板、中间发泡层、四周围以起连接强度作用的铝型材和起隔热作用的PVC塑料型材组成。外门板上装有4个门锁杆和8～10个门铰链，门通过不锈钢的铰链销和门框相连，因此门可以做260°的自由转动。用M8的不锈钢螺钉把门锁杆和镀锌铰链板，装在外门板上，再围以铝型材和PVC型材。在PVC型材上盖上压有外凸波的内门板，中间充以发泡层，就组成了冷藏集装箱的箱门。再装上内外门封胶条，就可通过铰链板，铰链销安装在门框上，构成了冷藏集装箱的一部分。木门板是以两层0.8～1.2mm厚的铝板，中间夹以25mm左右的层压板构成，四周围以软PVC的外门封胶条，就组成了冷藏箱用的外门板。冷藏集装箱门结构如图7-6所示，有关参数详见表7-7。

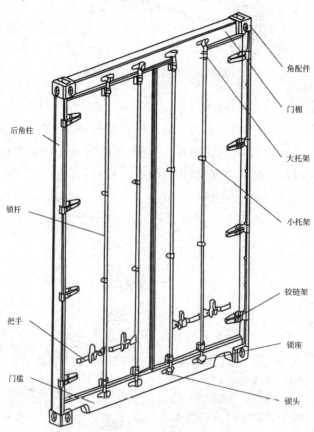

图 7-6　冷藏集装箱门板与门结构

表7-7　冷藏集装箱箱门

项目	材料	尺寸	功能
外门板	MGSS 不锈铁或 SUS304 不锈钢	厚度 1.6 ~ 2.0 毫米	—
内门板	SUS304 不锈钢	厚度 0.8 毫米	—
中间发泡层	—	密度一般为 55 千克 / 立方米	—
铝型材	—	—	起连接强度作用
PVC 型材	—	—	起隔热作用

　　为了防止箱门同门框之间的漏气、漏水，PVC 型材和铝型材外套有材料为三元乙丙合成橡胶的门封胶条。

　　8. 角部封板

　　冷藏箱在总装之后，顶、底、侧板及前后框架之间留有 12 条空腔，必须用一些角部封板封闭起来，然后再二次发泡。因此角部封板主要是保证密封，并要注意转弯处圆弧角尽量大一点，并尽可能避免直角，这样在二次发泡时，泡液就会流动更畅一点，否则泡液流动不畅，就会造成局部发泡密度不够或空泡。由于安装角部封板时，都是单面操作，因此都采用一种锁芯拉钉（monobolt）来连接。

　　（二）冷链运输装备节能

　　1. 影响能耗的主要因素及措施

　　（1）漏热量的影响：冷链运输装备之所以能控制食品温度，除了有效的制冷手段外，良好的隔热性能也是十分重要的。假设约 13.5 米冷藏集装箱隔热性能不同，在不同温度条件下其热负荷如图 7-7 所示，由图可见，不同条件下能耗差距是十分大的。以冰激凌等需要低温运输的食品为例，车内温度常在 –18℃以下，而考虑到太阳辐射的影响，车外综合温度超过 60℃也十分常见，此时，若冷链运输装备的隔热性能好 [设传热系数为 0.2 W/（$m^2 \cdot K$）]，则热负荷为 1.2kW 左右，但如果传热系数为 0.5 W/（$m^2 \cdot K$），则热负荷将接近 3kW。值得注意的是，传热系数为 0.5 W/（$m^2 \cdot K$）的冷藏车在现实生活中比比皆是，尤其是使用过很长一段年限的车辆，漏热量的增加造成能耗激增。此外，因一般 13.5 米冷藏集装箱在 –20℃ /30℃的工况条件下的制冷量仅为 6 ~ 10kW，因此，车体漏热量大不仅影响能耗，还有可能使得车辆无法满足食品品质保证的需要，造成更大的影响。

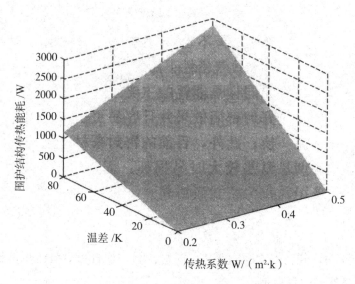

图 7-7　45 英尺冷藏集装箱漏热量分析

由此可见，对于冷链运输装备，一方面在最初选择时，应采用隔热性能好的设备；另一方面，要注意使用过程中的维护，及时维修，以达到保证装备隔热性能的作用。但在实际操作中仍存在一定的误区。

一是过于注重车辆传热系数 K 值，而忽略了厢体热桥效应。目前我国在进行冷藏车隔热性能测试时，多采用传热系数 K 为分析、比较的基础。若从传热系数 K 的物理意义的源头出发，K 反映了厢体材料的绝热效果、厢板的保温材料种类以及厚度等因素，但无法反映因厢体几何尺寸的不同、不同位置材质不同（车厢部分位置需采用钢筋进行强化）所造成的整体传热和车厢隔热薄弱环节（热桥效应）。在冷藏车使用一段时间之后，由于车辆的振动、车厢各接口的开裂等，这些薄弱环节的漏热量也将越来越大，为此，必须引入漏热率 L 来表征车厢漏热效果。漏热率 L（W/m^2）是北美国家为表征冷藏车单位面积传热量而引入的传热单位，能更好地分析整车隔热效果，因此运输商在选择冷藏车时综合考虑 K 和 L，将能对车辆隔热效果做出更全面的评价。

二是忽略车辆老化率。目前，国际上通常采用聚氨酯泡沫制作隔热材料阻止外界热量传入车厢内，由于这种方法具有高绝热、易加工、整体成型的特点，从而被广泛使用。在制作时，首先将混合好的聚氨酯泡沫注入车壁内外夹层间，待其固化后形成模块化整体。可见，这种制作发泡过程实际是一种化学反应，气体在泡沫中膨胀并保留在聚氨酯的微小空隙结构中。随着厢体的老化，这些气流会从微小空隙逃逸，而外界的空气和水便会渗入这些空隙，从而严重降低其隔热性能。研究表明，车辆隔热性能下降率约为每年5%，5年即为25%。在欧美，冷链运输公司一般3～5年会对冷藏车厢进行全面更换，而国内车辆常常从车辆采购到报废，很少对车厢进行维护或更换，使得车辆在使用后期性能严重下降，大大增加了能耗。

（2）漏气量的影响：冷链运输中所采用的运输装备，如冷藏集装箱其气密性并不是100%完好，在运输过程中必定有气体渗入或者渗出集装箱，从而改变冷链运输内部单元的温湿度和气体成分，最终可能会导致运输食品腐败变质，另外也会影响到运输装备的运输总能耗。冷藏集装箱在运输货物过程中，由于围护结构缝隙逐渐增大也会使得其整体气密性下降。

在冷链运输过程中，若运输货物状态确定，运输装备渗风能耗则主要取决于装备内外温差和装备的渗透漏气量，运输装备的内外温差则主要由外部自然环境条件所决定。冷链运输装备的性能与设计标准、制作工艺水平和装备的老化率、使用年限都有很大关系。我国铁路冷藏车气密性要求仅为50帕压差下漏气量小于40～60立方米（远低于冷藏集装箱和冷藏汽车的相关要求）；在使用年限方面，我国现存铁路冷藏车九成以上使用年限超过10年，超过20年的占到六成；据统计，在运输一线使用的冷藏装备就因以上这些原因导致渗透漏气量高达100立方米/时以上，能耗浪费巨大。随着车速的提高，渗风量越来越大，因此在列车运行速度越来越快的今天，不论从节能还是食品品质安全的角度考虑，均应对装备气密性引起重视。

目前，在发泡工艺上常用三明治发泡（先将每个车壁做好后拼装为一个整体）或整体式发泡（将车厢外表面整体成型后一次性充注发泡料），由于三明治发泡在各壁面间存在接口，所以气密性常存在先天不足，且随着使用时限的增长漏气量也会不断增加，因此应尽量淘汰。此外，车辆老化导致气密性下降是难以避免的，为此，必须定期对车辆进行检修和维护。

车门渗风同样是能耗的主要来源。在车门关闭时，门封是阻止漏气的重要装置，因此门封应具有良好的密闭效果并且容易更换，因为随着密封条的老化，漏气现象会越来越严重，建议一年一换；此外，目前的密封条材料一般是PVC（聚氯乙烯），但它的低温耐疲劳性能差，特别是温差较大时易损坏，而EPDM（三元乙丙橡胶）具有大温差下耐疲劳的特点，建议采用其作为密封条材料。

此外，在车辆装载和卸货时，车门需长时间开启，若不采取保护措施，车外热湿空气渗入车内，一方面增加热负荷，另一方面还会导致蒸发器结霜影响车辆制冷，因此建议采用塑料门帘进行隔热。在塑料门帘选材上，应选用满足食品安全需要的食品级 PVC 材质门帘，同时应有足够的耐低温性能；在安装方式上，应从门顶到门底完全遮盖，且门帘叶片皆相互重叠，保证隔热、隔气的有效性。

（3）田间热与呼吸热的影响：新鲜产品在采摘后运输时仍然具有生命力，在呼吸的同时不断产生水、二氧化碳和热量。呼吸作用消耗了果蔬养分，缩短贮存时间，对食品保存是极为不利的。而不同果蔬所产生的呼吸热也是有区别的，此外与货物温度以及周围氧气和二氧化碳的浓度也密切相关。为控制货物周围气体成分，对于某些呼吸作用强的果蔬，出于品质的考虑，在运输过程中必须强制通风，如《铁路鲜活货物运输规范》中明确要求未冷却水果、蔬菜和其他需要通风运输的货物每昼夜需要通风 2 次以上，这就需要运输方在通风过程中严格控制通风量，减少内外空气交换带来的热损失，同时，在车辆制造时考虑将通风口由手动操作改为电控操作，优化设计。

研究表明，食品呼吸作用随温度的升高而升高，温度每升高 10K，食品的呼吸作用会增强 2～3 倍，因此在冷链运输开始之前通过预冷措施将货温降到适宜的区间对降低能耗具有重大意义。应该看到，冷链运输装备是维持适当低温的设施而不是强制降温的装置（大型地面冷库的制冷成本只有机械冷藏车制冷成本的 1/8 左右），若生鲜食品不预冷，车辆不得不减少食品装载量，降低了使用效率。同时，由于温度达不到设定要求，制冷压缩机长时间运行又增加了油耗。据统计，运输同样的货物，预冷和未预冷的单位能耗相差 50%。此外，未经预冷的水果、蔬菜在运输中的腐烂率高达 25% 左右，而预冷后腐烂率在 5% 以下，其经济效益和社会效益是不言而喻的。可见，冷链的操作贯穿于农田到餐桌的整个流程，冷链运输作为冷链中极为重要的一环，其效果的好坏与生产、加工、预冷、冷藏、零售等环节密切相关的。但从现场调查来看，目前我国冷链运输预冷率不高，绝大部分果蔬在运输前都没有进行预冷处理，而冻肉、冰激凌等冻结货物往往在运输前的冷冻不充分，据统计，90% 以上的果蔬在运输前并未预冷，需 -18℃ 以下运输的冻肉承运时多为 -6～-12℃，而冰激凌也经常达不到 -18℃ 的规定承运温度。

2. 影响能耗的其他因素

（1）大门空气幕的设立：空气幕又称风幕机、风帘机、风闸。空气幕产品广泛应用于工厂、商店、餐厅、药店、冷库、宾馆、医院、机场、车站等环境的出入口上及一切装有空调器的场所，应用特制的高转速电机，带动贯流式、离心式或轴流式风轮运转产生一道强人的气流屏障，有效地保持了室内外的空气环境，能有效保持室内空气清洁，阻止冷热空气对流，减少空调能耗，防止灰尘、昆虫及有害气体的侵入，提供一个舒适的工作、购物、休闲环境。

在冷链运输中，由于配货及其他原因，实际装货时间较长，在此期间大门的开敞极易导致货物温升，品质下降，因此，如在冷链运输装备车门处安置风幕设备将能有效改善车内温度分布，节约能源。由图7-8可知，对于冷链运输装备，大门高度在3米以内，因此，选用初始风速为7～9米/秒的风幕即可。

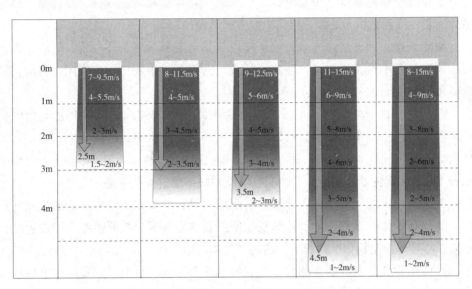

图7-8　门高与风幕初始风速匹配关系图

风幕机又称空气幕、风帘机、风闸。风幕机产品广泛应用于工厂、商店、餐厅、药店、冷库、宾馆、医院、机场、车站等环境的出入口上及一切装有空调器的场所，应用特制的高转速电机，带动贯流式、离心式或轴流式风轮运转产生一道强大的气流屏障，有效地保持了室内的空气环境温度和室内空气清洁，阻止冷热空气对流，减少空调能耗，防止灰尘、昆虫及有害气体的侵入，提供一个舒适的工作、购物、休闲环境。

在冷链运输中，由于配货及其他原因，实际装货时间较长，在此期间大门的开敞极易导致货物温升，品质下降，因此，如在冷链运输装备车门处安置风幕设备将能有效改善车内温度分布，节约能源。

（2）送风方式：目前冷藏装备多采用上出风的送风方式，这种方式技术成熟，但存在一定缺陷。首先是强制从上向下送风时，冷风吸热后是上升的，这就形成了冲突，其次为保证送风速度的均匀性，风道不能太小，这也使得车厢装货容积减小。

为改善车厢内温度场分布，国外冷链运输装备生产商开始采用下送上回的送风方式，在该方法中，空气由蒸发器风扇驱动为主，冷空气受热上升这一原理为辅进行循环。冷空气在冷链运输装备底部通过 T 形槽和离水格子之间的空隙流动，由货物间空隙以及车壁的凹形风道吸收外界以及食品内部的散热量，冷空气受热上升，通过车厢内顶部和货物上部形成的回风通道被吸入蒸发器，经过蒸发器时吸入冷量，降温后由车底部送出，以此方式不断循环。

对于下送上回的送风方式，由于车内自然对流和强制循环一致，气流稳定性好，同时由于不设大送风道，装货容积大，获得了越来越广泛的应用。目前，在冷藏集装箱中已基本采用下送上回。

（3）制冷机组的选择：制冷机组的优劣直接影响到冷链运输装备能耗的高低，因此，在冷藏车设计中，可以考虑使用新型制冷机组，提高效率。如具有新型涡旋式压缩机的制冷机组、具有一定气调功能的制冷机组（美国开利公司发明了 Ever Flash 气调装置，利用一个小型空气压缩机压缩空气使其通过氮气分子筛过滤后氮气进入，实现气调；美国冷藏公司利用水果、蔬菜在运输中不断消耗氧气产生二氧化碳气体的原理，配以计算机控制的新鲜空气通风控制系统，把二者结合起来，巧妙地控制箱内气体成分，实现了气调运输）等。

冷链运输装备制冷装置的数字化控制也是必需的。目前西方发达国家以实现由人工操作的 PTI 检查向自动 PTI 检查转变。电子温度记录可记录多达 80 天的温度信息。如果出现故障，不必像以前靠经验来判断，故障信息会自动出现在显示屏上，只需按图索骥就可以了。依靠解码器，运输装备内部温度信息可直接通过电源线传到监控箱，方便了操作。

制冷机组技术的提高将大幅提高运输食品的品质，在节能方面，它也是最为直接的：制冷机组性能每提高 1%，节能效率也将直接提高 1%，因此，制冷机组的选型是冷链运输装备设计的重中之重。一方面，应引入国际先进技术提高制冷系统效率；另一方面，在冷链运输装备设计时，可有针对性地设计为适用于冷却货物运输的冷链运输装备和适用于冷冻货物运输的冷链运输装备，通过整个运输装备的最优化设计，提高运行效率和节能效果。

（4）通风换气：在冷链运输中，因货物的需要，有时必须采用自然通风的方式对车内空气进行置换。此时，如内外温差大则会导致货物温升显著，在影响食品品质的同时还将大量消耗制冷系统冷量。因此，如在通风换气系统加设空气—空气换热器则能有效解决上述问题。所谓空气—空气换热器即在通风过程中通过换热器，使内外空气进行能量交换的设备。

目前，空气—空气换热器有以下三种类型：采用全热转轮式热回收装置的空气—空气换热器；采用板式热回收装置的空气—空气换热器；采用通道轮式热回收装置的空气—空气换热器。根据上述三种类型设备的特点，对其在设计、应用中的通风换气效果进行对比、分析如下：

① 全热转轮式空气—空气换热器：它是传统的新风处理设备。具有热回收效率高、结构简单等优点。但体积大、阻力损失约在 200 ~ 300 帕，且存在二次污染、装置再生等问题。

② 板式热回收空气—空气换热器：板式热回收装置也是传统的热回收设备，如图 7-9 所示。目前我国常见的新风换气机采用板式显热换热器。板式换热器一般采用金属板制成。板间距 3 ~ 8 毫米、阻力在 200 ~ 400 帕、热回收效率一般在 40% ~ 60% 左右。采用板式热回收装置的新风换气机受板式换热器的结构限制，体积大、阻力大。当一侧气流温度低于另一侧气流的露点温度时，会产生凝结水，甚至发生结冰现象，引起阻力剧增，影响使用寿命。板式热回收式新风换气机采用双风机实现通风换气，在通风系统中使用时，系统阻力损失大，造成通风换气效率低。

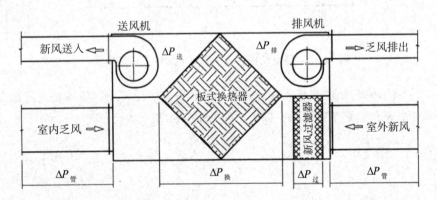

图 7-9　板式热回收空气—空气换热器工作原理图

③ 通道轮式板式热回收空气—空气换热器：通道轮式换热器是近几年开发成功的新型换热装置，如图 7-10 所示。它集换热装置和双向风机于一身，具有结构简单、体积小、换热效率高等特点。通道轮式换热器一般采用金属薄板作为换热通道。新风和换风通道相邻且相互隔离。并由单电机拖动处于高速旋转状态。当气流进入各自的换热通道时，气流无法在通道表面形成层流界面，气体分子增加与通道器壁的碰撞机会，大大提高能量转换效率。因而在相同风量情况下，换热

器体积和内阻要小很多。另外，由于换热器工作时处于旋转状态，当一侧气流温度低于另一侧气流的露点温度时，也会产生凝结水。但凝结水会在离心力的作用下甩出换热器，不会发生结冰现象和影响使用寿命。通道轮式板式热回收空气—空气换热器在单电机驱动下可实现双向通风换气，在通风系统中使用时，换气机产生的排风负压、出风正压可全部用于克服系统风管阻力，通风换气效率可达70%左右。

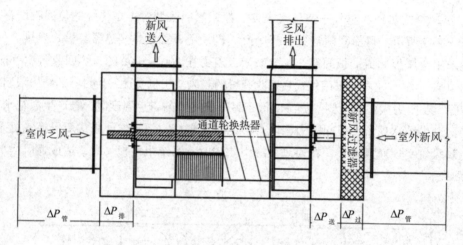

图 7-10　通道轮式空气—空气换热器工作原理图

在空调领域，上述技术已较为成熟，并已得到广泛应用。技术完全可以应用于冷藏车，从而达到节能降耗、保证食品品质的目的。

第八章
高科技条件下中国冷链物流
企业运营管理与创新

第一节 冷链物流企业运营模式的比较与创新

市场经济机制条件下，企业有多种运营模式，和其他企业一样，冷链物流企业要根据自身的实际情况，选择符合自身可持续发展的经营模式。

一、冷链物流企业运作模式

冷链物流企业运作模式是指冷链物流企业以何种方式对冷链货物、运输工具、参与企业进行管理。了解冷链物流企业运作模式必须首先了解冷链商品的运作模式。

（一）冷链商品运作模式

冷链物流作为附加值比较高的物流市场之一，是众多物流企业追求的重要市场，目前已经成为一些物流企业盈利的主要业务之一。由于冷链物流本身的特点，一般与需求者的生产与供应密切相关，诸如上海光明、双汇、雨润等企业主要采用了自营的模式，对自身资源不足的物流业务可以通过外部招标的方式，诸如蒙牛、伊利等企业则主要采用冷链物流外包的模式，并与优秀的物流供应商建立长期合作关系以提高其供应链运作与管控能力。

表 8-1 是部分种类冷链物流市场分析与运作组织的一般要求。

表 8-1　冷链商品与运作要求

冷链物流	市场分析与运作特点
果蔬与畜禽肉制品冷链物流	1. 参与者众多，空间大，分布广； 2. 采购和仓储环节复杂，市场不确定性大，要求更加复杂； 3. 保持生鲜度有一定难度，季节性影响大； 4. 各个环节需要良好的组织协调性； 5. 市场力量不均衡。农户或者个体储者在冷链物流链条中的利益难以得到保障。

续 表

冷链物流	市场分析与运作特点
水产品冷链物流	1. 保持产品鲜活性； 2. 部分需要包装良好，防止霉变； 3. 必须满足客户对水产品多品种、小批量的要求： 4. 必须满足缓解水产品需求不平衡的要求。
花卉冷链物流	1. 配送速度快： 2. 消费需求要求新异与特色化； 3. 追求物流作业完好率与及时率； 4. 新技术广泛应用： 5. 运输成本相对较高。
乳制品冷链物流	1. 流向整合的组织形式； 2. 线与节点其有有效的协调性； 3. 对信息技术要求高； 4. 冷链作业与产品质量要求高： 5. 对产地管理要求严； 6. 需要庞大快速的配送系统，全程保持较低温度； 7. 冷链较短，流通半径小； 8. 物流提供商多元化。
速冻食品冷链物流	1. 作业要求比较高： 2. 包装要求严： 3. 强化全程温度控制； 4. 需要高效的物流配送网络。
药品冷链物流	1. 独立完善的冷链物流体系，整合规划与协调； 2. 需要高效的物流配送网络； 3. 强有力的行为规范与专整人才； 4. 全程温度控制； 5. 管现建设投资大，系统庞大。

1.果蔬类冷链物流运作模式

以果蔬类为例，从冷链物流运作角度来看，其主要储运流程如图 8-1 所示。果蔬类产品通过产地储藏（或销地储藏）后，通过流通加工和运输环节，进入销地配送中心（或批发市场），然后通过分销商自提或批发商配送的方式进入超市门面、个体商贩零售终端，消费者到超市、菜市场等处购买。在这一流程中，运输与仓储是整个冷链物流运作的关键，通过商流与物流环节，最终完成了从田间到餐桌的过程。

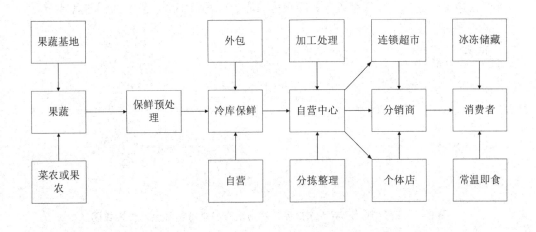

图 8-1　果蔬类冷链物流运作模式图

2.花卉类冷链物流运作模式

一般花卉生产基地通过简单加工和运输包装，通过保鲜与快速运输，把花卉运输至交易地，通过交易市场的商流把花卉卖给专业用户、花店等销售终端。在此过程中，其冷链物流过程包括保鲜运输、仓储、流通加工、配送等各环节。其物流业务可以是自营的，也可以外包给 3PL 实现，具体运作组织如图 8-2 所示。

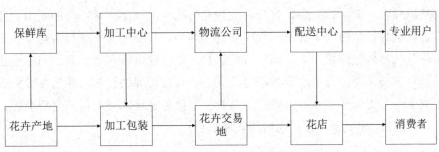

图 8-2　花卉类冷链物流运作模式图

3.畜禽肉制品类冷链物流运作模式

畜禽肉、冷藏冷冻食品、鲜活水产品类冷链物流运作模式根据物流中心（配送中心）的设置不同，形成了多种运作模式，一家物流商负责运作冷链物流的组织过程如图 8-3 所示，是一种比较理想的模式。目前多数屠宰厂和冷藏冷冻食品、水产品加工企业，一般都有自己的冷藏冷冻库，以平衡供应、生产与销售各环节。

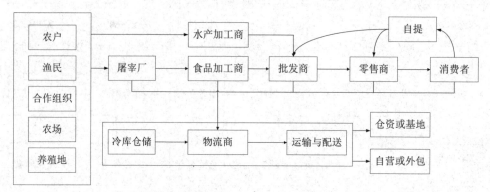

图 8-3 畜禽肉、冷藏冷冻食品、鲜活水产品类冷链物流运作模式图

4.乳制品冷链物流运作模式

乳制品是乳类制品的简称，也称奶制品、奶类食品或奶食品，以乳类为基本原料加工而成的食品。除各种直接使用奶制成的饮料外，还包括通过发酵获得的食品（奶酪和奶油），以及对奶进行干燥或者提炼后获得的高浓度制品（如奶粉，炼乳等），雪糕、冰激凌等也包括在内。乳制品冷链物流是以新鲜奶和酸奶等为代表的低温奶产品等在奶源基地采购、生产加工、包装、储藏、运输与配送、销售直到消费的各个环节都处于较适宜的低温环境中运行的一种冷链物流，以保证奶制品的品质，防止奶制品变质和污染。

乳制品冷链物流主要运作组织过程如图 8-4 所示。在乳制品冷链物流运作中，物流可以外包，也可以自营，这与企业自身的战略要求相一致。比如光明乳业采用自营冷链物流，而蒙牛乳业除冷库多数作为生产厂功能之一进行自建外，把运输等环节全部外包给第三方物流的方式进行。在供应链管理上，上游加工企业与奶源基地更加紧密，通过自建牧场等方式，加强对奶源的控制，通过对分散农户小规模生产采用合作经营等方式进行监管。下游通过运输与配送的全程监控，有效提高乳制品冷链物流的温度与时间管理水平。

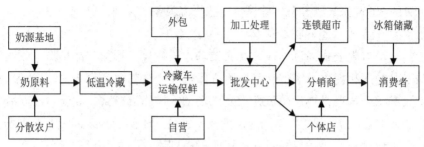

图 8-4　乳制品冷链物流运作模式图

（二）冷链物流企业运作模式

目前，我国冷链物流企业主要有四种运作模式：3PL 冷链物流模式（第三方物流）、以加工企业为主导的自营冷链物流模式、以大型连锁经营企业为主导的自营冷链物流模式、依托批发市场型冷链物流模式。

1. 3PL 冷链物流模式

3PL 冷链物流企业能通过全程监控冷链物流，整合冷链产品供应链的方式。为冷链物流需求方提供高效完善的冷链方案的企业就是第三方冷链物流企业。夏晖物流是典型的 3PL 冷链物流企业，拥有从美国进口的制冷设备及 5~10 吨温度控制车辆，可以实现全程温度控制和自动化管理。夏晖物流主要为麦当劳提供一站式综合冷链物流服务，业务主要包括运输、仓储、各环节的信息处理、存货控制、产品质量安全控制等。夏晖物流根据麦当劳店面网络的分布情况建立了分拨中心和配送中心。

2. 以加工企业为主导的自营冷链物流模式

物流公司整合自有物流资源，建立多家便利店以控制销售终端，进而建设物流配送中心，实现冷链物流向原料供应商的延伸，形成"产供销一体化"的自营冷链物流模式。光明冷链物流是典型的以加工企业为主导的"产供销一体化"的冷链运作模式。光明乳业整合集团下属物流部门成立上海冷鲜物流有限公司，建成 5 个区域物流中心，21 个销区物流中心，6 个转运物流中心，在 18 个大中城市分布有1 200 多家专业便利店。

3. 以大型连锁经营企业为主导的自营冷链物流模式

物流企业通过小批量、多批次、多品种配送，确保生鲜食品的质量安全，形成了大型零售商独自兼营以配送环节为主的冷链物流模式。联华超市股份有限公司建成联华生鲜食品加工配送中心，总投资 6 000 万元，建筑面积 35 000 平方米，年生产能力 2 万吨，是国内目前设备最先进、规模最大的生鲜食品加工配送中心，为其下属的 3 609 家连锁经营店铺提供冷链物流服务。

4.依托批发市场型冷链物流模式

冷链食品有限公司通过与农产品大市场连成一体，形成产品生产、收购、加工、储运、配送和提供市场信息服务等一体化的冷链物流运作模式。武汉白沙洲冷链食品有限公司就是典型的依托批发市场型冷链物流模式。武汉白沙洲冷链食品有限公司将建成 20 万吨冷库和冷冻食品、海鲜、干鲜、板栗四大专业市场。无论从市场建设规模、市场交易量和市场辐射范围看，还是从设施设备、库容、管理等方面比较，武汉白沙洲冷链食品有限公司都在全国同类市场中位居前列。

二、冷链物流企业经营模式比较

（一）经营优势比较

（1）第三方冷链物流企业模式。物流企业拥有现代化的冷库配送系统，常温库容量、冷冻库容量、冷藏库容量非常大，自备有大吨位的温控汽车，能够开发出食品全程自动检测监控系统。企业无论是在软件管理方面还是硬件设施建设和配套方面，第三方冷链物流企业都走在行业的前列。利用现有的物流资源优势，第三方冷链物流企业可以与更多的跨行业大客户开展业务，提升自己的市场定位，突破为单一餐饮业提供服务的限制，向零售业和加工业等行业延伸。

（2）以加工企业为主导的自营冷链物流模式。企业能够充分整合和利用自身长期积累的冷链物流设施、人才、管理经验等资源，为冷鲜物流有限公司向第三方物流企业的转换打下坚实基础。以加工企业为主导的自营冷链物流模式效率高、环节少、市场灵敏度高、信息反馈及时，有利于对冷链物流的全程控制，实现对质量安全的全程跟踪；有利于冷链各环节的有效沟通和信息化对接，对市场需求的变化能够作出及时、迅速、准确的反应。

（3）以大型连锁经营企业为主导的自营冷链物流模式。企业建立生鲜加工配送中心，以实现支持生产、保障销售、满足需求为目标，把生鲜食品冷链物流的标准化、规范化运作贯穿于生鲜经营的整个产业化流程之中。不仅体现了生鲜食品的生产能力和物流水平，而且发挥出越来越大的辐射效应。这种冷链物流模式，有利于实现产品质量、加工和管理的标准化，能够有效控制和减少店铺的存货与损耗，具有规模、质量优势；有利于提高生鲜食品物流效率，确保生鲜食品在整个供应链上始终处于低温状态。企业能够以便捷的运输、先进的技术、优质的服务树立良好的企业形象，产生很好的社会效益和经济效益。

（4）依托批发市场型冷链物流模式。企业拥有规模、资金优势，因为毗邻批发市场而建，又有区位优势，依靠优越地理条件，这种模式拥有公路、铁路、水运、航空等绝佳的交通优势，能够有效整合农产品资源和生鲜农产品物流功能，显著提高运输效率。并且企业拥有先进的冷冻冷藏设施及运输工具，对生鲜农产品的储存保鲜专业化程度高，利用规模优势有效控制销售终端，为消费者提供新鲜、安全的农产品。

（二）经营劣势比较及发展策略

（1）随着物流业的快速发展，第三方冷链物流将面临更加激烈的市场竞争。一方面是与同类型第三方冷链物流企业的竞争；另一方面是与逐渐转型为第三方物流企业的自营物流企业竞争。同时，随着食品安全问题受重视程度的不断提高，为确保食品安全和质量，市场对物流企业硬件设施和设备提出的更高要求也是一大挑战。虽然第三方冷链物流企业在软件、硬件方面都具有一定的优势，但是为迎合市场对高质量物流服务的需求，第三方冷链物流企业应该投入更多的人力、物力、财力来发展壮大企业实力，确保不断提高市场竞争力。在食品供应链体系中要综合考虑食品安全管理和全程质量监控问题，为市场提供高效、完善的冷链物流解决方案。以在第三方冷链物流企业发展不成熟阶段取得先发优势。

（2）以加工企业为主导的自营冷链物流属于"产供销一体化"物流模式，适用范围较窄，低温生鲜食品易发生变质，物流辐射半径特别是配送半径相对较小的企业。这种模式不利于企业的长期发展，应该向第三方物流方向转变，尽早实现从企业物流向物流企业的转换。

（3）以大型连锁经营企业为主导的自营冷链物流模式，生鲜加工配送中心的冷链物流，并非连锁经营集团的主营业务。这种业务仅仅是其连锁经营配送中心内众多品类中的一部分，但在该业务中物流、销售、采购易形成各自为政、条块分割的局面，供应链节点企业之间时常出现竞争大于合作的情况。造成物流交易费用上升，冷链部分环节脱节等问题。生鲜加工配送中心与供应商及店铺对接时，各方更多的是关注自身业务的利益，三者难以协调一致。针对这种情况，冷链物流企业要尽可能完善管理上的配套制度和设施，将冷链管理直接反映在每个生产环节中。冷链物流企业在提高自营冷链物流运作效率的同时，也要考虑向第三方冷链物流型企业发展，在完成企业内部物流作业的基础之上，利用开展第三方业务为企业带来更多的经济效益。

（4）依托批发市场型冷链物流模式，服务目标客户群数量多，需求各异，业务规模参差不齐，上游采购及下游销售线路分散，物流业务处于零散不稳定状态，难以与市场多方客户达成"合约式仓储、一体化运输"的合作业态，不利于企业整体效能的发挥和潜能的发掘。对于重点经营冷库和批发市场租赁业务的冷链物流企业来说，很难像专业的物流机构一样，通过大规模投入建设全国货站网络。为解决这一问题，冷链物流企业可以采用"建立物流产业园，引进第三方物流"的模式来促进网络的发展。

第二节　冷链物流市场营销策略与创新

市场营销又称为市场学、市场行销或行销学，是指个人或集体通过交易其创造的产品或价值，以获得所需之物，实现双赢或多赢的过程。它包含两种含义：一种是动词理解，指企业的具体活动或行为，这时称之为市场营销或市场经营；另一种是名词理解，指研究企业的市场营销活动或行为的学科，称之为市场营销学、营销学或市场学等。冷链物流企业处于市场经济体系下，面临激烈的市场竞争和优胜劣汰，正确的市场营销手段有助于冷链物流企业发展和壮大。

一、冷链物流市场概念

（一）什么是冷链物流市场

市场经济认为，市场是实现资源配置的手段。市场要素包括市场主体、市场客体以及市场体系。

1. 市场主体

市场主体是指在市场上从事交易活动的组织和个人。它既包括自然人，也包括以一定组织形式出现的法人；既包括直接从事商品生产和商品交换的经济单位，也包括为其服务的中介机构。市场主体，是市场的能动者。市场主体的活动，带有明确的目的，为实现其各自不同的目的，可以采用不同的策略和手段，从而使市场的管理和运作趋于复杂化。冷链物流企业在冷藏货物运输过程中向客户提供各种服务，属于市场主体。另外，与冷链物流企业有关联的物流公司、运输公司、生鲜食品公司、代理商、货主、政府部门与机构都属于冷链物流市场主体。

2. 市场客体

市场客体是指市场主体在市场上交易的对象。它包括各种有形商品、无形商品，各种服务和为生产商品和提供服务所需的一切经济资源。例如生产资源和生活资料商品、以知识形态出现的技术商品和信息商品，以劳动能力出现的劳动力商品。冷链物流企业依靠自身资源和设备向客户提供的各种服务如水产品、果蔬产品、乳制品、肉制品、医药制品、运输设备运输信息属于冷链物流市场客体。

3. 市场体系

市场体系是为维护市场要素运转而形成的互相依存、互相制约的有机整体。在冷链物流市场体系的组成中，有冷链物流商品市场，它包括冷链物流消费商品市场和冷链物流生产资料商品市场；还有资本市场、劳动力市场、技术市场、信息市场等冷链物流生产要素市场；除此之外，冷链物流市场体系还包括政府管理机制、商品质量监管机制、检疫部门监管机制、金融管理机制、税务监管机制等。在市场体系内，各类别市场之间存在着相互关联、相互制约、相互影响的关系。如果某一类市场发育不全，或者发育滞后，就会给别的市场造成很大影响。因此市场体系还必须具有统一性和开放性。市场体系的统一性是指各类别市场在一个国家地域里是一个整体，不应存在相互封闭或行政分割。部门或局部地区对市场的分割，会缩小市场规模，限制资源的自由流动，从而降低市场效率。市场体系的开放性不仅要求对国内开放，而且对国外开放，使国内市场与国际市场接轨，尽可能参与国际分工和国际竞争。

综上所述，冷链物流市场是指冷链物流运输参与各方在冷链物流运输交易中所产生的经济活动和经济关系的总和，即冷链物流市场不仅是运输商品交换的场所，而且还包括运输活动参与者之间、运输部门与其他部门之间的经济关系。

冷链物流市场的参与者可以概括为以下四个方面。

（1）需求方。包括各种经济成分的冷藏食品运输需求者。例如，企业、军队、政府、消费者个人等。

（2）供给方。包括各种为冷藏食品服务需求者提供服务的部门以及冷藏食品经营者的行业组织，如水产品养殖、加工企业与个人，乳品养殖、加工企业与个人，肉类养殖、加工企业与个人，果蔬种植、加工企业与个人、药品生产企业，以及以上批发商、零售商等。

（3）中介方。包括在冷链物流需求和供给双方之间，以中间人的身份提供各种与冷链物流相关服务的货运代理公司、经纪人、信息咨询公司等。

（4）政府方。包括政府有关机构和各级交通运输及其管理部门。它们是代表国家即一般公众利益对冷链物流市场进行监督、管理、调控的部门。这些部门主要有财政、金融、税务、城建、环保、工商、物价、商检、标准计量、仲裁等机构。

（二）冷链物流市场的特点

1. 冷链物流是关系国计民生的产业

冷链物流的对象是水产品、果蔬产品、乳制品、肉制品和医药制品，涉及民众生活的最基本环节，也是关键环节，这些物品供应的质量直接关系到普通民众的生活水平与生活质量，也关系到国家与社会的发展与稳定。

2.冷链物流市场主体复杂

冷链物流服务对象众多，涉及面广泛，有航空、船公司、铁路和公路运输部门，有众多的贸易企业、生产厂家、种植企业和个人、养殖企业和个人等。冷链物流企业不仅提供冷链货物的装卸搬运、仓储、简单加工和货运等基本服务，还可提供货运交易服务、信息服务、物流咨询等延伸服务，如果一个环节出现问题，则上下牵连，最终影响冷链物流企业效率，降低冷链物流企业经济效益和公众美誉度。

3.国家对冷链物流日益重视

由于冷链物流商品的特殊性，国家对冷链物流越来越重视，从政策、资金、税收、运输等各方面为冷链物流创造优越条件，如税收减免、财政补贴、资金扶持、运输绿色通道等，以便增加冷链物流质量与效率，提高人民生活水平。

二、冷链物流市场调查与预测

市场研究是随着社会生产力水平的提高，伴随着商品生产的发展出现的，它是对市场实践活动的总结与指导。当社会生产仅仅能够满足人们的最低生活需要时，当社会生产处于无计划状态时，市场研究的作用并不明显，而当社会生产得到很大发展，社会生产的组织管理日趋现代化，社会生产的计划日趋科学化之时，市场研究的必要性和重要作用就充分显示出来了。目前，市场研究不论就自身的理论体系和方法手段，还是就其研究问题的内容，都已经发展完善起来，成为分析研究市场的必不可少的手段。对于冷链物流企业而言，市场研究的目的是为企业选择合适的市场定位，为企业开拓新的市场，为企业开发新的产品、为企业顺应市场变化而调整经营战略提供依据。市场研究主要包括市场分析、市场调查、市场预测。

在我国，随着社会的不断发展，市场研究越来越受到管理者的重视，其方法论也越来越广泛地被应用于各种市场问题的分析研究上。

（一）冷链物流企业进行市场研究的作用

（1）市场研究为冷链物流企业制定科学的发展规划提供依据。能否站在较高的角度为冷链物流企业设计未来的发展方向，往往关系到冷链物流企业的成败。发展规划定位太低会错过企业发展的关键期，发展规划定位太高则会浪费资源，最终一无所获。发展规划是一种重要的经济和管理手段，冷链物流企业的发展计划和规划，在其制定过程中要依据各方面的资料，其中所必需的市场分析资料、统计资料和预测资料是很重要的内容。需要结合实际调查来制订计划和规划，否则计划和规划就会脱离实际，缺少科学性和可行性。科学系统的市场研究资料无疑为冷链物流企业决策和政策的科学性提供了保障。

（2）市场研究是冷链物流企业管理决策和提高经济效益的必要条件。冷链物流企业正确的管理决策能够使经济活动取得成功，不适当的或错误的决策，则使经济活动造成损失或失败。而正确决策的前提之一，就是对经济做出科学的分析、调查和预测。而从市场分析、调查和预测对生产和消费的重要作用可以断定，市场预测对提高生产部门或企业的经济效益是显而易见的。根据市场分析、调查与预测结果所进行的冷链商品营销活动，大大降低了盲目性，增强了冷链物流企业的目标性，必然给冷链商品营销部门或企业带来较高的经济效益，也促进了冷链商品流通，满足了消费者的需求。

（3）市场研究对冷链物流企业生产的合理化起促进作用。市场研究不但是决定各个冷链生产部门生产总量的重要依据，而且是搞好各个生产部门间生产联系的重要依据。这对于促进冷链商品总量的供求平衡，冷库商品类别和主要冷链商品的供求平衡，合理地调整冷链产业结构等方面都起着非常重要的作用。

（4）市场研究对促进和满足消费需求的作用显著。冷链商品生产与消费是紧密联系的，冷链商品生产的目的就是满足人们不断增长的物质生活水平的需要。市场分析、调查和预测在满足冷链商品需求和促进冷链商品消费方面也起着重要作用。通过市场分析、调查与预测，可以全面系统地了解冷链商品需求状况，包括需求数量、需求结构和需求发展变化的规律等。

（二）市场调查与预测内容

1. 市场分析

市场分析是指通过对冷链物流市场调查和供求预测，根据冷链物流产品的市场环境、竞争力和竞争者，分析、判断新的冷链项目投产后所生产的产品在限定时间内是否有市场，以及采取怎样的营销战略来实现销售目标。

冷链物流市场分析的研究对象是整个冷链物流市场，从纵向角度看，冷链物流市场分析要研究从冷链物流产品生产者到消费者的所有商业活动，揭示生产者和消费者各自在从事市场活动中的行为和遵循的规律。从横向角度看，在现代冷链物流市场经济体系中，市场活动是一个全方位的活动。一方面不同的地区由于受其当地政策、文化等方面的影响，他们的市场活动是有差异的，因此，市场分析必须揭示这些市场活动的特点和规律。另一方面，即便是同一冷链物流市场活动的主体，由于各种不同市场的交互作用，他们活动的内容是极为广泛的，也就是说，市场的类型有多种多样，各种不同类型的市场特点和运行规律，就成了市场分析的又一重点的研究对象。市场分析的研究对象是极为广泛和复杂的，广泛性和复杂性是市场分析研究对象的重要特点。市场分析是冷链物流产业发展与产业布局研究的组成部分之一。按其内容分为以下三类。

（1）市场需求预测分析。它包括现在冷链物流市场需求量估计和预测未来冷链物流市场容量及冷链物流产品竞争能力。通常采用调查分析法、统计分析法和相关分析预测法。

（2）需求层次和地区市场需求量分析。即根据各冷链物流市场特点、人口分布、经济收入、消费习惯、行政区划、畅销牌号、生产性消费等，确定不同地区、不同消费者及用户的冷链物流产品需要量以及运输和销售费用。一般可采用产销区划、市场区划、市场占有率及调查分析的方法进行。

（3）估计产品生命周期及可销售时间。即预测冷链物流产品市场需要的时间，使冷链物流产品生产及分配等活动与市场需要量做最适当的配合。通过市场分析可确定冷链物流产品的未来需求量、品种及持续时间；冷链物流产品销路及竞争能力；冷链物流产品规格品种变化及更新；冷链物流产品需求量的地区分布等。在冷链物流产业发展与布局研究中，市场分析有助于确定地区冷链企业的发展水平和发展规模，及时调整产业结构；有助于调整产品结构，提高竞争能力；有助于在运输和生产成本最小的原则下，合理布置冷链物流企业。

2. 市场调查

市场调查就是指运用科学的方法，有目的地、系统地搜集、记录、整理有关冷链物流市场营销信息和资料，分析冷链物流市场情况，了解冷链物流市场的现状及其发展趋势，为冷链物流市场预测和营销决策提供客观的、正确的资料。

市场调查的内容很多，有市场环境调查，包括冷链物流政策环境、经济环境、社会文化环境的调查；有市场基本状况的调查，主要包括冷链物流市场规范、总体需求量、市场的动向、同行业的市场分布占有率等；有销售可能性调查，包括现有和潜在用户的人数及需求量，市场需求变化趋势，本企业竞争对手的产品在市场上的占有率，扩大销售的可能性和具体途径等；还可对消费者及消费需求、企业产品、产品价格、影响销售的社会和自然因素、销售渠道等开展调查。市场调查的方法如下。

（1）观察法

分为直接观察和实际痕迹测量两种方法。

所谓直接观察法，指调查者在调查现场有目的、有计划、有系统地对调查对象的行为、言辞、表情进行观察记录，以取得第一手资料。它的最大特点为总在自然条件下进行，所得材料真实生动，但也会因为所观察对象的特殊性而使观察结果流于片面。实际痕迹测量是通过某一事件留下的实际痕迹来观察调查，一般用于对用户的流量、广告的效果等的调查。例如，冷链物流企业在几种报纸、杂志上做广告时，在广告下面附有一张表格或条子，请读者阅后剪下，分别寄回企业有关部门，冷链物流企业从回收的表格或条子中可以了解哪种报纸或杂志上刊登广告最为有效，为今后选择广告媒介和测定广告效果提供可靠资料。

（2）询问法

询问法是将所要调查的事项以当面、书面或电话的方式，向被调查者提出询问，以获得所需要的资料。它是市场调查中最常见的一种方法，可分为面谈调查、电话调查、邮寄调查、留置询问表调查四种。这四种方法有各自的优缺点，面谈调查能直接听取对方意见，富有灵活性，但成本较高，结果容易受调查人员技术水平的影响。邮寄调查速度快，成本低，但回收率低。电话调查速度快，成本最低，但只限于在有电话的用户中调查，整体性不高。留置询问表可以弥补以上缺点，由调查人员当面交给被调查人员问卷，说明方法，由之自行填写，再由调查人员定期收回。

（3）实验法

它通常用来调查某种因素对冷链物流市场销售量的影响，这种方法是在一定条件下进行小规模实验，然后对实际结果作出分析，研究是否值得推广。它的应用范围很广，凡是某一冷链物流商品在改变品种、品质、包装、设计、价格、广告、陈列方法等因素时都可以应用这种方法，调查用户的反应。

3.市场预测

市场预测就是运用科学的方法，对影响冷链物流市场供求变化的诸因素进行调查研究，分析和预见冷链物流市场发展趋势，掌握冷链物流市场供求变化的规律，为经营决策提供可靠的依据。预测为决策服务，是为了提高管理的科学水平，减少决策的盲目性，减少未来的不确定性，降低决策可能遇到的风险，使决策目标得以顺利实现。

冷链物流市场预测的内容十分广泛丰富，从宏观到微观，两者相互联系、相互补充。

具体来讲主要包括以下内容。

（1）预测冷链物流市场容量及变化

冷链物流市场商品容量是指有一定货币支付能力的需求总量。冷链物流市场容量及其变化预测可分为冷链物流生产市场预测和冷链物流消费市场预测。冷链物流生产市场容量预测是通过对国民经济发展方向、发展重点的研究，综合分析预测期内冷链物流行业生产技术、产品结构的调整，预测冷链物流产品的需求结构、数量及其变化趋势。冷链物流消费市场容量预测重点包括以下三个方面。

①冷链物流消费者购买力预测。冷链物流预测消费者购买力要做好两个预测：第一，人口数量及变化预测。人口的数量及其发展速度，在很大程度上决定着消费者的消费水平。第二，消费者货币收入和支出的预测。

②预测购买力投向。冷链物流消费者收入水平的高低决定着消费结构，即消费者的生活消费支出中冷链物流商品性消费支出与非商品性消费支出的比例。冷链物流消费结构规律是收入水平越高，人民对高质量冷链物流产品消费支出增大，如新鲜海鲜、新鲜水果蔬菜、新鲜乳产品费用支出增加，在冷链物流商品性支出中，用于低端冷链产品如常规蔬菜、肉类、鱼类等费用支出的比重大大降低。另外还必须充分考虑消费心理对购买力投向的影响。

③预测冷链物流商品需求的变化及其发展趋势。根据消费者购买力总量和购买力的投向，预测各种冷链物流商品需求的数量、颜色、品种、规格、质量等。

（2）冷链物流市场预测应该遵循一定的程序和步骤

冷链物流市场预测的过程大致包含以下的步骤。

①确定预测目标。明确目的，是开展冷链物流市场预测工作的第一步，因为预测的目的不同，预测的内容和项目、所需要的资料和所运用的方法都会有所不同。明确预测目标，就是根据经营活动存在的问题，拟定预测的项目，制订预测工作计划，编制预算，调配力量，组织实施，以保证市场预测工作有计划、有节奏地进行。

②搜集资料。进行冷链物流市场预测必须占有充分的资料。有了充分的资料，才能为市场预测提供进行分析、判断的可靠依据。在市场预测计划的指导下，调查和搜集预测有关资料是进行市场预测的重要一环，也是预测的基础性工作。

③选择预测方法。根据预测的目标以及各种预测方法的适用条件和性能，选择合适的预测方法。有时可以运用多种预测方法来预测同一目标。预测方法的选用是否恰当，将直接影响到预测的精确性和可靠性。运用预测方法的核心是建立描述、概括研究对象特征和变化规律的模型，根据模型进行计算或者处理，即可得到预测结果。

④预测分析和修正。分析判断是对调查搜集的资料进行综合分析，并通过判断、推理，使感性认识上升为理性认识，从事物的现象深入到事物的本质，从而

预计市场未来的发展变化趋势。在分析评判的基础上，通常还要根据最新信息对原预测结果进行评估和修正。

⑤编写预测报告。预测报告应该概括预测研究的主要活动过程，包括预测目标、预测对象及有关因素的分析结论、主要资料和数据，预测方法的选择和模型的建立，以及对预测结论的评估、分析和修正，等等。

三、冷链物流市场定位

冷链物流企业根据竞争者现有产品在市场上所处的位置，针对顾客对该类产品某些特征或属性的重视程度，为本企业产品塑造与众不同的、给人印象鲜明的形象，并将这种形象生动地传递给顾客，从而使该产品在市场上确定适当的位置。

（一）市场定位内容

（1）冷链物流产品定位。侧重于冷链物流产品定位质量、成本、特征、性能、可靠性、可用性、款式等。

（2）冷链物流企业定位。即企业形象塑造品牌、员工能力、知识、言表、可信度等。

（3）冷链物流竞争定位。确定企业相对于竞争者的市场位置。

（4）冷链物流消费者定位。确定企业的目标顾客群。

（二）市场定位步骤

首先，分析冷链物流目标市场的现状，确认企业潜在的竞争优势这一步骤的中心任务是要解决以下三个问题：一是冷链物流竞争对手产品定位如何；二是冷链物流目标市场上顾客欲望满足程度如何以及确实还需要什么；三是针对冷链物流竞争者的市场定位和潜在顾客的真正需要的利益要求企业应该及能够做什么。冷链物流企业市场营销人员必须通过一切调研手段，系统地设计、搜索、分析并报告有关上述问题的资料和研究结果。

其次，准确选择竞争优势，对冷链物流目标市场初步定位竞争优势表明企业能够胜过竞争对手的能力。这种能力既可以是现有的，也可以是潜在的。选择竞争优势实际上就是一个冷链物流企业与竞争者各方面实力相比较的过程。比较的指标应是一个完整的体系，只有这样，才能准确地选择相对竞争优势。通常的方法是分析、比较企业与竞争者在经营管理、技术开发、采购、生产、市场营销、财务和产品七个方面究竟哪些是强项，哪些是弱项。借此选出最适合本企业的优势项目，以初步确定企业在目标市场上所处的位置。

最后，显示独特的竞争优势和重新定位。这一步骤的主要任务是冷链物流企业要通过一系列的宣传促销活动，将其独特的竞争优势准确传播给潜在顾客，并在顾客心目中留下深刻印象。为此，冷链物流企业首先应使目标顾客了解、知道、熟悉、认同、喜欢和偏爱本企业的市场定位，在顾客心目中建立与该定位相一致的形象。其次，冷链物流企业通过各种努力强化目标顾客形象，保持目标顾客的了解，稳定目标顾客的态度和加深目标顾客的感情来巩固与市场相一致的形象。最后，冷链物流企业应注意目标顾客对其市场定位理解出现的偏差或由于企业市场定位宣传上的失误而造成的目标顾客模糊、混乱和误会，及时纠正与市场定位不一致的形象。

（三）市场定位策略

冷链物流企业力图避免与实力最强的或较强的其他企业直接发生竞争，而将自己的产品定位于另一市场区域内，使自己的产品在某些特征或属性方面与最强或较强的对手有比较显著的区别。

1.迎头定位

迎头定位策略是指冷链物流企业根据自身的实力，为占据较佳的市场位置，不惜与市场上占支配地位的、实力最强或较强的竞争对手发生正面竞争，而使自己的产品进入与对手相同的市场位置。

其优点在于竞争过程中往往相当惹人注目，甚至产生所谓轰动效应，企业及其产品可以较快地为消费者或用户所了解，易于达到树立市场形象的目的。

其缺点是具有较大的风险性。

2.创新定位

寻找新的尚未被占领但有潜在市场需求的位置，填补市场上的空缺，生产市场上没有的、具备某种特色的冷链物流产品。例如，内蒙古伊利实业集团股份有限公司生产的一批新产品正是填补了市场上小型冰激凌产品的空缺，并进行不断的创新，使得该公司能迅速地发展，一跃成为我国顶级冰冻奶制品公司。采用这种定位方式时，冷链物流企业应明确创新定位所需的产品在技术上、经济上是否可行，有无足够的市场容量，能否为公司带来合理而持续的盈利。

3.重新定位

冷链物流企业在选定市场定位目标后，若定位不准确或虽然开始定位得当，但市场情况发生变化时，如遇到竞争者定位与本公司接近，侵占了本公司部分市场，或由于某种原因使消费者或用户的偏好发生变化，转移到竞争者方面时，就应考虑重新定位。重新定位是以退为进的策略，目的是为了实施更有效的定位。

四、冷链物流营销策略

（一）肉制品冷链物流市场营销

（1）市场规模。据预测，国内肉类消费继续保持稳步上升趋势。国内肉制品消费将由目前的250万吨增长到2015年的1 800万吨左右，未来增长空间巨大。我国肉制品加工业已经经历市场启动阶段，目前正值成长期。此阶段的特点是消费群体迅速壮大，产量与销售持续增长。主要肉类人均占有量处在世界先进水平，肉类制品人均占有量远低于发达国家。未来10年，肉类加工业将进入一个新的高速发展时期。

（2）营销对策。综合以上情况，如果以肉制品物流作为冷藏物流主营业务，建议锁定大客户，重点开拓销售收入过亿的大企业，如双汇、雨润等。另外还须立足重点地区，使国内肉类加工业的集中地山东、河南成为企业冷藏物流的控制中心和肉制品集散中心。而且，冷鲜肉制品增值服务较多，要充分挖掘，开展多形式、全方位的业务创新增加除冷藏运输以外的冷藏物流收益。

（二）速冻品冷藏链物流市场营销

（1）市场规模。速冻食品是利用现代速冻技术，在-25℃迅速冻结，然后在-18℃或更低温度条件下储藏并远距离地运输、长期保存的一种新兴食品，常见的有速冻水饺、速冻汤圆、速冻馒头等。目前，我国速冻食品的年产量每年以20%的幅度递增，年产量接近1 000万吨。据不完全统计，近年来，我国现有各类速冻食品生产厂家近2 000家，年销售额达100亿元。全国连锁超市中的食品日用品中，速冻食品销售额均名列第一。速冻食品品牌中，三全、思念占据重要位置，并均以超过10%的市场占有率雄踞第一集团。三全更以5亿元的年销售额成为全国速冻食品市场的龙头企业。第二集团品类众多，但每一种所占市场份额均十分有限。

（2）营销对策。综合上述情况，如果以速冻食品物流作为冷藏物流主营业务，建议应锁定大客户，重点开拓销售收入超过亿元的大企业，如思念等。立足连锁超市和大卖场，利用其店面渠道，建立自己的配送网络。另外可开展增值服务，如速冻食品的分类包装、粘贴标签等。目前，物流企业开展速冻食品物流业务的优势在于其市场需求持续增加，增值服务需求较多，行业利润较高而风险较小，行业发展潜力巨大，不足之处在于速冻食品对基础设施要求较高，客户渠道不畅通。

（三）冷饮物流市场营销

（1）市场规模。我国冷饮物流市场发展潜力巨大，随着人们冷饮消费习惯的形成、人均收入水平的增加，消费群体将不断扩大。我国冷饮物流生产企业主要集中在经济比较发达的华东、华北和中南三大地区，广东、北京、上海、东北是销量最集中的几个地区，伊利、蒙牛占主导地位，其他品牌如和路雪、宏宝莱、雀巢、娃宝、晨晨等冷饮品牌在不断增加。不同品牌之间竞争非常激烈，往往是零售店不大，却摆着两个乃至多个大冰柜，而且每个柜子里只放着一种品牌的冷饮，实行"专柜专放"，各大品牌冷饮产品互不侵犯"领地"，冷饮企业纷纷推出自己的主打新品抢占商机，各冷饮品牌间的争斗逐渐升级。

（2）营销对策。针对上述局面，首先，冷饮物流企业要有固定的大客户，如蒙牛、伊利等。锁定大客户的冷饮物流企业既要有先进的冷饮物流设备，也要具备质量管理意识。其次，开发个性冷饮产品物流业务。对于冷饮市场来说，人们消费的最重要因素还是解暑、降温，因此中小冷饮企业并非没有竞争优势。中小企业的低端产品也有自己的市场，这些厂家的"老冰棍"等产品还是有很多的消费群体的，尤其是农村市场，都是以低端产品为主。最后，冷饮物流企业要紧跟冷饮产品的发展趋势，舍得投入才有产出。目前，冷饮产品的发展趋势，是将冷饮产品的属性从防暑降温向休闲、健康食品转化，从夏季集中销售逐渐转向一年四季常年消费。未来的冷饮市场上，也许针对女性消费者的富含果蔬纤维的瘦身冰激凌，针对肥胖人士的低脂低糖冰激凌，针对儿童的含钙、镁、锌的维生素冰激凌，以及能够真正达到解暑功效的凉草冰激凌等，将是盈利能力最好的产品。所以，冷饮物流企业要随时关注产品发展趋势，抓住市场机遇，占领市场。

第九章
物联网技术下的冷链物流发展路径构建与创新

第一节　物联网技术在我国冷链物流中的应用分析

一、物联网技术下的冷链物流业务流程

基于物联网的冷链物流，不仅借助物联网技术实现了产品信息采集、定位、跟踪与追溯、监控等，解决了传统冷链物流中存在各环节衔接不足、有质量问题的产品无法追究是哪个环节责任等问题，而且利用了信息共享数据库平台，从根本上解决了物流和信息流脱节的问题，使得冷链物流各个环节信息在平台上采集、存储、传输、处理等，从而为市场提供准确有用的信息，并能够将不同节点间所需的相关信息及时准确地传递给相关部门，进一步实现信息共享，从而降低冷链成本，减少货损及变质等问题，进而提高整个冷链物流的效率与效益。

1.在生产环节的应用

将物联网运用到生产管理中建立一个生产管理系统，就可以对农产品生产过程中的信息进行管理和记录。首先，在温室作物种植场所及牲畜饲养园区内安装生态信息无线传感器及其他智能系统等，利用 GIS 技术，依托数据库的有效建立，采集产地编码及产地环境数据，在确定产地编码的基础上，对其生态环境进行检测，从而及时掌握诸如产地环境信息、农户信息、温度、湿度、光照、通风、二氧化碳补给、氧气充足度等环境参数，并对这些信息进行全面的追踪和记录。其次，在农作物及牲畜类个体上安装电子标签来记录其身份，相关信息包括园区编号、品种信息、疾病信息、成熟日期等，信息的采集涵盖整个生命周期，以便对每个个体进行识别、信息查询与追踪。最后，在种植场所饲养园区安装集视频采集、视频压缩、3G 传输为一体的远程农产品生产过程监控系统，全程监控生产过程，从而弥补传统农产品生产过程中动态监控不足、实时决策能力偏弱等缺点。

通过对以上数据的分析和监测，将这些信息反馈给农户或者有关部门和专家，从而及时掌握农产品生长的全过程，以便及时保持农产品最佳生长环境和营养状况，实现农产品的生产全程信息化，节省了大量的人力、物力和财力。

2. 在加工环节的应用

农产品加工是把农产品按其用途分别制成成品或半成品的生产过程。农产品在种植和收获过程中，很容易受到污染，使其含有一些不可食用或食用后对人体有害的物质，因此进行一些处理来阻止这些变化或将不标准的原材料变成易于加工成高品质原材料是十分必要的。以果蔬产品为例，首先，就要对原材料挑选与分级，按不同原材料的类别、品质好坏、加工过程进行筛选；其次对选择好的材料进行预冷，然后清洗原材料，将其表面的污染物去除，以保证在适合的条件下对原材料进行深加工。清洗完后，对原材料去皮、切分、烫漂、沥干、快速冷冻等。最后，对加工好的产品进行适当的包装，以此来保护产品、方便贮藏、运输及促进销售。

将物联网运用到农产品加工环节中，对加工过程中的相关信息进行管理与记录，高效地完成加工作业的同时保证食品质量安全。当生产出的产品抵达加工仓库后，要先验货，只有合格的产品才能进行进一步加工。由于货物和托盘上都有RFID标签，这时验收人员只需要将卸下的货物装在一个贴有RFID标签的托盘上，将货物和托盘相关联来查询信息，便可以及时找出原因并解决问题，货物装卸完后，再由叉车搬运至加工点。在生产加工线上，随着农产品加工流程的进行，加工车间（编号、地址、法人代表、联系电话）、加工人员（姓名、工作编号）、加工过程中使用的食品添加剂、加工工序、产品的加工状态和包装质量等相关实时信息都记录到RFID标签里。在产品加工成产成品后，在RFID标签中加入相应的加工信息等，客户可以通过冷链监控系统中的数据平台查询产品信息，从而进一步对产品进行跟踪与追溯。并且加工仓库中安装有视频监控系统，所以可以在监控室内看到任何时间、任何地方的加工环节，以此保证加工时作业人员的效率以及是否有违规等情况出现。加工仓库中同时装有温湿度传感器RFID标签的温湿度控制系统，实时感知加工仓库中温湿度的情况，一旦温湿度发生异常变化，系统就会自动报警，将情况反映给管理人员，这样就避免了货物因为温湿度变化而造成腐坏、变质等。这就开启了对农产品冷链加工的无纸化监督工作，充分保证各环节的温度监控，实现无缝衔接。

3. 仓储环节的应用

农产品仓储就是通过仓库对农产品进行储存和保管，虽然农产品仓储活动不改变农产品本身的性质和使用价值，但它在整个物流中处于极其重要的地位，是物流活动不可缺少的重要环节。农产品的生产主要在农村，并且往往具有季节性，但是消费者却遍及整个市场，消费需求是长年的、持续的。而农产品的仓储则拉近了产地与市场间的距离，满足了人们的日常需求，创造了明显的空间、时间效应。

传统的仓储管理主要是人工管理或者半自动化管理，大多数技术及装备落后、业务流程复杂且衔接度不高、人工成本高、物品跟踪困难等，只能实现货品信息数据化管理，而无法实现对物流仓储至配送完成中的实时监控及跟踪，在效率、智能化、信息化、时间等方面已经满足不了现代化仓储出现。将物联网运用到仓储环节中，将无线通信技术、RFID技术、无线传感器等与智能化的仓储管理系统（WMS）结合，就能有效掌握物品的时空位置，智能化地管理和控制仓储，使得仓储管理系统化、统一化，进而保障了农产品安全。

（1）入库管理

当加工好的成品入库时，RFID系统自动生成RFID托盘标签，在标签内写入WMS生成的数据将货物托盘化，将标有RFID标签的所有货箱放在带有感应器的托盘上，感应器就会自动读取此托盘上所有货箱的信息（包括货箱中货物的属性、数量等）。托盘将货物装载至配备RFID标签的叉车，预备装运入库。这时候WS系统自动通过无线网络搜索空闲叉车，并向叉车下达入库指令。叉车进入仓库门口同时，仓库门上的RFID读写器会读取货箱上的信息并进行实际入库信息与预入库信息的比较，同时判断入库信息是否正确。若出现错误，叉车会将货物先放到临时转货区；若信息匹配成功，则叉车将货物上架，此时货物入库完成。

（2）在库管理

在库管理主要是对在库商品储存过程进行管理，农产品的在库管理除了包括移库作业管理、盘点作业管理、货物的损益管理外，还包括对温度湿度和保质期限进行实时监控的管理。统计员根据商品在库信息情况，作出货品位置调控决策并下达移位指令，系统会根据指令自动生成移库任务单，操作管理人员通过网络对AS/RS下达移库指令，WMS对已存库资料进行分析处理，控制立体库托盘设备将指定托盘及托盘上货物进行拣货操作，运转输送带集中口摆货成队并传送，途经电子标签扫描器对托盘上配置的条形码信息进行扫描，并回置WKS管理系统进行输送路径编程，输送带根据编程好的路线将托盘送至指定储位，同时对相应的电子货卡与目标库位信息自动更新。盘点时，系统接受相应指令，通过指令要求生成盘点单，堆踩机到达指订货位后，系统模块对应指令，对主要盘点货物进行数据采集、编辑后传送，并通过无线网络控制RFID读写器，读取盘点数据，然后向信息系统传送刚刚读取的盘点数据并逐一对货位上的货物数量进行计算，最后计算出盘点数量与生成的统计数量间的差异，自动生成相应的盘点差异分析表。每箱货物上都有感知温湿度的 RFID 标签，每个库区都安装感知温湿度的传感器，工作人员会根据不同库区的要求来设置温湿度范围。一旦传感器接收到的数据不在预设范围内，系统就会发出相应的温湿度警报，相关管理人员接到警报后进行及时处理，这样就可以实现产品在库的全程实时温湿度监控，保证产品质量。

（3）出库管理

出库管理主要分为拣货和出库两个环节。操作人员通过 RFID 手持终端选择拣货作业单号，领取拣货任务，根据清单指示，扫描库位标签，如果库位正确，扫描托盘标签，若托盘上的实际货物数量与系统数量一致，则拣货任务完成，自动更新库存信息。出库时，WMS 通过相应指令自动生成出库任务单，通过无线网络检索空闲叉车，并向其下达发货指令，叉车司机根据出库任务单驾驶叉车搬运货物到待检区，叉车进入仓库门口同时，仓库门上的 RFID 读写器会读取货箱上的信息并进行实际出库信息与预出库信息的比较，同时判断出库信息是否正确。如果信息匹配成功，执行相应的出库操作，确认发货完毕后，将此叉车归入"空闲叉车"队列，等待下一个指令。

4. 配送环节的应用

农产品配送指的是在经济合理区域范围内，根据用户要求，按照农产品用户的需求，对农产品进行拣选、加工包装、整理、分类、配货、配装和末端运输等一系列活动并准时准点地送到指定地点的物流活动。这里的用户是广义的，可以是配送中心、农产品批发市场、连锁超市或其他农产品集散地，也可以是农产品最终消费者。农产品配送区别于其他一般产品的配送，由于其容易腐烂变质等，对物流各个环节具有很高的要求，传统的冷链配送虽然在一定程度上能够对农产品起到一定的保鲜作用，但是全程冷链物流在配送这一环节很难实现，配送各个环节衔接性较低以及对温度不能严格把控，就很容易使食品受到霉菌等有害物质侵蚀，造成较高的货损率，产生食品污染，影响农产品品质，威胁消费者安全。并且往往由于信息采集能力与交互能力有限，使得配送路径不合理，在配送过程中浪费大量时间，配送"齐、准、快"的高要求与农产品品质安全保障难以兼顾，造成客户满意度低。

将物联网运用到配送环节中，对车辆冷藏箱内的货物进行实时温湿度动态监控，对运输车辆进行追踪与定位，优化车辆配送路径等。首先，在冷藏车内按一定密度摆放微型温湿度传感器，使其能在监测区内最大范围地采集信息，货物包装箱上都有 RFID 温湿度标签，这样就可以时时刻刻地收集到温湿度信息，这些信息不仅可以存储在 RFID 标签里，还可以通过 GPRS 无线通信方式将监控数据传输给远程监控中心，这样远程监控管理人员就可以对车厢内的温湿度情况进行实时监控。一旦出现温湿度异常，系统就会自动发出报警信号，这时远程监控管理人员就可以第一时间通知司机采取相应措施，从而避免了不必要的损失。其次，在每辆冷藏车上安装 GPS 跟踪定位系统，可以提供车辆准确的位置、运行状态、车组编号、路况信息等，来实现车辆的定位与跟踪，以监管货物在途是否安全，是否可以保证准时交货等。一旦车辆发生意外，系统发出报警信号，报告给后台监控中心，后台管理人员迅速作出决策，以保证将损失降到最低。最后，在每辆冷藏车上安装 GIS 系统，采用无线传输方式将各辆移动车辆的定位数据传输到监控中心，提供图形化的、可操作的人机界面，除了能够实现对车辆的实时监控，还可以进行任意的放大、缩小等操作，准确地显示车辆的位置。GIS 系统能够实时更新道路信息，并根据货车装载量、客户分布、配送订单、实时路况信息及司机个人驾车经验等信息数据进行计算，通过复杂的数据处理功能，自动选择并优化配送路线，指引物流货运，提高运营效率，降低成本。

5. 销售环节的应用

销售，是农产品冷链物流的终端环节，也是食品安全追溯的重要环节。它并不是孤立存在的，而是与物流的生产加工、仓储、配送等环节密切关联。农产品在冷链物流上、下游企业间传递的过程中，只有下游企业经过严格的质量检测后才决定是否接受该产品，而零售商面向的是最终消费者，消费者是不具备对所购买的农产品是否安全的检测能力。上文已经介绍了物联网在其他环节中的应用，所以本节重点介绍物联网在销售环节中的应用。货架上有能读取 RFID 标签的阅读器，当带有 RFID 标签的商品被摆放在货架上时，一旦货架上的商品出现"缺货""断货"现象，就会向管理信息系统自动发送缺货消息，提醒工作人员按需及时补充货物，满足消费者的消费需求和零售商的零售需求，这样就使得由不能及时补缺商品货物而造成的销售损失极大地减少。此外，RFID 阅读器能够识别由于工作人员失误、消费者取走了物品但是由于个人原因最后不买而随意放置的物品信息并报告给系统，提醒工作人员及时将商品归位。利用物联网可以跟踪各种商品中销售速度以及销售最好和最差的商品，及时发现并处理已经或者快要到生产日期的货品，可以监督商品质量，特别是食品安全。且将滞销产品准确识别并进行数据统计，并以此数据作为分析基础，通过快速精准的分析进而做出相应的价格调控措施。当商品未付款而被带出安全区域时，商品上的 RFID 标签通过系统模块和网络将相应的信息传送到控制器，然后在终端设备或者报警系统上就可以看到这些信息，这样就能及时制止偷窃行为。传统的付款模式是顾客在收银台排队等候付款，收银员用条码扫描器依次扫描顾客所购买的产品，系统自动结算出总金额。但是当商品条形码磨损不能直接读取时，就需要收银员手工输入，这将花费较长时间，容易导致出现排队"长龙"。基于物联网的结账则方便许多。顾客只要推着购物车进入可读 RFID 标签区域，直接可得知商品价格、种类、数量等，电脑显示器显示消费总金额，然后顾客付款离开即可。这样，减少了顾客排队等候时间，提高付款效率，提升了顾客满意度。

二、物联网技术在农产品冷链物流的应用优势

1.保证农产品质量

近年来食品安全事件频繁爆发，消费者对农产品的品质和质量安全要求越来越高。传统的冷链物流管理对农产品的质量监控主要依靠人为监控，效率低下并且很容易出现产品质量问题，给农产品的整个生命周期造成了巨大的损耗，并且无法追溯是哪个环节发生的质量问题，责任不明确。通过应用 RFID 技术、温湿度传感器、视频监控、GPS 等技术的集成应用，可以监控农产品从生产加工、仓储、配送到销售各个环节的温湿度情况，并能在温湿度出现异常时自动向管理系统发出警报，从而使管理人员可以在第一时间进行异常情况的处理，这样就保证了农产品的质量安全。

2.改善运营效率

农产品冷链物流由多个环节组成，是一项复杂的低温系统工程。由于信息量大、操作复杂等原因使得传统冷链物流在各个环节、上下游企业间缺乏配套衔接，造成了整个冷链过程的效率低下。RFID 技术、无线传感器的应用，实现了冷链物流中加工、配送、仓储、拣选、销售等过程无缝衔接，帮助企业及时、准确地获取相关信息，优化各个业务流程，缩短运作时间，合理安排库存等；GPS、GIS 系统的应用，优化配送路径，实时定位车辆位置、对车辆进行管理等，一系列物联网技术的应用，明显提高了企业运营效率。

3.降低运作成本

物联网技术的应用前期需要较大的资金投入，且在使用效果方面也面临着巨大风险，但从长期来看，应用物联网的投资收益相当可观。物联网的应用，可以提高农产品冷链物流自动化水平，实现作业流程的专业化、智能化、网络化、信息化，减少不必要的浪费，缩小实际库存与系统库存间的差距，降低平均库存水

平。同时人力成本、配送成本、人员管理费用等随着自动化水平的提升而很大程度地降低。此外，物联网技术的应用可以提高管理安全性，使得偷盗损耗现象也会减少。

4.提高管理水平

管理水平的高低与否是衡量农产品冷链物流的重要指标，而管理水平的衡量必然离不开对信息的收集、加工处理，对各环节的衔接等。通过物联网中RFID技术、无线传感器、GPS、视频监控等技术及仓库管理系统、GIS系统等的应用，改变了传统依靠人工对信息进行收集、处理、分析的模式，实现了各个环节间信息的共享和顺畅传递，解决了农产品出现质量问题很难追溯的困境，实现了管理的透明化、及时化等。物联网应用使得企业可以动态地掌握各业务环节的信息，通过对经营活动科学系统的管理，采集实时信息并通过数据整理，对市场动态进行预测，减少经营活动的盲目决策、主观随意性，达到事先计划、过程中控制的目的，使决策者能够优化资源配置，提高整个企业的管理水平。

5.提升服务质量

随着竞争的日趋激烈，企业要想长久发展，就必须重视服务质量。将物联网技术应用到农产品冷链物流中，不仅改善企业运营效率，降低运作成本等，更在很大程度上提升企业的服务质量。RFID技术、温湿度传感器、视频监控、GPS、GIS等集成应用，对农产品进行实时、动态监控管理，保证了农产品的质量安全，使得配送"准时、准点、无货损"，减少了客户收银结账时间等，为客户提供的服务愈发高效、全面、优质。同时，应用物联网技术还可以为客户提供个性化、创新化的增值服务，在不断为企业创造价值的同时提高客户满意度。

第二节　物联网技术下冷链物流流通模式分析

本节以农产品冷链物流的流通模式为例来进行分析。

一、传统农产品冷链物流流通模式分析

（一）传统农产品冷链物流流通模式分析

1.农产品流通特性

农产品因为自身特性，需要时刻保持鲜活，由于农产品成熟的季节性以及生

长环境的地域性。在流通过程中也同样具有这两种特性，主要包括如下几点：

（1）农产品流向是从农村到城市。由于农产品的产地一般处于农村或者郊区，但是最终购买农产品的消费者群体多集中在城市，一般在农产品完成销售后，就会进行从生产产地到城市消费者手中的配送过程，这个过程实现了农产品的增值与销售。

（2）流通时间长。由于农产品产地到消费者手中的实际距离比较远，而且经历了层层经销商，使得农产品的实际保质期会变短，特别是在天气比较炎热或车厢内温度较高的情况下，一旦未能及时输送农产品，将极易发生腐坏。

（3）低温储藏。由于农产品对于水分以及温度的敏感性，在储藏运输的过程中必须采取低温、防潮的保护措施。对于有些易脱水的果蔬，还要保证其不缺水的储藏及运输环境，确保产品的品质与质量完好无损。

（4）具有季节性和地域性特征。很多水果都是具有地域性的敏感度，比如橘子，"橘生淮南则为橘，生于淮北则为枳"就说明了这个道理，不同的地域适合生长的果蔬是不一样的，当然每个季节生长的农作物也不尽相同。这导致了市场上的农产品品种和数量随季节不同会发生变化。而且不同地域销售的农产品种类也不相同。在农产品流通过程中也同样具有这两种特性，形成农产品的区域性和季节性物流。

2.我国传统农产品物流流通模式

我国传统的农产品流通过程比较复杂，层级较多，在流通的各个环节中需要经历多个节点企业，最主要的环节参与主体包括：分散农户和农村合作社，批发市场，超市等，目前，批发市场以及超市是农产品的主要流通渠道，由于涉及的相关利益主体较多，而且批发市场的经营存在很多问题，在农产品产地的收购或者在市场的销售过程中，没有可以参考的标准化原则，导致收购或者销售时的随意性较大，而且很难形成稳定的供销关系，导致农产品的质量责任主体无法准确定位。另外流通层级过多造成了农产品的价格一路上涨，最终只能消费者买单，农户的利益没有得到保障。而且在农产品的层层经销和流通运输过程中，农产品易发生损耗，产品的质量无法得到保障。而且随之增加的是大量的运输费用。导致冷链物流企业的成本增加。

我国传统农产品物流流通模式，如图9-1所示。

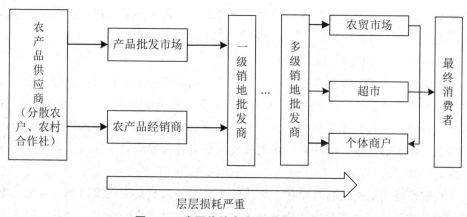

图9-1　我国传统农产品物流流通模式

3.传统农产品冷链物流流通模式存在的弊端

在传统的农产品流通过程中存在着一些问题，主要包括以下几点。

（1）流通成本高，质量难追溯。

一般来说，农产品在物流配送中发生的成本主要包括运输费用、运输损耗、人工费用等。但是在实际产品运输途中还会遭到有关部门的扣押和罚款，虽然国家已经出台了一些政策来解决果蔬产品的物流成本，但是在具体实施中执行得不严格，导致果蔬的物流成本的额外费用增高。

因为在某些环节的操作不当或者标准化体系的不完善，造成农产品出现质量问题，比如一些批发市场中会出现果蔬农药残留超标的现象，一般对于这些商贩，有关部门也只是责令不能在此销售，但是并未将这些有农药残留的果蔬进行有效的处理，最终导致这些产品流向了安全管理不严格的地区。而且很多超市过期或者有其他安全问题的果蔬产品也流向了农村或者一些监管不严格的地区，最终对消费者的身心安全造成了极其严重的影响。

（2）冷链基础设施不完备，流通标准化欠缺。

在农产品运输过程中一般会找物流公司来进行货物运输，但是针对专门的冷链物流企业所占市场比重较少，这些冷链物流公司在运输果蔬产品时一般使用大型敞篷货车来进行运输，产品的质量无法得到保障，因其不具备产品的冷藏保鲜能力，造成货损严重。

目前消费者购买到的农产品均为未经过加工和包装的原生态产品，究其原因是传统农产品企业不太注重农产品的保鲜和包装，在运输和加工环节中的科学工艺比较滞后，导致农产品的优质产品数量较少。而且在货物分拣或者包装过程中，主要是靠人力来进行操作，这就导致了可能出现一定的误差，在其他仓储，运输过程也缺乏统一的执行标准。最终导致各环节的物流成本增高。

（3）市场信息滞后，资金结算落后。

据调查，某些一线城市的农产品从生产产地的销售价格到最终消费者手中的售卖价格平均翻了 3 ~ 4 倍，但是有些地区的农产品质量优良却卖不上好价钱，究其原因就是市场的信息不对称，由于农产品流通的层级过多，导致供应链上的供需信息反应不够灵敏，无法对市场的突发信息进行快速应对，导致了市场的不稳定性。

在农产品的最终销售环节中，因为销售环境一般是处于批发市场，因为其支付手段的传统化，主要是以现金结算为主，虽然政府大力倡导电子结算，但是由于供销商以及消费者的消费习惯的关系，电子消费还是占少数，不过近几年支付宝以及微信等支付手段的革新使得该现象在慢慢好转。由此可以看出传统农产品流通模式的资金结算手段落后，导致农产品的供应商资金周转速度下降，从而导致盈利能力降低。

二、物联网下的农产品冷链物流流通模式分析

（一）物联网下的农产品冷链物流流通模式的提出

近几年来，我国生鲜电商平台不断增多，人们对于健康生鲜水果的需求也在不断升级，传统的农产品批发市场或者已经很难适应消费者新的需求。上一小节总结了传统农产品物流流通模式的不足，在传统农作物生长过程中，需要结合天气、水分、季节以及阳光等自然环境，来判断农作物的生长状况，而且喷洒农药、施肥过程都需要人力来完成，这样会消耗大量的人力、物力资源。但是如果通过无线传感器来检测并监控农作物的生长状况以及其周围的生长环境，使用无人机喷洒农药等，并且将这些采集到的信息上传至应用层的智能化系统平台上面，通过农业物联网检测系统有效地管理农产品的流通过程。这样不仅可以减少不必要的人力资源，也能为我国农业信息化的发展做出贡献。

要想提高农业信息化水平，就需要将物联网技术应用运用在农产品运作过程中，重新建立农产品的流通模式，结合农业特点，开发适合农产品流通的智能系统，实现农产品在生产种植、配送、销售以及质量安全溯源方面的智能化运作，减少农产品的资源浪费。通过查阅大量关于物联网农业的文献，物联网农业主要涉及三个层次的技术，从感知层到农业应用层涉及的主要技术以及各个环节如图 9-2 所示。

　　感知层作为物联网的底层，主要通过各种技术来感知获取农产品的相关信息，检测到这些信息并将传输到应用层的智能平台上面，以便农户或者物流工作人员使用。比如可以利用温度和湿度传感器检测到农产品所处环境的温度、湿度、水质状况、光照强度、土壤酸碱度、营养液的盐分等。传感器也是感知层最重要的技术，也是农业供应链上应用最广、需求最多的技术。

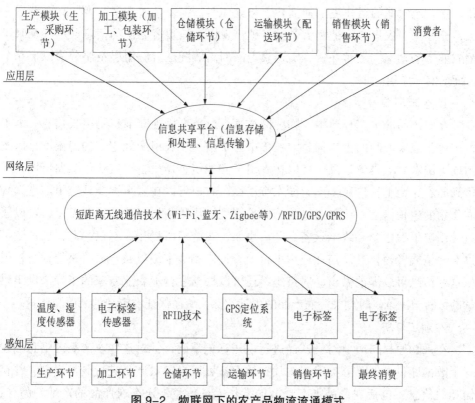

图 9-2　物联网下的农产品物流流通模式

　　网络层作为感知层和应用层之间的桥梁，其主要任务就是将感知层检测采集到的数据信息通过移动通信网络或者其他可用网络传输到应用层，也可以将应用层发出的警告或者指令通过网络传递给感知层的硬件，做到智能化控制硬件设备。比如在农产品加工过程中，需要对农产品贴条码信息，贴完之后需要通过条码扫描器将产品信息通过网络层传输到应用层的智能系统中，最终将其传输到保存产品信息的后台数据库中。应用层是利用互联网技术，应用层的技术包括云计算、云服务和模块决策将上传的农产品信息进行处理加工，这个层面是将采集的数据信息转化为实际的操作，比如通过点击某个按钮打开水龙头、关闭灯光、自动施肥等。或者通过确定农产品的配送中心的地理位置和客户点的位置可以制订最佳的配送方案，使得应用层系统为农户、物流人员以及相关工作人员提供农业链条上的优质用户体验。

物联网环境下农产品流通模式可以实现在农产品流通的各个环节中的可视化监控操作，利用最前沿的技术做到每个步骤的精准化操作。建立每个环节的标准化体系，让农业的运作更加便捷化，与此同时，将每个农业参与者的利益考虑进去，充分保证农户、冷链物流企业、销售者以及消费者之间的信息共享。及时了解农业市场动态、及时补货、实现农产品的高效配送。应用层主要分为以下几个方面的实际应用。

1. 生产环节

在农产品的生产环节中，物联网技术可以更准确地获取植物生长信息。为了精准地获取农产品的生长信息、农田中害虫信息、农田所处空气的温湿度，以及当地土壤水分等具体信息，可以在农田里安装传感器设备，这些传感器可以将采集到的农作物生长信息传到智能系统里面，农户可以在这个智能系统里面查询到农作物的生长信息，比如通过传感器检测到农作物生长环境的水分不足，可以通过应用层下发指令到终端设备，开启水泵，实施灌溉操作。不仅如此，农户还可以在种植或者销售产品前在应用平台上查询市场需求量以及产品价格等信息，根据这些信息可以提前做出应对措施，还可以根据平台上农业专家的指导来做出科学的诊断与决策。时刻关注农产品的生长状况，从而保证农产品的品质与质量。

2. 加工环节

在采购原材料时就对农产品进行电子标记编码，针对这些农产品的信息创建一个数据库，在产品分类时，图片扫描设备可以自动对产品进行分类识别，并存储相关信息，包括农产品加工环节的操作人员信息，还有农产品的产地、品名、重量、保质期等信息，这样不管在哪个环节中都可以跟踪其产品信息。这样哪个环节出现问题，都可以通过扫描电子标签查询数据库得到。

3. 仓储环节

在仓库的入口和出口都需要安装电子标签扫描器，在车辆进入仓库时可以远距离地扫描车上产品的信息，包括产品品名、种类、数量以及即将入库的货架位置，通过向叉车发送命令，运用 RFID 射频技术将自动把车上的产品放置在精确的位置。这样不仅可以大大减少劳动力，而且还可以提高入库的效率。在出库操作时，根据每个产品的电子标签确定农产品的位置，系统发出出库命令时，叉车会自动从感应到的货架取出货物放置到带有制冷设备的车辆内。通过红外感应技术，监控出库的货物信息，并且在其他异物进入仓库的时候，系统会发生报警信息，有效地保障了农产品的安全，并准确地实行出库和入库过程。在平时库存管理的时候，实现自动调节仓库内的环境，通过各种传感器检测仓库内的环境，并针对环境的变化做出相应对策。

4. 配送环节

运输环节是冷链物流最重要的环节，可以利用传感器随时感应配送车辆的温度、湿度等信息，实现农产品运输环境的动态感知，通过 GPS 定位配送车辆的位置，并为配送车辆提供精确的配送路线。在产品分拣装车环节也是根据 RFID 标签获取农产品的种类信息，方便快速地进行分类装车操作。还可以实时监控农产品，防止运输或者分拣过程因为不当的操作造成的遗失货物或者损伤货物的情况。同时可以在很短时间内进行产品统计操作，在进出关卡时方便缴费操作，提高农产品的配送效率。

整个农产品的配送环节如图 9-3 所示，从配送运单的接收，根据配送农产品的种类、特性、数量以及配送客户点等制订具体的配送方案，然后通过自动分拣操作，将需要配送的农产品从冷库中提取出来，最后进行出库装车操作，之后就是运输途中的实时监控，最终将货品安全准时地送达目的地。由此看来，配送环节是农产品流通的关键一环，使用这些物联网技术可以精准安全地实现配送过程。

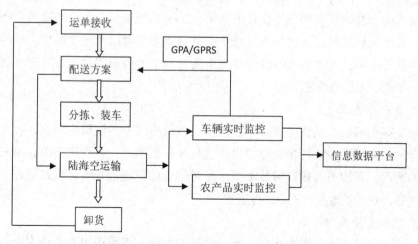

图 9-3 物联网下的农产品配送环节流程

5. 销售环节

在批发市场或者超市都引入 RFID 技术，可以通过传感器随时感应冷柜的温度和产品腐坏情况，将这些信息通过智能管理平台反映给超市相关管理部门，保证产品处于低温可控的环境下。在具体的购买环节，消费者进入超市门口时可以通过二维码扫描进入；在选购完产品结账时，直接将购物车通过超市出口就可以实现自动结账，因为出口装有电子阅读器，其可以将购物车中产品的种类、价格信息进行汇总，计算出总消费金额，然后通过支付宝或者其他支付手段进行自动扣费。与此同时，也会连接超时的消费系统，自动存储这些消费信息。而且在超市农产品库存不够时还可以自动发出补货提醒，工作人员接到指令后，就按照系统提示的缺货产品信息，包括放置的具体位置，进行补货操作。实时监控超市货架产品，在发生意外事故时终端设备可以发出报警指令，以此保证超市产品安全并起到防范作用。

（二）物联网下的农产品冷链物流流通模式的优势

从上文对物联网技术在农产品的生产加工以及配送销售的详细阐述可以看出，应用物联网技术确实给农产品的流通提供了新思路，整体来说使用物联网技术来参与农产品的流通过程，优势具有如下几点。

1. 减少流通环节

传统农产品流通层级过多，农产品从生产产地到消费者手中经历的时间比较久，期间很有可能发生产品的损耗，而且到货的效率也不高。如果在物联网下的配送模式中，首先批发环节比重较少，减少了很多代理商，农产品流通层级直接是生产者产地将产品运输到物流配送中心进行货物集散以及分拣操作，最终再配送到消费者手中。这种模式不仅会降低流通过程中的各项成本，而且产品到货周期短，保证了产品的质量。

2. 零库存管理

在物联网的农产品流通模式下，减少了传统模式下的层层代理商，农产品可以从产地经过配送中心的集散分拣操作直接配送给客户，减少了使用仓库来存储货物的情况，并能通过物联网技术对于配送中心的货物进行实时跟踪监控，转换效率提高，并真正地实现了零库存管理。

3. 减少资源浪费

一方面，在农产品配送运输中难免会因为时间或者温度因素造成农产品的损耗，为了避免或者减少这种情况发生，可以利用物联网技术对车辆内部的温度进行实时检测并监控，从而做到自动调节温度的功能。另一方面，在配送路径的选择上，也可以利用互联网技术输入配送中心以及各客户点的位置，来制定最优的配送路线以及配送方案，这有利于配送效率的提高，也可以有效地减少农产品的损耗，消费者收到优质的农产品服务，并为农产品企业赢得良好的口碑。

4. 稳定产销关系

通过智能系统平台可以实现冷链参与者在农产品流通环节中的有效沟通，这样有利于产品信息共享，生产者供应商可以根据市场消费者的需求掌握实时的信息，并制定相关应对措施，形成良性市场供需关系。最终消费者也能明确市场上可供选择的产品，可以进行对比，选择最适合自己的农产品。这有利于保持良性的产销关系。

5. 安全追踪溯源

以物联网技术为基础建立农产品安全溯源系统，在该系统中，要求能够识别和追踪产品供应的每一个环节。消费者通过扫描产品附带的二维码或者条形码就可以查出农产品的具体信息，包括产地，生产日期以及物流信息等。还可以查看是否正品或者是否有农药残留物。如果出现这种情况，就可以通过智能系统中对比数据库信息，可逐层排查，快速找到在哪一个环节出现的问题，从而找到责任源，充分保障消费者的利益。

第三节　物联网技术下冷链物流配送路径优化模型的构建

一、物联网技术下冷链物流指标体系构建原则

决定评价结果的优劣是关键评价指标的选择和量化，同时也为评价模型的建立奠定基础。要根据科学分析我国冷链物流在采用物联网技术后的应用状况，并建立评价体系，则应该遵循以下原则。

1. 目的性原则

设计冷链物流评价指标体系的目的在于：希望运用物联网技术优势来缓解冷链物流面临的困境与挑战，解决当前冷链物流存在的问题，缓解冷链物流所面临的困境与挑战，实现冷链物流各个环节信息的采集和共享，实现整个物流过程的信息化、智能化、网络化管理，提高产品质量安全与责任追溯能力，为企业创造更大经济效益。

2.科学性原则

冷链物流评价指标体系建立的目的是希望能够运用物联网技术的优势来解决冷链物流的问题。因此，要求指标体系客观地反映物联网技术的应用优势与冷链物流各环节之间的相互关系，并能够较好地量化物联网技术下的冷链物流目标的实现情况。这就要求所选取的指标既要准确地反映实际情况，又要具有科学的理论依据。

3.系统性原则

基于物联网技术的冷链物流系统的评价是一个复杂的、多因素、多目标系统，各个因素间相互联系、相互影响、相互作用。因而，在设计指标体系的时候，既要反映直接影响又要反映间接影响。要从系统的观点出发，不能从单个因素片面地考虑，要保证评价的全面性和可靠性。

4.代表性原则

在系统性原则中提到基于物联网技术的冷链物流系统的影响因素很多，但我们在建立指标体系的时候并不一定要把所有的因素都考虑进去，而是应该根据重要性有代表性地选取，保证指标少而精。

5.实用性原则

基于物联网技术下的冷链物流指标评价体系争取使得指标精练、层次分明、方法简单实用，因此选取的指标要具有可操作性，指标数据易于通过统计资料整理或者从物联网技术下的冷链物流企业的具体实践中获得，只有这样，评价结果才具有一定的实际应用与推广价值。

6.定性与定量相结合原则

通过综合考虑物联网技术对冷链物流水平的指标来构建评价指标体系。定性指标要明确其含义，使其能准确反映指标的性质；定量指标是可衡量的而不是一味地数量化。定性和定量指标都要有明确的计算方法和清晰的概念。

二、物联网下冷链物流指标体系构建

现存基于物联网技术的冷链物流评价指标多是关于物联网的某种技术在冷链物流某一环节的指标，缺乏系统、综合地反映冷链物流活动运行和整体优化状况的指标。在总结前人经验的基础上，将物联网技术综合地引入到冷链物流中，构建的评估指标既能反映物联网结构的关联，又能反映物联网技术的应用关联，从而为企业管理人员提供一个全面的框架。建立的指标体系如表9-1所示。

表 9-1　物联网技术下的冷链物流指标体系

	一级指标	二级指标
冷链物流评价指标体系	联网组织结构评价指标	物联网设备
		物联网技术
		人才配备
		系统柔性
	物联网效益评价指标	业务运作
		运营总成本
		服务质量
		信息处理能力
	RFID 技术评价指标	信息采集
		产品追溯
		温湿度控制
		信息安全性
	GPS/GIS 评价指标	配送车辆管理
		配送车辆定位
		仓库位置设置
		地图综合查询

1.物联网组织结构评价指标

将物联网应用到冷链物流中，主要是为了优化提升整个冷链物流的效率与效益。这离不开物联网组织结构，良好的物联网设施装备、技术、人才配备及系统柔性等，这是整个物流活动开展的前提。

（1）物联网设备

物联网设备就是物联网基础作业活动中各种基础设施的总和，是物流活动运行的基础，是改善物流效率必不可少的物质保证。因此，企业为了更好地发展，在充分考虑自身需求、规模、管理水平、经济承受能力的前提下，就需要不断地配备新的设施并合理安排运用来达到资源的优化配置，从而更好地服务于整个物流活动，降低物流成本。主要的设备包括：RFID 读写器、无线传感器、GPS 定位器、视频监控设备、计算机、手持终端、通信网、互联网、后台云计算处理器等。评价指标主要包括：各个设备的数量、物联网设施老化程度、物联网设备的标准化程度等。

（2）物联网技术

技术水平直接影响着整个物流水平的高低，是物联网信息化水平的体现。

在冷链物流中，主要应用的物联网技术有：RFID 技术、传感技术、全球定位系统、网络技术等。

（3）人才配备

企业间的竞争，归根结底就是人才竞争，物联网企业也不例外。拥有高素质的人才队伍并加强对人才的教育培训，才能使企业在动态、激烈的竞争环境中处于优势地位。物联网人才配备状况是物联网技术下的冷链物流的重要影响因素之一。人才配备指标主要包括拥有物联网技术的人才数量、物联网从业人员受教育程度及物联网从业人员培训情况。

物联网从业人员受教育程度 = 物联网从业人员同一学历人数 / 全部物联网从业人员人数

物联网从业人员培训情况 = 每年物联网受训人数 / 全部物联网从业人员人数

（4）系统柔性

系统柔性就是企业对用户需求变化的响应程度，是物联网技术下的冷链物流适应市场变化的度量。系统柔性指标可以用产品质量、生产柔性及配送柔性来衡量。产品质量用产品合格率来衡量。生产柔性是为应对不断变化的外部环境，在现有资源条件下，快速地、低成本生产出满足顾客和市场需要的质量优良产品的能力。配送柔性用准时交货率、响应速度来衡量。

$$产品合格率 = 一定时期合格产品数量 / 全部产品数量 \times 100\%$$
$$准时交货率 = 时交货批次 / 应交货总批次 \times 100\%$$

2. 物联网效益评价指标

企业作为经济型组织，所进行的各项活动都是以价值最大化、追求经济效益为目标。因此，效益评价在企业中至关重要。本文对物联网效益的评价，主要从以下几方面入手，并确定具体的评价指标。

（1）业务运作

基于物联网的冷链物流业务运作是一项复杂的系统工程，包括生产加工、仓储、配送、销售等一系列过程。因此，业务运作的评价指标应该包括冷链物流各个环节。

a. 生产加工

产品生产加工主要的目的是为了从生产加工领域向消费领域流通的过程中，进一步保证产品质量安全，从而促进销售。冷链物流生产加工活动的评价指标是产品加工转化率。

b. 仓储

评价冷链物流仓储活动的指标主要有仓库利用率、仓储成本、存货周转率。

$$存货周转率 = 出货量 / 平均库存量 \times 100\%$$

$$仓库利用率 = 库存农产品实际数量 / 仓库库存容量 \times 100\%$$

c. 配送

冷链物流配送活动的评价指标主要有配送费用水平、配送损失率、准时配送率、满载率。

$$配送费用水平 = 配送费用 / 产品销售总额 \times 100\%$$

$$配送损失率 = 配送过程中造成的损失总额 / 发送抵达货物总价值 \times 100\%$$

$$准时配送率 = 准时配送次数 / 配送总次数 \times 100\%$$

$$满载率 = 配送工具实际装载量 / 配送工具装载总量 \times 100\%$$

d. 装卸搬运

在整个冷链物流活动中，装卸搬运出现的频率远远高于其他物流活动，它是不断出现和反复进行的，并且都要消耗大量的时间和精力。因此，它是影响整个物流成本高低的重要因素。装卸搬运评价指标主要包括单位物品的平均装卸搬运成本、单位物品平均装卸搬运次数及搬运装卸的损失率。

（2）运营总成本

众所周知，成本直接影响着利润。企业最佳的获利方式就是生产低成本、高品质的产品。将物联网运用到冷链物流中，实现无人工参与的全自动化，不仅大大提高了物流链的效率，而且降低运营成本。运营成本评价指标主要包括物联网成本占整个冷链物流总成本比例、人工成本、时间成本、货损成本。

a. 人工成本

人工成本的评价指标主要有人工成本比重、人工成本利润率和劳动分配率。

人工成本比重 = 人工成本总额 / 同期总成本 $\times 100\%$ 人工成本利润率 = 人工成本总额 / 利润总额 $\times 100\%$

$$劳动分配率 = 人工成本总额 / 同期增加值 \times 100\%$$

b.时间成本

时间成本是指物流实际作业时间消耗，是同样的冷链物流活动在采取物联网技术前后所消耗时间之差额。时间越短，说明企业的效率越高。

c.货损成本

产品在从生产加工到销售的各个环节，要经过保鲜、冷藏、防腐等技术处理，而且各个物流环节都会有一定的损耗，因此，用货损成本来具体衡量冷链活动中的损耗。

$$货损成本 = 货物损失总额 / 全部产品总额 \times 100\%$$

（3）服务质量

物流业也属于服务业，服务是企业的核心竞争力量以及形成差异的重要手段。良好的服务可以提高顾客满意度并赢得更多的新顾客。顾客满意度指顾客期望值与顾客体验的匹配程度，影响顾客满意度的因素有很多，比如产品质量、等候时间、服务态度等，常常采用专项调查、投诉建议、神秘顾客及流失顾客量这四种方法进行研究。服务质量的评价指标主要包括客户维持率、商品完好率、有效客户反应。

$$客户维持率 = 老客户数量 / 全部客户数量 \times 100\%$$
$$商品完好率 = 完好商品数量 / 全部商品数量 \times 100\%$$

（4）信息处理能力

物联网具有强大的信息功能，将信息贯穿于整个冷链物流中，信息处理能够保证物流活动顺利有效地进行，它是对冷链物流信息的采集、分析、处理，并形成决策的能力。信息处理能力的评价指标主要包括信息共享率、信息传递及时性、信息利用价值率、信息传递通畅性。

3. RFID 技术评价指标

RFD 技术是物联网的核心技术，物联网技术下的冷链物流运营的好坏很大程度上是由 RFID 技术决定的，因此，将 RFID 技术作为我们的评价指标。

基于 RFID 技术的评价指标主要有信息采集、产品追溯、温湿度控制及信息安全性。

（1）信息采集

电子标签是 RFID 的信息载体，具有获取信息方便，读写速度快，信息定位准确，瞬间就可以储存大量的信息，并且数据存储容量大，可以穿透玻璃、布料、木材等非金属物质进行识别且可以全天候工作的特点。信息采集涉及整个冷链物流活动，包括产品个体信息、产地信息、加工信息、配送信息、仓储信息、销售信息等，从而保证了各个环节信息不遗漏。信息采集评价指标用信息丢失率来评价。信息丢失率越低，说明基于物联网的冷链物流信息采集能力越有效。

$$信息丢失率 = 信息丢失次数 / 全部采集信息次数 \times 100\%$$

（2）产品追溯

RFID 标签存储量大，并且是提供物理对象的唯一标识，存储着农产品冷链物流各个环节的所有信息，包括生产环节对原材料、加工人员、加工状态的信息，也包括仓储和配送环节对货物的拣选、仓位、设备等信息，这样就对物流不同环节的信息进行实时跟踪、监控与管理，实现了产品生产的全过程监控，满足了消费者的知情权，当产品出现质量安全问题时，可以追溯到责任人，保障消费者利益。因此，将产品追溯作为评价指标。

（3）温湿度控制

对于整个冷链物流来说，对温湿度的控制要求非常严格。在 RFID 电子标签内部嵌入一个很小的温湿度传感器，这样在对 RFID 标签进行产品信息采集的时候可以同时采集到产品的温湿度信息，就可以对冷链物流不同环节所需要的温湿度环境进行实时监控和记录，避免了人工监测和记录存在的误差问题和效率问题，使得记录的数据信息准确度高。温湿度控制的评价指标用温湿度变化异常率来衡量。

$$温湿度变化异常率 = 温湿度变化异常次数 / 全部采集温湿度次数 \times 100\%$$

（4）信息安全性

RFID 抗污染能力强，耐久性好，对水、油污等物质具有较强的抵抗力，且不容易受到折损，可以免受污染，在一定程度上很好地保证信息安全。并且，由于 RFID 标签承载的是电子信息，数据可以由密码保护，使得标签内的电子信息内容不易被变造、伪造。所以，安全性指标常采用出现安全问题次数来衡量，体现了保护信息的能力，使得企业在发生不利情况的条件下能通过读取 RFID 标签的内容来对自己进行自我保护。

4. GPS/GIS 评价指标

GPS/GIS 在物流中的应用主要是用于交通方面，使得整个过程透明，并能够及时、准确、高效地掌握车辆的动态信息，它是企业竞争力优劣的重要衡量指标，同时又对冷链物流的服务质量和效率有着直接影响。因此，将 GPS/GIS 作为评价指标，主要包括配送车辆管理、配送车辆定位、仓库容量设置与地图综合查询。

（1）配送车辆管理

GIS 的应用，不但能够搜集、存储、查询、分析、处理地理数据，而且为用户进行较为准确的预测、监控、规划，并为管理和决策提供科学依据。GIS 的强大数据处理功能，从冷链配送中心出发，对人员和车辆任务进行合理分配、安排车辆的出车顺序、出车规模、出车时间，配送路线的选择等。因此，配送车辆管理评价指标包括配送车辆行驶里程、配送准时性、车辆调度以及配送总成本。

$$配送准时性 = 准时配送次数 / 全部配送次数$$

（2）配送车辆定位

GPS 是利用导航卫星进行测时测距，能够使系统管理人员随时掌握车辆动态，对车辆进行实时跟踪、定位、监控与管理，一旦有特殊情况出现的，可以及时通知司机，指挥其做出应急反应。因此，将配送车辆定位作为评价指标。

（3）仓库容量设置

利用 GIS 可以掌握整个城市的空间和动态地理信息，并将表格型数据转化为地理图形显示，帮助管理人员分析所选仓库位置周边的交通状况、生产力布局和消费状况，使得在进行冷链物流配送时候，做到统筹兼顾、交通便利以及总成本最低。同时，仓库中利用 GIS 可以实现仓库的可视化管理。因此，将仓库位置设置作为评价指标，主要包括土地征用费用、建设费用、货物需求量以及配送成本。

（4）地图综合查询

GPS/GIS 可以根据采集的新变化道路信息等及时更新地图，通过获取到的图像信息可以直观地反映出交通流量与交通拥塞的情况，向司机提供准确的语音提示路口转向、交通诱导、行车速度、货物访销区域分布等信息，实现地图综合查询。

三、物联网下冷链物流指标体系评价方法

物联网技术下的冷链物流影响因素较多，在评价指标体系构建过程中，有些指标的相关数据可以准确得到并将其量化，但是诸如车辆定位、温湿度控制、物联网技术却很难做到准确量化。即使是对同一指标，不同的评价者认识上也有一定差异性。因此，采用层次分析法与模糊综合评价法可以有效地解决问题。本文运用层次分析法确定指标权重，运用模糊综合评价法来对物联网技术下的冷链物流进行综合评价。

层次分析法（Analytic Hierarchy Process，AHP）是 T.L.Satty 等人提出的，用一定标度对人的主观判断进行客观量化，对复杂的目标决策问题进行分解，分解成多准则、多目标、多方案等层次，将定性与定量分析相结合的层次化、系统化的决策分析方法。具体操作步骤如下。

（1）明确问题

（2）建立层次分析结构：明确地划分各个元素和隶属层次

（3）两两比较，建立判断矩阵，求解权向量

人们认识各因素相对重要性是通过元素的值，通常采用1~9标度及其倒数的标度方法。如表9-2所示

表9-2　判断矩阵标度及其含义

序号	重要性等级	C_{ij} 赋值
1	i，j 通元素同等重要	1
2	i 元素比 j 元素稍重要	2
3	i 元素比 j 元素明显重要	3
4	i 元素比 j 元素强烈重要	7
5	i 元素比 j 元素极端重要	9
6	i 元素比 j 元素稍不重要	1/3
7	i 元素比 j 元素明显不重要	1/5
8	i 元素比 j 元素强烈不重要	1/7
9	i 元素比 j 元素极端不重要	1/9

注：c_{ij} ={2，4，6，8，1/2，1/4，1/6，1/8} 表示重要性等级基于 c_{ij} ={1，3，5，7，9，1/，3，1/5，1/7，1/9}

两两比较重要性等级赋值矩阵可表示为

$$A = (a_{ij}) = \begin{pmatrix} a_{11} & a_{12} & a_{1n} \\ a_{21} & a_{22} & a_{2n} \\ & & \\ a_{n1} & a_{n2} & a_{nn} \end{pmatrix}$$

其中 $a_{ij} > 0$ ，$a_{ij} = 1/a_{ij}$ ，$a_{ij} = 1$（i，j=1，2，…，n）

（4）确定层次单排序

计算判断矩阵的最大特征根及其特征向量就是确定层次单排序。具体步骤如下。

首先计算判断矩阵每一行元素的乘积 Mi，

$$M_i = \prod_{j=1}^{n} a_{ij}$$

其中 i=1，2，3…，n；

其次，计算 M_i 的 n 次方根 $\bar{W}_i$，使得 $\bar{W}_i = \sqrt[n]{M_i}$；然后，对 $\bar{W}_i$ 向量正规化，$\bar{W}_i = (\bar{W}_i)/(\sum\limits_{j=1}^{n} \bar{W}_i)$，则 $W=[W_1, W_2, W_3, \cdots, W_n]^T$ 即为所求的特征向量。

最后计算矩阵的最大特征根 $\lambda_{\max}$，$\lambda_{\max} = \sum\limits_{i=1}^{n} \dfrac{(AW)_i}{nW_i}$

（5）一致性检验

计算一致性指标 $CI = \lambda_{\max} - n/n - 1$ 来对判断矩阵进行一致性检验。

由于人们对不同阶的判断矩阵的判断误差不同，对 CI 值的要求也不同，为了衡量不同阶判断矩阵满意性是否一致，我们就要计算随机一致性比率 CR，CR=CI/RI（RI 是平均随机一致性指标）。当 CR=0 时，有完全一致性，当 CR<0.10 时，有满意的一致性，当 CR>0.1 时，数值越大，不一致越严重。平均随机一致性指标 RI 值参照表 9-3。

表 9-3　平均随机一致性指标

阶数	1	2	3	4	5	6	7	8	9
RI 取值	0	0	0.58	0.89	1.12	1.24	1.32	1.41	1.45

（6）层次总排序

计算各层元素的合成权重，并再次进行一致性检验，计算出层次总排序，达到满意的一致性要求。

（二）模糊综合评价法

模糊综合评价法是一种十分有效的多因素决策方法，全面评价一种事物受多种因素影响，其特点是评价结果是用一个模糊集合来表示，而不是绝对地确定或否定。基于物联网的冷链物流的评价过程如下。

（1）评价指标体系的建立

基于物联网的冷链物流评价指标共 4 个一级指标、16 个二级指标，相应地，评价指标集分为两个层次。

第一层，总目标因素集

$U=(U_1, U_2, U_3, U_4)=\{$物联网组织结构，物联网效益，RFID 技术，GPS/GIS 技术$\}$

第二层，子目标因素集

$U_1=(U_{11},U_{12},U_{13},U_{14})=\{$ 物联网设备，物联网技术，人才配备，系统柔性 $\}$

$U_2=(U_{21},U_{22},U_{23},U_{24})=\{$ 业务运作，运营总成本，服务质量，信息处理程度 $\}$；

$U_3=(U_{31},U_{32},U_{33},U_{34})=\{$ 信息采集，产品追溯，温湿度控制，信息安全性 $\}$；

$U_4=(U_{41},U_{42},U_{43},U_{44})=\{$ 配送车辆管理，配送车辆定位，仓库位置设置，地图综合查询 $\}$

（2）评价集的建立

评价集是用语言来对各层次评价指标进行描述，是评价者对评价对象可能做出的各评价结果给出的评语等级集合。本模型的评语分为五个等级，具体的评价集为：$V=(V_1,V_2,V_3,V_4,V_5)=\{$ 非常满意，比较满意，一般，不太满意，很不满意 $\}$。

（3）确定模糊判断矩阵

将相关专家聚集在一起，组成评审团，采用调查问卷的形式，对比、评价、分析二级指标中各个元素，整理、统计调查结果，即可得到单因素模糊判断矩阵。

$$R_j=\begin{pmatrix} r_{i11} & r_{i12} & r_{i1n} \\ r_{i21} & r_{i22} & r_{i2n} \\ & & \\ r_{in1} & r_{in2} & r_{inn} \end{pmatrix},(j=1,2,3,4)$$

（4）综合评价

由第三步层次分析法得到的权重和第四步得到的模糊评价判断矩阵，进行如下综合判断：$B_i=A_i\times R_i=(b_{i1},b_{i2},b_{i3},b_{i4},b_{i5})$，$(i=1，2，3，4)$；

$$R_n=\begin{pmatrix} B_1 \\ B_2 \\ B_3 \\ B_4 \end{pmatrix}(n=1,2,3,4)$$

$B=A\times B=(b_1,b_2,b_3,b_4,b_5)$，这里的 $\times$ 为算子符号，表示进行模糊转换。

（5）模糊综合评价向量的处理

首先找到 $B=(b_1,b_2,b_3,b_4,b_5)$ 中最大分量 $\max\{b_i\}$ 与次大分量 $\sec\{b_i\}$，其次求出评价集向量和 $\sum_{i=1}^{n}b_i$，最后计算最大隶属度 α，$\alpha=\dfrac{n\beta-1}{2\gamma(n-1)}$，其中

$\beta=\dfrac{\max b_i}{\sum_{i=1}^{n}b_i}$，$\gamma=\dfrac{\sec b_i}{\sum_{i=1}^{n}b_i}$。

第十章
大数据环境下的冷链物流发展路径优化

第一节　大数据对冷链物流带来的挑战

一、冷链物流、大数据理论及一体化理论综述

冷链物流（Cold Chain Logistics）泛指冷藏冷冻类食品在生产、贮藏运输、销售到消费前的各个环节中始终处于规定的低温环境下，以保证食品质量，减少食品损耗的一项系统工程；大数据（big data），指无法在一定时间范围内用常规软件工具进行捕捉、管理和处理的数据集合，是需要创新处理模式才能具有更强的决策力、洞察发现力和流程优化能力的海量、高增长率和多样化的信息资产；而一体化则是指多个原来相互独立的主权实体通过某种方式逐步结合成为一个单一实体的过程。

一体化理论对冷链物流发展具有重要的指导意义。一体化冷链物流模式是核心冷链物流企业借助自身优势，依托市场或生产基地建立自己的供应链，形成产品生产、加工、储运、配送和提供市场信息等服务。在这种模式中，通过冷链物流企业的运作，将消费者与生产或加工企业连接起来，市场将消费者的需求进行反馈，企业通过精准的市场需求信息制定相应的策略，在满足消费者的同时，保证自身利益的最大化。

二、大数据环境概述

近年来，伴随信息技术的不断推广，大量物流企业陆续引入冷链技术、RFID技术等，于各式各样终端设备上装置传感器，对产品开展定位、监控，进一步实现对产品情况的有效了解。如此一来，可于当前大数据环境下促进冷链体系的有效完善。然而，在当前大数据环境下仍旧存在大量数据尚未得到有效的分析、应用，其所具备的信息价值未能得到充分挖掘，因而，也难以应用该部分数据以提升物流管理水平。大数据环境下，对物流信息数据开展挖掘、分析，可自海量随机、不完整数据中借助统计学、模型构建等，提取隐藏在数据深层次中的信息内容，依托对大数据的分析、整合，对其潜在价值进行有效挖掘，进一步为物流行业发展决策提供可靠依据。

三、大数据对冷链物流带来的挑战

因为现阶段我国冷链物流依旧处在初期发展阶段，物流企业思维较为传统，缺乏各式各样的配套设备，在大数据的冲击下，对冷链物流带来诸多挑战，主要表现为：① 缺乏配套设备，信息处理效率不足。一些物流企业依旧未能认识到信息化的重要性，为了降低成本，而不对相关设施设备进行及时更新，信息技术水平有限，难以对库存产品开展实时监控，更难以对配送中的车辆及产品进行信息采集。

② 缺乏相关标准。现阶段，冷链物流发展依旧表现出缺乏相关标准的问题，诸如一般物流标准缺失、数据标准缺失等。对一般物流标准缺失而言，其指的是冷藏车和冷藏柜尺寸、冷藏产品需求温湿度、光照等，未制定有统一的标准；对于数据标准缺失而言，其指的是在大数据背景下数据采集、分析标准，因为大数据分析牵涉到诸多方面的技术内容，诸如数据处理技术、数据存储技术等，要求构建大数据分析技术要求、可视化工具要求等一系列标准，以确保大数据处理产品的质量。显然这给我国冷链物流带来了巨大的挑战。

第二节　大数据在冷链物流中的应用

大数据技术应用指的是从多种渠道中收集电子信息并进行应用分析，从而识别发展模式、趋势及其他智能信息。这种分析可帮助行业识别那些已经发生但不易被察觉的信息，也可帮助行业预测未来将要发生的情况。大数据技术在冷链物流领域中的应用需要依靠相关技术的进步和提升，同时还要有掌握相关技术的人才及相关的软件及硬件基础设施。大数据技术在物流领域的应用流程如图 10-1所示，从图 10-1 中可知大数据最终应用于物流领域，需要前期数据的收集、分发处理、汇总及与物流系统的融合，整个过程都可能会对物流领域的活动产生重大影响。

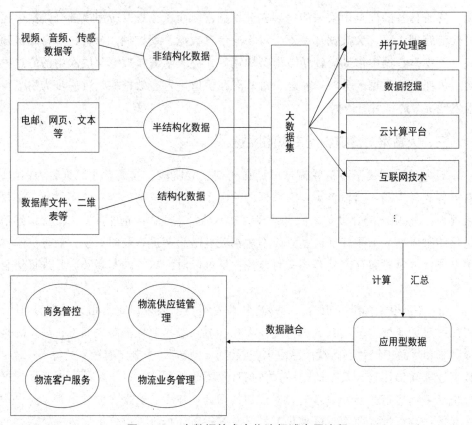

图 10-1　大数据技术在物流领域应用流程

　　基于大数据技术在物流领域的应用流程，下面将从宏观层面商物管理、中观层面物流供应链管理、微观层面物流业务管理三个方面，分析大数据技术在物流领域的应用情况，以使物流业可以提供更加优质高效的服务，实现物流业的一体化、智慧化、协同化发展。

一、大数据技术在智慧物流商物管控中的应用分析

　　大数据背景下智慧物流商物数据包括智慧物流大宗商品数据和智慧物流零售商品数据。大宗商品数据是指大宗商品在智慧物流过程中产生的相关物流数据。零售商品数据主要包括零售商品在运输、仓储、配送等物流环节产生的相关数据，如零售商品本身的数据、生产销售商的数据、客户需求数据等。

　　运用大数据技术采集捕捉商品的品类数量、流量流向、需求分配、生产厂商、

供应商等数据，对这些数据加以分析挖掘，实现对商品货物在业务方面、管理控制方面及应用方面的服务。

在业务方面，根据商品的类型可为客户提供食品类物流服务、五金类物流服务、化工类物流服务等。根据货物的性质，可以为客户提供针对普通货物和特殊货物的服务。根据产品的类型可以为客户提供工业商物物流服务和农业商物物流服务。

在管理控制方面，可以实现对商物核心节点及商物通道的管控，区分哪些节点是枢纽型节点，哪些节点是资源型节点，哪些节点是加工型节点及哪些节点是综合型节点，同时对涉及商物的基础设施网络、能力网络、信息网络、组织网络实现管理控制。

在应用服务方面，可以通过对一系列数据的预测分析，实现货物的流量流向预测、流量调控、流向分布分析，线路优化选择及运输方式选择等方面的管控。

二、大数据技术在智慧物流供应链管理中的应用分析

供应链是物流的扩展和延伸，物流供应链主要涉及采购物流、生产物流、销售物流等物流环节，在各个环节会产生海量的数据。采购物流数据主要包括原材料等一切生产物资的采购、进货运输、仓储、库存管理、用料管理和供应管理过程中产生的数据，以及供应商基本数据、采购计划数据、原料运输数据、原料仓储数据、采购成本数据。销售物流数据是指生产企业、流通企业出售商品时，物品在供方与需方之间的实体流动的过程中所产生的数据，主要包括销售计划数据、包装数据、仓储数据、运输配送数据、装卸搬运数据、流通加工数据、订单数据、销售网络数据等。生产物流数据是生产工艺中的物流活动中产生的数据，主要包括生产计划数据、生产成本数据、生产原料数据、生产状态数据。这些数据中既包括数据库、二维表等结构化数据，网页、文本文件等半结构化数据，也包括视频、音频等非结构化数据。在大数据背景下，运用大数据技术对数据进行采集捕捉、存储管理、计算处理、分析挖掘，进而应用于智慧物流供应链管理中，可以为客户提供包括核心业务服务、辅助业务服务及增值业务服务等多样化的供应链物流服务。下面简要介绍核心业务和辅助业务。

（1）核心业务：核心业务主要是针对采购物流、生产物流、销售物流等物流环节。采购物流环节，主要是根据系统平台已有信息，由大数据驱动选择合适的供应商并提出采购需求，供应商按照采购要求的时间和配送方式完成配送；生产物流环节，利用智慧物流关键技术，对生产过程的物料管理、物流作业、物流系

统状态监控等物流活动和信息进行组织与控制等；销售物流是物流供应链的最后一个环节，该环节在智慧物流情境下，货物的信息被自动感知设备感知，销售出货品，货架能够自动识别并向系统报告该货物的移动情况，使用者通过货物标签接入系统，也可以获得关于货物的所有信息。

（2）辅助业务：辅助业务主要针对加工和流通环节，大数据技术的应用可以对该环节实现全程控制，提供实时服务。增值业务环节主要是根据大数据分析，为客户提供资源整合、物流供应链优化延伸、物流供应链集成等方面的服务。

在大数据背景下，通过对信息流、物流、资金流的控制，从采购原材料开始，再到生产，最后由销售网络把产品送到消费者手中，为客户提供优质、高效、全方位的服务，最终实现物流供应链的一体化。

三、大数据技术在智慧物流业务管理中应用分析

智慧物流业务数据包括运输数据、仓储数据、配送数据、包装加工数据、装卸搬运数据等。运输业务作为智慧物流的核心业务，其进行过程中的数据较多，按照其作用的不同，分为运输基础数据、运输作业数据、运输协调控制数据和运输决策支持数据等。仓储业务是智慧物流业务中的静态业务，主要业务内容是将产品及相关信息在进行分类、挑选、整理、包装加工等生产活动后，集中到相应空间进行保存的过程，仓储业务数据可以分为仓储基础数据、仓储作业数据、仓储协调控制数据和仓储决策支持数据。配送是物流的最后一个环节，在智慧物流中，可以实现动态地配送，利用物联网等先进技术及时获取交通信息、用户需求等因素的变化情况，制订动态的配送方案，完成高效率、高品质的配送。配送数据就是在这个过程中产生的数据，可以分为配送基础数据、配送作业数据、配送协调控制数据和配送决策支持数据。在智慧物流中，除了运输、仓储和配送这三大核心业务之外，还有包装、流通加工和装卸搬运这三个辅助业务，根据数据的作用不同，可将其分成其他业务基础数据、其他业务作业数据、其他业务协调控制数据和其他业务决策支持数据。

在物流业务过程中，采用 RFID、GPS/GIS、传感器等智能终端完成海量数据的采集捕捉，运用大数据存储管理技术实现大数据的管理，通过云计算、并行处理器、互联网技术对数据进行计算处理分析，得出最优的解决方案，从而实现智能运输、自动仓储、动态配送和信息控制核心业务的管理。

智能运输可以实现实时运输路线追踪、货物在途状态控制和自动缴费等功能，极大限度地提高了货物运输的安全性和智能性；自动仓储能够对货物验收、入库、

定期盘点和出库等环节实现自动化和智能化，并在提供货物保管服务的同时监控货物状态；动态配送可以根据及时获得的交通条件、价格因素、用户数量及分布和用户需求等因素的变化情况，对其制订动态的配送方案，在提高配送效率的同时提高服务品质；智能信息控制的应用可进一步提高整个物流的反应速度和准确度。

除此之外，大数据背景下的智慧物流业务管理还要为客户提供增值服务，如物流系统的设计与优化、物流决策支持、物流咨询等，最终达到一体化及信息化的管控服务。

通过分析大数据技术在智慧物流商物管控、智慧物流供应链管理、智慧物流业务管理不同层面的应用，明确了大数据背景下物流发展的方向和提供的服务内容。大数据技术的应用可以实现商物管控在时间和空间上的智能化，实现物流供应链管理的一体化，实现物流业务在智能运输、自动仓储、动态配送等方面的科学管理控制。

四、大数据在冷链物流中的具体应用

大数据的最大特点是通过现有的数据分析规律，而不需要深入地了解原因，在冷链物流方面，我们可以通过大数据进行信息化、高效性的管理，实时掌控这些数据，提高配送效率，减少损耗。同时，随着市场的发展，客户的选择越来越多，竞争更加激烈，通过对数据分析和挖掘，就可以进一步巩固和客户之间的关系，为顾客提供更好的服务，增加客户的信赖，培养客户的黏性。此外，数据分析还能帮助企业做出正确的决策。对于物流企业来说，成本和效率是一对矛盾共同体，特别是冷链配送的过程中，企业都希望以最低的成本获得最大的效益但在大数据背景下，企业可以通过数据分析了解具体的业务运行情况，能够清楚地判断哪些业务利润率高、增长较快等，把主要精力放在真正能够给企业带来高回报的业务上，避免无端的浪费。同时，通过对实时数据的掌控，企业还可以即时对业务进行调整，确保每个业务都可以赢利，重新规划处最有路线，从而实现非常高效地运营。

1. 实现产品信息实时反馈

生鲜食品对于配送条件极为苛刻，温度、湿度、光照都会影响产品的腐损率。但是如果我们在冷链车中安装温湿度和光照传感器，并将数据传送到远程服务中心，根据历史数据分析出储存该产品最适宜的温湿度和光照，以此降低生鲜食品的腐损率。其次车辆上的终端通过移动通信系统与公司的服务器建立联系，互换数据，物流公司或者车队管理者可以直接访问 GPS 以及其他若干实时数据，如车

辆行驶方向，停车或者行驶时间，装卸货信息，包括计算驾驶员急加速、急刹车的次数，经济转速区行驶时间和怠速长短等信息，方便承运人和托运人对货品运输情况的实时跟进，方便追查相关责任，并且在第一时间对冷链车做出相关指示，降低损失。

2. 管理和监控冷藏配送车辆

配送前，通过将企业内部信息与行业数据相结合，与其他企业合作，建立冷藏车辆信息库（载重、容量、存储条件等），通过对车辆信息库的管理，可对冷藏车进行合理安排和及时调度，避免冷藏车的无效运输，提高运输效率。在此基础上为每辆车及对应的司机建立"身份证"，通过"一车一证"可准确核查冷藏车和司机身份的真伪，有效制止骗车骗货现象的发生，保证货物安全。配送中，对车辆运行状况进行实时监控，包括冷藏车厢的温度、湿度、光照、烟雾，车辆行驶相关信息等，并通过车载终端将实时数据传送至大数据分析平台供配送方和客户对货物和冷藏车进行追踪，以免在出现意外时第一时间做出反应，降低损失。配送完成后，可通过大数据分析平台共享的信息收集目的地附近的货物，捎带返回顺路的货物，避免车辆返空，提高配送车辆利用率。

3. 优化和再优化配送路径

无论从成本的角度还是从保障产品质量的角度讲，都要尽可能快地将冷藏产品运送至客户手中。这就要求对配送车辆的路径进行合理规划。目前我国冷链配送路径安排比较粗放，基本靠配送人员的个人感知来确定行驶路线。在大数据环境下，企业可借助来自公共数据云提供的基础数据如天气、交通、路况等为配送车辆规划合理路径。这些基础数据涉及城市配送中每段路径在一天中各细分时段的通过时间、各路段交通事故的发生概率等基础交通信息，基于动态与随机车辆路径规划模型（Off line Dynamic Vehicle Routing Problem），在考虑各配送任务时间窗的情形下，快速生成各配送批次的初始优化路径。在车辆配送过程中，根据途中车辆实时反馈的运行状态信息、公共交通云反馈的公共交通信息，依赖在线的动态车辆路径优化模型（Online Dynamic Vehicle Routing Problem），做出在途实时的路径调整安排，保证获取实时状态下较优的配送路径安排。

4. 预判发货和预判到达

2013 年亚马逊申请了一项名为"预判发货"的专利，即通过对用户行为数据（顾客此前的订单、商品搜索记录、心愿单、购物车，甚至包括用户鼠标在某商品页面的停留时间等）的分析，预测顾客的购买行为，在顾客下单之前提前发出包裹，最大限度地缩短物流时间。这为其他企业提供了模仿的典范。企业可利用大数据分析平台，收集分析有关客户消费行为（购买时间和次数，冷冻产品数量、品类等）的数据，建立消费行为与时间段的联系，在消费旺季或高峰时间段来临前，提前按一定的比率将产品运送至消费地附近，待消费高峰期到来时，可用最短的时间来满足消费者的需求，避免短缺货现象发生，同时也保障了产品质量。这对于具有固定消费时间段和需要冷藏保鲜的产品尤为有效，如月饼、粽子、生鲜果蔬、肉类等。而"预判到达"则是指通过大数据平台对冷链配送相关历史数据（如冷藏配送车辆到达后对客户的平均等待时间、在目的地的装卸货时间、与客户的交接时间等）的分析，在车辆到达前的一定时间提前通知客户收货，保障冷冻产品从"冷藏车"转移到"冷柜"的过程中没有断链，避免车辆等待客户或客户等车的现象，节省双方的时间成本。如果客户经常要求延迟收货，配送方甚至可将这类产品放至下一批配送货物中，减少目的地仓库的库存。同时，若配送车辆在途中出现天气恶劣、交通事故等意外情况，及时通过大数据分析平台传送信息到配送方和客户，更新到货收货时间。

5.后台及时准确的运营策略调整

大数据分析非常考验一家公司对数据的提取速度、分析的效率和精确度，而大数据解决方案让高管们能够在开会时，不管谁提出什么问题，系统都能集成实时增量数据，根据询问和处理非结构化数据快速准确地得出答案，同时，在冷链物流市场上最重要的也就是及时性，由于生鲜食品本身就比较特殊，食材分布不均匀，各种果蔬、海产品存在非常明显的季节性，产量也存在峰谷年，这大大增加了冷链物流企业的成本和风险。而大数据可以通过现有的数据分析规律，对商业活动内部和外部因素的影响以及 CRM 和营销计划做出及时准确的调配，企业还可以定义需要监控的配送流程，通过及时获取最需要的数据，如维护成本、故障频率、燃烧成本和运行路线。

6.得出最优人员安排

大数据挖掘分析为运输行业提供预测分析和风险预防或补救方案，物流公司可根据历史数据和实时增量数据得出司机工作表现模型和若干预测模型，能够准确地预测可避免的事故、人员流动等问题，如根据司机实时的工作表现波动情况，预测司机疲劳程度和排班安排等，为客户提供合理的解决方案，以便提高司机驾驶安全系数，此外还能根据司机和机动车的实时状况预测可能发生的风险，并及时提供预测和补偿解救的方案。

第三节 大数据影响下的冷链物流的优化路径与创新

一、在大数据影响下冷链物流的优化方法

1. 建立专属的冷链物流管理体系

传统的"四库一平台"既然已经没有办法满足冷链物流，那么就应该建立冷链物流的专属管理体系——"四位一体"。现阶段信息技术水平已经发展到比较成熟的状态，因此完全可以将信息技术从"技术设备"中分离出来，单独形成一定的技术，并且将其作用发挥到极致，制定出以人、实施监控、过程管理以及冷链技术四项为一体的管理系统，并且将现在比较先进的信息技术与之进行完美的结合，比如大数据、北斗导航、云计算等，都能够帮助冷链物流实现实时监控。

2. 参照 HACCP 制定冷链食品的安全控制标准

HACCP 是国际上权威的食品安全管理规定，因此参照它来制定我国的冷链食品的安全控制标准，是相对有效的，并且主要进行三方面的标准制定，基础类标准包括在食物从生产到运输最后到达人们餐桌之间的保鲜技术以及制冷保温技术；而信息类标准主要就是在传统信息收集的基础上加入现代化的信息化技术，进而制定关于大数据、北斗导航等的信息类标准；最后就是认证类标准，需要按照 HACCP 制定认证标准。

3. 创新运营服务系统和智能终端

北斗系统的开发以及使用已经不再局限于政府，在近几年其民用的使用量也是相对较多的，因此将其运用到民营的物流行业中，也会起到较好的效果。通过在北斗系统中嵌入监控预警平台，可以对冷链物流中食品的安全以及质量有一个系统有效的监控，并且是具有时效性的，能够与互联网有机连接，形成从天空到地面的一体化智慧网络连接，使得整个物流链更加优质化。另外人们考虑到冷链食品运输质量的数据采集问题，将会研究通过北斗系统与移动通信相互融合，实现数据采集的自动化。

4. 创新便捷式的食品检测仪器

现阶段我国已经研究将分子印迹技术、纳米技术以及流式细胞技术应用到食品安全的质量检测中，使它们能够与传感技术、通信技术有机地结合在一起，并且实现便携式携带，主要就是为了方便食品的随时随地检测，能够在最短的时间

内确定食品的安全性，在不影响食品安全的前提下提高物流的实际运输速度。并且对食品安全中的化学污染物、有害因素进行准确排除，在确定食品绝对安全之后才能够继续接下来的物流流程，加强监管物流过程中食品的安全性。

5.建立国家范围内的冷链食品大数据分析中心

大数据即对所有的数据进行分析的一种现代化信息技术，针对食品安全管理的大数据控制，应该是以全国为研究范围进行的：首先需要做的就是信息数据的获取，获取的范围以及内容都应该是相对宽泛的，比如不仅是要获取日常监测的食源性疾病监测数据，还应该包括冷链食品温湿度的监测数据、污染物监测数据，并且通过建立相对应的信息交流平台，实现所有的信息都能够在平台上实现共享，避免出现信息"孤岛"的现象出现；数据的处理以及分析需要实现相互弥补缺陷的特点，这样能够使数据相对高效灵活，并且研究人员需要将影响因素与食品安全的关系进行系统的分析，根据规律建立一定的推算模型，方便日后的推算。

二、经济与社会效益的实际分析

冷链食品安全管理对于保障国民的食品安全具有重要的意义，同时在提高管理水平时，也能够对政府、市场以及消费群众提供更好的服务。通过增加冷链物流的服务，能够有效地减少冷链食物在运输过程中出现的损伤，避免了不必要的浪费，为我国的农业生产总值做出了一定的贡献，其次通过改善食品的安全管理，保障消费者的权益，能够提高冷链食品的生产量，并且通过深加工等使得这些产品的价值得到提升，能够在国家的经济建设上贡献出良好的价值；最后完成了"从农田到餐桌"的全程监控，绝对性地保证了食品的安全，监控体系通过对食品生产、加工、物流以及上市进行针对性的实施监控，并且能够在监控的过程中对出现的问题进行及时的解决，强化了食品安全监管的能力。

参考文献

[1] 赵坚 . "互联网 +" 冷链物流管理中的问题分析与对策探讨 [J]. 现代营销 (下旬刊),
2019(2): 162.

[2] 朱明 . 农产品冷链物流建设及电商销售成本构成分析 [J/OL]. 商业经济研究 ,
2019(4): 129 132.

[3] 杨红霞 , 曹丽婷 , 蒋萧猛 , 等 . 冷链物流车状态监控系统 [J]. 中国市场 , 2019(5):
174, 191.

[4] 莫艺祯 . 生鲜冷链物流的发展现状及问题分析 [J]. 电子商务 , 2019(2): 1, 19.

[5] 虞新新 . 基于物联网的冷链物流保鲜平台发展趋势研究 [J]. 物流科技 , 2019, 42(2):
61–64.

[6] 加娜提古丽·阿木提 . 面向冷链物流的大数据关键技术研究与应用 [J]. 农家参谋 ,
2019(3): 23.

[7] 王思静 . 区块链技术在医药冷链物流领域的应用设计 [J]. 价值工程 , 2019, 38(5):
76–78.

[8] 李涛 . 生鲜农产品冷链物流发展问题分析及其对策探讨 [J]. 现代营销 (下旬刊),
2019(1): 94.

[9] 杨梦祎 . 生鲜农产品冷链物流发展问题分析及其对策探讨 [J]. 现代营销 (下旬刊),
2019(1): 98.

[10] 李崇欣 . 生鲜冷链物流配送管理问题探讨 [J]. 现代营销 (下旬刊), 2019(1): 149.

[11] 肖鹏 . 果蔬冷链物流保鲜市场的现状及发展趋势 [J/OL]. 中国商论 , 2019(1): 8–9.

[12] 崔普远 , 金桂根 , 汪晨冉 , 黄明杰 . 医药智能冷链物流协同模型构建 [J]. 物流工程
与管理 , 2019, 41(1): 50–52, 80.

[13] 孙燕华 , 刘学林 . 基于冷链技术的农产品物流损耗与成本控制研究 [J]. 物流工程
与管理 , 2019, 41(1): 72–76.

[14] 刘兴荧 , 罗晓红 . 生鲜企业冷链物流成本控制优化探索 [J]. 现代商贸工业 , 2019,
40(5): 33–34.

[15] 于晓胜 . 政府与食品企业实施冷链物流的博弈分析 [J]. 统计与决策 , 2019, 35(1): 52–57.

[16] 蔡鉴明 , 肖世斌 . 生鲜冷链物流中心功能区布局研究 [J]. 物流科技 , 2019, 42(1): 20–26.

[17] 笪茹芬 . 高职冷链物流实训课程设置探究 [J]. 现代营销 (创富信息版), 2019(1): 74.

[18] 郑玉香 , 沈迟爱 . 我国第三方医药冷链物流发展探析 [J]. 市场周刊 , 2019(1): 16–17.

[19] 卢甲东 , 张世斌 . 基于时空相似测度的冷链物流分区配送路径优化 [J]. 上海海事大学学报 , 2018, 39(4): 32–37.

[20] 班然 . 冷链物流对农产品的成本收益影响 [J]. 技术经济与管理研究 , 2018(12): 28–32.

[21] 张小玲 . 生鲜电商物流与供应链研究综述 [J]. 物流技术 , 2018, 37(12): 20–25.

[22] 刘鸿娆 . 我国冷链物流发展问题及对策分析 [J]. 纳税 , 2018, 12(36): 170–171.

[23] 张孝利 , 李学工 . 我国水果需求侧升级下的冷链物流新动能研究 [J]. 农业科学研究 , 2018, 39(4): 68–71.

[24] 吕青青 . 农产品冷链物流企业绩效评价研究 [J]. 中国集体经济 , 2019(2): 131–132.

[25] 王小丹 . 农产品冷链物流的现状与发展途径 [J]. 安徽电子信息职业技术学院学报 , 2018, 17(6): 82–85.

[26] 谢如鹤 , 刘广海 , 刘志学 . 冷链物流 [M]. 武汉 : 华中科技大学出版社 , 2017.

[27] 郭慧馨 . 中国农产品冷链物流 [M]. 北京 : 中国财富出版社 , 2012.

[28] 翁心刚 , 安久意 . 冷链物流 [M]. 北京 : 中国财富出版社 , 2016.

[29] 杨芳著 . 果蔬冷链物流系统安全评估及优化研究 [M]. 北京 : 中国财富出版社 , 2015.

[30] 白世贞 , 曲志华 . 冷链物流 [M]. 北京 : 中国财富出版社 , 2012.

[31] 原惠群 . 农产品冷链物流企业营销模式研究 [M]. 武汉 : 湖北人民出版社 , 2014.

[32] 李学工 . 冷链物流管理 [M]. 北京 : 清华大学出版社 , 2017.